日本地方自治の群像

［第六巻］

■佐藤 俊一 著

成文堂

はしがき

本巻は、第五巻までの構成と趣を異にする。これまでは、それぞれの問題機制《プロブレマティーク》から設定した群像を基本的に年代順ごとに配列した。しかし、本巻は第五巻の「あとがき」を受けた構成を取ることにした。すなわち、地方自治（自治政）における政党政治の不要・排除論という統一テーマに関する各立場の論者を群像化して考察することにした。

しかしながら、いうまでもなく政党政治の不要・排除論の他に不可避論や必然論も主張されていた。そこで、まず序章を設定し、雑誌『都市問題』の一九三三（昭八）年三月号における自治政への識者に対するアンケート結果に基づいて地方自治と政党政治の関係の在り方に関する各見解を整理した。その上で、政党政治の不要・排除論者の立場を超然主義、社会主義、自由主義の三つに絞った。そうして超然主義者の群像としては、明治地方自治制度の創設者として政党政治の不要・排除を画策した山県有朋と彼にそれを献言したお雇い外国人のＡ・モッセ、それに彼らの教え子《チルドレン》の一人といってよい内務官僚の井上友一を設定した。次に社会主義者としては、前巻で考察した都市社会主義者の安部磯雄と片山潜の不要・排除論を再論して若干の補充を行う一方、主眼をやはり前巻で瞥見したところの民本主義者から社会主義者へ転じた大山郁夫においた。自由主義者としては、まず既に本書第三巻で群像化し前巻でも登場させた吉野作造を再設定した。というのも、彼の地方自治論に関する文献が十分に補足されていなかったために、読み込み不足があったことによる。だから、吉野に関しては、再論・補充以上の考察となる。この吉野にあわせ、若干疑義があるものの、元内務官僚で青年団運動とともに政治教育運動に生涯を捧げたといってよい田沢義鋪《よしとも》を自由主義者の群像とした。

本来ならば、自由主義者の群像としては、田沢よりも正真正銘の自由主義者である長谷川如是閑が適切であるといえた。しかし、如是閑を独立の章として群像化したのは、彼が意外にも地方自治（自治政）における政党政治の原理的な不要論者であることによる。それは彼の独特の理論によるものであるが、これまでの如是閑研究においては、そうした彼の地方自治論がほとんど考察されて来なかったので、独立の章としてそれを考察することにした。

そうして終章の総括においては、まず東京市会による市長の追出し事件を契機にやはり雑誌『都市問題』の一九二八（昭三）年一月号が示した識者へのアンケート結果を活用する。というのも、前記した群像（もちろん山県、モッセ、井上は既に亡くなっているので対象外となる）のうち四人がアンケートに回答しているので再登場させるとともに、アンケート回答者の一人で早くから政党政治の不可避論・必然論を理論的に展開していた早稲田大学教授の高橋清吾に焦点をあてた。彼の理論の考察にあたっては、都市＝拡大家族共同体論から政党政治の不要・排除論を主張する元東京市助役の田川大吉郎との問答を活用するが、本来ならば田川を自由主義者として群像化してもよかった。しかし、そうすると本巻のボリュームがあまりにも膨れあがるので、別の観点から次巻において田川を群像化することにしたい。

二〇一五年六月初旬

愛犬ネモと書斎にて

佐藤俊一

目　次

『日本地方自治の群像』既刊目次

第一巻

＊第三章の副題における地方学に〈ヂカタガク〉とルビしたが、正しくは〈ジカタガク〉なので、ここに訂正する。

第二巻

＊第四章の本文中の「井出」は「井手」の誤記である。

序章　地方自治と政党政治の関係をめぐる諸見解

筆者は、本書第五巻の「あとがき」において、第一章で群像化した安部磯雄も片山潜も「市政（地方自治）における政党弊害論を、したがって政党排除論を主張していた。しかし、これは都市社会主義者特有の考えではなく、自由主義者や保守主義者にも見られるのである。このことは別稿で明らかにしたいと思う」とした。戦後、地方自治における政党政治の弊害を指摘する論者はいても、政党政治を排除すべきという論者はいないのではないかと思う。とすれば、戦前においては何故に政党政治の不要論ないしは排除論がかなりの識者によって唱えられたのであろうか。そこで本巻は、この問題に焦点をあて、地方自治（自治政）における政党政治の不要・排除論という統一テーマのもと、前巻の「あとがき」を受けて超然主義者、社会主義者、自由主義者の不要・排除論を考察することにした。

しかしながら、いうまでもなく識者や自治体関係者などのすべてが、地方自治における政党政治の不要・排除論を唱えていたわけではなく、政党政治の必要論や不可避論も主張されていた。そこでまず、地方自治と政党政治との関係の在り方についての様々な見解を雑誌『都市問題』に拠って整理し、その傾向、特色などを見てみよう。同誌の発行元である財団法人東京市政調査会は、早くから東京市政の腐敗・堕落を問題視していた。そうした中、前巻「第二章　婦選獲得運動と自治政へのコミット――市川房枝を中心に山川菊栄も」で触れたところであるが、内務大臣による東京市会解散をもたらした議員の疑獄事件の続発により一九二九（昭四）年に市政問題対策協議会を組織し、市政浄化運動を展開した。そして、一九三三（昭八）年に入ると、単なる市政浄化ではなく選挙粛正運動による市政改革に乗り出したのである。[1]

その一環として、『都市問題』は、一九三三（昭八）年三月号で「選挙粛正号」という特集号を組み、識者など八三名に対するアンケート調査結果を掲載している。アンケート項目は、次の一〇項目であった。⑴新市会議員の適格条件について、⑵適格候補者擁立の組織及び方策について、⑶選挙母体の利弊とその矯正方法、あわせて(イ)市会における政党問題、(ロ)町内会、職業組合、同業組合、労働組合などの選挙運動問題、⑷優良議員を推挙し、その職責を完うせしむるための市民団体の結成問題、⑸市民同盟のごとき選挙革正団体の臨時組織問題、⑹従来の選挙における不都合不便とその改善策、あわせて(イ)官公庁側に対する要望、(ロ)新市部に対する特別注意事項、⑺候補者の優劣に関し選挙民の判断に資する具体的方法、⑻候補者間の申合わせに依る選挙運動革正問題、⑼選挙費用低減に関する諸提案、あわせて(イ)適格候補者擁立のためにする選挙費用調達方法並びに運動方法、(ロ)選挙公営と類似の方策並びにこれが実現に対する所見、⑽その他、今回の市会選挙に関する対策、であった。

これらの中で、特に第三項目に回答したのは四〇名（婦選獲得同盟東京支部を含む）であった。その回答によると、質問に関する回答とはいえないその他を除くと、地方自治と政党政治との関係の在り方（政党を選挙母体にすることや、政党が市会運営などを行うことの如何）に関する把握・立場は、大きく三つに分けることができる。(2)

第一は、政党政治当然論ともいうべきものである。かかる主張を行っているのはわずか五名にすぎないが、その特色は官僚主義への対抗や立憲主義論などから地方自治における政党政治を擁護し当然視することにある。例えば、都市社会学者として著名な奥井復太郎（慶応大学教授、日本都市学会創設）は、「地方政治の政党化必ずしも憂ふべきものに非ず。何故ならば一方には官僚主義に対抗し得ると共に他方有力なる組織的背景は、市当局をして仕事を行ふに便ならしむ」からであるとする。また元市会議員で現衆議院議員（政友会）の大崎清作は、「政党と自治体を分離せしめんとするのが誤解である。立憲政治下に於て政党を離れては自治体は保たぬ、混同する弊害もあるが、其の区別位が分らぬ政党員はない」とする。さらに東京市社会局嘱託で社会民衆党議会部長の吉川末次郎は、政党政治排除論を厳しく次のように批判する。それは、「㈠官僚の自己擁護、㈡米市政論の誤れる輸入、㈢従来の既成政党の党争の合理性の薄弱から由来したものであって、取るに足らざる愚論であります。予算数億円、人口五百万、欧羅巴の相当な国に対応する東京市の市会は一定の政見に基いて堂々と政党が党争するが宜しい。又その党争は絶対的に避け得られるものではありません」とした。

第二は、党争による党弊には批判的で改革が求められるが、自治政の政党化はやむをえないという政党政治不可避論である。この立場は、政党政治当然論に次いで少なく九名が数えられる。その典型は、当時、東京帝大助教授の矢部貞治や早大教授で町内会長の中村宗雄、経済学博士の鈴木憲久らに見られる。例えば、矢部は、「全国的に結成されたる政党が結局国会、府県会、市会等の選挙母体となるは一面不可避の結果にしても、苟も一つの合議体あらば、それが各党派に分るゝに至るも亦不得已事実なり。されどかゝる事実を是認するには之等の政党が真に公党としての道徳観念を具ふるものたるを要す」とし、中村も、「政党と市会とを全然無関係にあらしむることは蓋し不可能なり。注意すべきは国政と市政を同一視して対立すべからざるに、何等の理由なしに殊更に事毎に対立するの傾向にあるのは遺憾なり」とする。

また鈴木も、「特に政党公認に於て弊害少からざるものの如くなるも、然も客観的状勢は依然として市会分野の政党化を必然的ならしむ。従って市会と政党との相対的関係のみよりすれば、政党の革正が先決問題なり」とする。さらに社会大衆党員で東京市参事会員の島中雄三は、「政党の市会に進入することは已む得ません。その政党が腐敗してゐるかぎりは市会の腐敗も已むを得ません。既成政党打破の外に方法なし」と、無産政党こそが選挙や市会の浄化を担うものだとしているようだ。

第三は、まさに地方自治（自治政）における政党政治の不要論ないしは排除論である。この論者は最も多く、回答者の半数である二〇名に達している。ただ、この論者は、その論拠によって二つのグループに分けることができる。一つは、理論的ないしは原理的にいって国政と自治政は本質的に異なるという国政・自治政位相論である。もう一つは、現状において党争による党弊が自治政を堕落させているゆえに、その根本原因である政党政治を地方自治（自治政）から排除すべきとする自治政回復論ともいうべきものである。もっとも、両者は、メタルの表裏のような関係にあるといってよい。

そうした中で、国政・自治政の位相論者は九名を数えることができるのであるが、彼等を肩書とともに列記してみよう。まずあげられるべきは、前巻で群像化した都市社会主義者で早大教授の安部磯雄であろう。彼は、この当時、社会大衆党の党首、衆議院議員であったが、「元来市会の性質として政党を基礎とすべきものではない。政争を市会に持ち込むことは出来るだけ避けなければならぬ」という持論を回答している。続いて東京帝大名誉教授の土方寧は、「国政と自治政とは全く其の趣旨を異にするが故に政党、其団体をして自治体の選挙に干渉せしむべからず。敢てせんとするならば全然之を排斥すべし」、東京工業大学教授の小林政一は、「国政と市政と、国会と市会とは全くその性質を異にすべきものと信ず。従って政党が選挙母体となるは最も不賛成にして百弊之より出づるものなり」とする。

また武蔵高等学校長の山本良吉は、「申すまでもなく政党は国家の政治に関して同意見の者の集まりにして自治体と全く関係なかるべきものなり」という。中央気象台技師で理学博士の藤原咲平は、「市会の問題は例へば電気問題、瓦斯問題教育問題等の如きものなり、故に選挙母体たる団体の必要を認め難し。特に政党の之に関係する必要は絶対な」いことを事務事業的相違の観点から強調する。

このようにしてみると、国政・自治政の位相論は学者にやや多くみられるが、その他に東横電鉄社長の五藤慶太は、やはり事務事業的相違の観点から位相論を明瞭に次のように述べる。「政党は一定の政治綱領を持ち国運の隆替一国産業の消長を其の双肩に担ふ抱負と経綸を以て立つ政治団体である。市会は政治を議する機関ではなく其の審議する所は自治体における道路、下水、学校建設等々総て之日常事務の範囲に属する。此の市会に政党の勢力が侵入することは邪道」であると。また婦人矯風会理事の守屋東は、「政党といふものが市会を握ってゐる様な感がありまです。これでは自治体ではないのではないかと考へます。市会は……家庭会議でなければならぬ」と自治体＝家庭論を主張し、渋谷区の町会長・平塚新一は、「政党と市会とは何等関係を有すべきものに非ず。元来政党は国策の上に立ち、二箇以上の団体が其政策に基づき闘ふものにし而も其の政権に在るときは自ら其政策を遂行するの権力と義務を有するに拘らず、市政に於ては純然たる自治体として官の監督と指導の下に行動する団体なるが故に政策と称すべきものは何処にもなく、従って政党人として市会に其の覇を争はんとするが如きは自治政の発達を阻害するものとして排斥せざるを得ず」と断じる。

他方、党争による党弊を除去することによる自治政回復論を、若干例示してみよう。宮内大臣の湯浅倉平は、「政党の後援により其母体より推さるゝことは望ましからず、政党が其党員を推して市会議員たらしめんとするは党勢を張らんが為なるべし。……（中略）……其結果政党の有する弊害は市政の上に波及し、市公共の利益よりも党派の利益を重しとするに至ることなしとせず」とみなす。また、やはり前巻で群像化した市川房枝を中心とする婦選獲得同盟の東京支部は、「自治体は一種の消費組合とも見らるべきものでありますので……政党と切り離して、初めて、市政の革正浄化が出来るのではないでせうか、政党的色彩の殆んどない婦人（に公民権を付与して）を加ふる事が、一策だと思ひます。自治政を政治屋の泥仕合から真の消費者の手にとり戻すこと、これまた私共の主張です」（括弧内は引用者の補充）とした。

さらに、豊島区の町会長・坂本辰之助や神田区の町会長・北川辰次郎は、立候補者には「政党を脱して将来一切政党に関係せざる事を誓約公表せしむべし。……当選後政党に関係せるものは議員を除名決議する事としたい。……政党及政治団体は、市会議員選挙に干与せしめざる方針を執らざれば、到底在来の悪弊を除去し得ざるべし」とか、「従来、政党及各種政治団体、政治結社が選挙母体となり、隠然市自治制の下にありて其の機能が之れ等団体員の与る所となり、市会腐敗の根因の一部をなし……（中略）……余りにも政党及政治団体の手により自治政が災され、選挙の真意義が汚されつゝあるは掩はんと欲して能はざる」とする。

もっとも、衆議院・貴族院の議員のみならず、かなりの府会・市会・区会議員にもアンケートへの回答が求められているにもかかわらず、彼らの多くがこの第三項目の質問に回答を寄せていない。このことは、いわば当事者として政党政治の現状や内情などを知りすぎているがゆえに、回答しづらかったためと推察される。

それはともかく、以上から、地方自治（自治政）と政党政治の関係をめぐる三つの見解やその論拠などが明らかになった。そうして回答者の過半数という多くが、地方自治（自治政）における政党政治の不要論者ないしは排除論者であったことも明らかになった。そこで以下では、前記したように超然主義、社会主義、自由主義という三つの立場ごとに以下のような群像を設定し、彼らの地方自治観や政党（政治）観などを考察しながら、改めて何故に地方自治（自治政）に政党政治が不要なのか、あるいは地方自治（自治政）から政党（政治）を排除すべきとするのかをさぐることにする。

まず、そもそも国政と自治政を分断し、地方自治より政党（政治）を排除しようとしたのは、前巻第一章で触れたように近代地方自治制度の創設者である山県有朋であった。山県は、周知のごとく明治・大正政治の巨魁である。そうした彼を正面にすえて群像化するつもりはない。ここでは、あくまでテキスト的に山県の主導による明治地方自治制度の形成過程を追いつつ、そこにおける山県と彼に大きな影響を与えたお雇い外国人、A・モッセの政党政治の不要論ないしは排除論を再認することに留めたい。そうして、山県の教え子《チルドレン》の一人といってよい山県派の内務官僚である井上友一に主たる光を当てる。その意味で山県とモッセは背景的群像となるが、ともかく山県、モッセ、井上を第一の超然主義者の群像とする。

第二の社会主義者の群像としては、前巻第一章で群像化し考察した都市社会主義者の安部磯雄と片山潜を再設定する。というのも、両者こそが、本巻の地方自治（自治政）における政党政治の不要・排除論という統一テーマの設定をもたらす契機となったからである。しかし、両者の政党政治不要・排除論については、既に前巻第一章で十分考察したので、ここではそれを再整理しつつ、若干の補充・補強を行う。そうして、彼らに代る社会主義者としての主役的な群像としては、やはり前巻第一章で瞥見したところであるが、民本主義者から社会主義者へと転じた大山郁夫を設定した。

第三の自由主義者の群像としては、吉野作造と田沢義鋪《よしとも》を取りあげることにした。吉野ついては、既に本書第二巻で群像化し、彼の民本主義と地方自治の関係について考察したところである。しかし、その後、彼の地方自治と政党政治との関係につっては、『吉野作造選集』（岩波書店）ではカバーしきれないことが分かった。かかる文献・読み込み不足が明らかになったので、吉野を再設定し、新たな文献を加えて考察することにした。他方、もう一人の群像とした田沢義鋪は、今日では忘れられてしまったといえるが、彼を自由主義者と捉えることには疑義がないわけではない。しかし、内務官僚から在野に転じ、青年団運動や政治教育運動に生涯を捧げたといってよい彼は、戦時体制化という時代状況に迎合しなかった。そうして、政治改革と地方自治（自治政）から政党政治の不要・排除を叫び続けたので、田沢を自由主義者の群像とすることにした。

ところで、本巻では、さらに戦闘的な自由主義者でジャーナリストとして知られている長谷川如是閑を群像化した。とすれば、自由主義者の群像は、田沢ではなく如是閑の方が適切であるといえる。にもかかわらず、独立の章立てをして如是閑の思想を考察することにしたのは、意外にも彼も本巻のテーマである地方自治（自治政）における政党政治の原理的な不要論者であるからだ。その点では、同じ不要論者の山県と通底する側面がある――もちろん後述するように異質面もある――といえる。しかも、如是閑の不要論は、彼独特の社会や国家の理論から提示されていることと、彼の地方自治論についてはこれまでの如是閑研究においてほとんど考察されてこなかったので、あえて独立の章立てをして考究することにしたわけである。

最後に、総括としての終章を設けた。ここでも、「はしがき」で述べたように、一九二八（昭三）年に東京市会が西久保弘道市長を辞任に追い込んだ事件を契機に、雑誌『都市問題』が識者に行ったアンケートを活用する。というのも、本巻で群像化した安部磯雄、大山郁夫、田沢義鋪、長谷川如是閑の四人がアンケートに回答を寄せているからである。だから、彼ら四人に再登場してもらうと同時に、アンケート回答者の一人である早大教授の高橋清吾に焦点を当てる。彼は、不要・排除論が有力な中で、早くから地方自治（自治政）にも政党政治は不可避・必然であることを理論的に主張していたので、彼を焦点化することは総括にふさわしいといえるからである。

（1）赤木須留喜『東京都政の研究―普選下の東京市政の構造』未来社、一九七七年、二〇五～二〇九頁。
（2）以下、『都市問題』第一六巻第三号、一九三三（昭八）年三月、四五～五九頁による。また肩書きは、三四～三五頁の執筆者一覧による。

第一章　明治地方自治制度の形成と政党政治不要・排除論

——超然主義者の山県有朋とA・モッセ、井上友一——

第一節　山県有朋と井上友一の生涯

手元に大学院時代に複写した徳富蘇峰編述『公爵山県有朋伝（上・中・下巻）』（復刻版、原書房、一九六九年）の断片の他、六冊の山県有朋伝がある。作家によるもの二冊、ジャーナリストによるもの一冊、政治史研究者の執筆にかかるもの三冊である。[1]日本の近代史と政治家の研究者である伊藤之雄による最新の伝記は、従来の伝記にはない大量の一次史料を駆使して山県の人格イメージや彼の軌跡の意味などに修正を加えている。すなわち、蘇峰以外のそれまでの伝記においては、山県は大概次のように描かれてきた。伊藤博文の陽性と対比されながら、山県の性格は陰性——慎重、陰険、執拗、狡猾など——とされ、その上で大日本帝国陸軍と参謀本部を創設して統帥権の独立・強化を図りつつ、岡義武の名著は派閥形成因といえる「烈しい権力意志に貫かれた彼の八五年の生涯は、われわれに『政治的人間』(Homo Politcus)の一つの典型を示している[2]」とする。歴史が伊藤・山県という対照的な両雄を生み出したことは、明治維新の傑作といえる。それはともかく、山県に関する多くの伝記を読むと、維新が一方であくなき権力欲を追い求めたかかるタイプの政治的怪物を生み出したことは、大日本帝国の約八〇年後における破滅が運命づけられていたかのように感じるのである。しかし、伊藤の伝記は、山県は博文のように陽性とはいえないが、山県の生涯は「愚直」の一言につき、彼の創設した帝国陸軍は太平洋戦争へ直接つながるわけではないとする[3]。

しかしながら、本章は、いうまでもなくこのいずれが山県の妥当な像なのかを検証しようとするものではない。主眼は、序章で述べたように、帝国陸軍や参謀本部とあわせ彼が主導して創設した近代地方自治制度の形成過程とその仕組みをいわばテキスト的に追跡・整理しつつ、そこにおける彼の政党政治不要・排除論を再認識することにある。したがって、山県の八五年の生涯といっても、それは地方自治制度の形成期の詳細を次節に譲った上での略歴[4]となる。

山県有朋は、一八三八(天保九)年に長州(山口県)の萩城下で蔵元付仲間《ちゅうげん》という足軽以下の最下層卒族であった父有稔と母松子の実質的な長子として生まれた。しかし、山県(数え、以下同)五歳の時に母が亡くなり、継母の下で厳しく育てられ十六歳で元服して手子役(雑用係)に、次いで藩校明倫館の手子役、さらには御徒《おかち》目付の家来(横目役)になりながら、ずっと槍術に励んでいた。

各伝記では、家庭的な寂しい青年期が、彼の性格形成に影響を与えたのではないかとする。それはともかく、一八五八（安政五）年、山県二一歳の時、藩命により時勢を学ぶため伊藤俊輔（博文）や親友の杉山松介らとともに京都に派遣された。そこで山県は、吉田松陰の松下村塾の俊英として知られていた久坂玄端と出会い、彼の紹介で村塾に入門した。最も遅い入門生であったし、松陰が間もなく藩命で獄に処せられたので、直接教えを受けたのはわずかの期間でしかなかった。この年には安政の大獄が始まり、翌々年には桜田門の変の勃発と時代は激流していた。

一八六三（文久三）年、高杉晋作が奇兵隊を組織したが、山県はその軍監として壇ノ浦支所の司令となった。翌年には、禁門の変から第一次長州征伐となり、長州藩内は幕府恭順派の俗論派と倒幕に転じた正義派の対立に至り、高杉を先頭にする武装蜂起――軍監の山県も結局それに加わった――により正義派の勝利となった。一八六七（慶応三）年に薩長連合の斡旋で山県は西郷隆盛と出会い、翌一八六八（明治元）年一月には王政復古（明治維新）となる。そして、京都における鳥羽伏見の戦い（戊辰戦争始まる）で幕府側は敗北するが、三一歳になっていた山県は奇兵隊を率いて東上し、四月に北陸道鎮撫総督兼会津征討越後口総督の参謀に任じられた。一八六九（明二）年、帰郷していた山県は、欧米視察を命じられ、西郷隆盛の弟従道とともに渡欧し、翌年帰国すると兵部少輔に任じられた。そして、木戸孝允（桂小五郎）から評価されるようになるとともに、この頃から有朋と称するようになった。翌一八七一（明四）年には、山県も主張していた廃藩置県が成るとともに、山県は兵部大輔（官制改革後は陸軍大輔）に昇進した。しかし、一九七三（明六）年には山城屋事件[5]で失脚の憂き目にあったが、西郷隆盛のバックアップもあってかろうじて失脚をまぬがれた。

一八七四（明七）年、山県は陸軍卿に就任するとともに、近衛都督と陸軍参謀局長を兼任する。それは、江藤新平の佐賀の乱を征討するためであった。そうした士族の乱は、神風連・秋月・萩の乱と続き、一九七七（明一〇）年の西南戦争に至るのである。陸軍卿・参議に出世していた山県は、征討参軍（作戦指導）についた。戦後は、周知のように自由民権運動の台頭・高揚になるのだが、この西南戦争の苦戦などから、山県は翌一八七八（明一一）年に忠実、勇敢、服従の精神を説いた「軍人訓戒」を制定するとともに、建議していた参謀本部の設置に成功した。そして、山県は、陸軍卿を辞して参謀本部長兼参議に就いた。時に山県四一歳。

こうして山県は、陸軍の大御所になりながら、明治一四（一八八一）年の政変（藩閥政府内から大隈重信一派らを追放する）と天皇による国会開設の詔勅を迎えた。そして、翌一八八二（明一五）年には、「軍人訓戒」に代る「軍人勅諭」を頒布するとともに、山県は憲法調査のために渡欧した伊藤博文に代り参謀本部長を辞め、後述の参事院（法律・規則の起草・審査機関）議長に就任した。こうして山県は、地方自治制度の形成に深くかかわって行くことになるのである。それには、お雇い外国人のA・モッセが大きな役割を果たすので、彼のごくごく簡単な略歴を紹介しておこう[6]。

Ａ・モッセは、一八四六（弘化三）年にプロイセンのグレッツに生まれた。ベルリン大学を卒業後、各裁判所の判事を歴任するが、一八七九（明一二）年ベルリン市裁判所判事の時に、日本公使館の顧問となった。一九八二（明一五）年、前述したように伊藤博文らが憲法調査のために渡欧した。ドイツでは宰相Ｏ・ｖ・ビスマルクからＲ・ｖ・グナイストを紹介されたが、彼が高齢なので、彼の高弟のモッセが伊藤らに憲法講義を行った。そのモッセは、一八八六（明一九）年に内閣・内務省の法律顧問として来日した。時に四〇歳。そして、以下で述べるように、地方自治制度の形成において山県に様々な献言を行うと同時に、憲法全般に関する井上毅の質疑に応じたりした。契約期間が切れた一八九〇（明二三）年に帰国。その後、ケーニヒスベルク高等裁判所判事、ベルリン大学教授などを歴任し、一九二五（大一四）年に病没した。享年七八歳。勲三等旭日章が授与されている。

地方自治制度形成の詳細は、次節に譲ることにして、この時期の山県の事跡をごく簡略的に見てみよう。一八八五（明一八）年末に内閣制度が制定され、第一次伊藤博文内閣が成立し、山県は内務大臣になった。その山県は、一八八七（明二〇）年に地方制度編纂委員を設置し、その委員長に就任して憲法発布に先行する自治制度の形成を領導した。こうして一八八八（明二一）年四月には市制・町村制の公布にこぎつけ、同年末には地方自治制などの調査のために渡欧を命じられた。(7)翌一八八九（明二二）年二月、黒田清隆超然内閣の下で大日本帝国憲法が発布された。同年一〇月に帰国した山県は、黒田の後を受けて第一次超然内閣を組閣し、内務大臣を兼任するとともに陸軍大将に任じられた。そして、翌一八九〇（明二三）年には難産だった府県制・郡制の公布をなしとげた後に、第一通常国会（帝国議会）で国家独立の道は「主権線」の守護と「利益線」の防衛――当初の朝鮮が後には満州に拡大することになった――にあるという著名な演説を行った。この第一次山県内閣は、翌一八九一（明二四）年、「教育勅語」を発布した後に総辞職したが、山県自身は元勲優遇を受けることになった。そして、翌一八九二（明二五）年に成立した第二次伊藤博文内閣では、山県は司法大臣を、その後枢密院議長を歴任しながら一八九四（明二七）年の日清戦争には第一軍司令官として朝鮮に出征した。この過程で山県は政治家に成長しながら、陸軍や内務省、司法省、貴族院に山県閥を形成し始めていた。

日清戦争には勝利したが、周知のように独仏露の三国干渉により遼東半島の返還を余儀なくされた。そのため山県も、三国、特にロシアの動向に神経を尖らせる一方、軍備の拡張・強化を進めた。しかし、そのための増税に対する民党の抵抗・反対により増税がスムースに進まず、政局も変転した、すなわち、一八九六（明二九）年九月の第二次松方正義内閣が、一八九八（明三一）年一月には第三次伊藤博文内閣に代り、六月には初の政党内閣ともされる大隈重信と板垣退助の隈板内閣となり、一一月には第二次山県内閣に至ったのである。時に山県は六一歳で、元帥の称号を受けていた。山県は、この第二次内閣で、第一に、民党（自由党系の憲政党など）と連携して軍備拡大のための地租増徴法案を成立させ、第二に、民党を抱き込むための買収という黄金政治の悪弊を常態化させ、第三に、憲政党への見返りとして第一次内閣で成立させた府県制・郡制の全面改正を行った。そうしてさらに、芽吹き始めた社会運動に敏感に反応して治安警察法を成立させたり、軍部大臣の現役武官制を確立することなどして、一九〇〇（明三三）年一〇月に総辞職した。(8)

山県内閣の総辞職を受け、立憲政友会を創立して総裁になった伊藤博文は、第四次内閣を組織した。その後、一九〇一（明三四）年から一九一三（大二）年まで、山県の後継者たる桂太郎と伊藤博文の後継者たる西園寺公望が交替で政権を担う桂園時代に入る。その第一次桂内閣期の一九〇四（明三七）年には日露戦争を迎え、山県は参謀総長となって戦争を指導した。戦争にはかろうじて勝利したものの、政府は厳しい戦後経営を迫られることになった。しかし、山県は、さらなる軍備拡張路線をとった。そうした中、一九〇九（明四二）年には盟友ともいうべき伊藤を暗殺で失い、一九一二（明四五）年七月、山県にとっては絶対君主ともいうべき明治天皇の崩御を迎えた。しかも同年一二月に成立した第三次桂内閣において、愛弟子の桂首相が造反して山県の嫌忌してきた政党結成を宣言する始末であった。しかし、その桂内閣は、第一次護憲運動によって倒れ、第一次山本権兵衛内閣の成立となるが、その山本内閣も一九一四（大三）年のシーメンス事件（海軍汚職事件）(9)で総辞職を余儀なくされ、時代は大正デモクラシー期に入ることになった。

山県は、一九〇〇（明三三）年の第二次内閣総辞職後、四度目の元勲優遇を受け、伊藤博文とともに元老院会議において組閣を左右するようになっていた。そして、暗殺による伊藤の亡き後は、松方正義と大山巖、井上馨の三元老の老化による気力の衰え、若年元老の西園寺の中にあって、山県の独壇場ともいえる状況になっていた。第一次山本内閣が一九一四（大三）年に総辞職した後、山県は山県閥の清浦奎吾を首相にと画策するが、それがならなかったので、ひとまず大隈重信内閣の組閣に切り替え、一九一六（大五）には山県閥の本命であった寺内正毅内閣を成立せしめた。しかし、この寺内内閣は、一九一八（大七）年の米騒動で倒れ、実質的に初の政党内閣である政友会の原敬内閣の成立となった。山県は、政治家としての原を高く評価していた。しかしながら、東宮（昭和天皇）妃殿下の色盲事件（宮中某重大事件）で執拗に妃殿下のご成婚に反対して晩節を汚し、一九二一（大一〇）年には心底で信頼をよせていた原を暗殺で失った。

一九二二（大一一）年二月一日、山県は、静岡県興津の別荘・古稀庵で眠るように息をひきとり、八五歳の生涯を終えた。この一ヵ月程前の一月一〇日、大隈重信が逝去していた。原内閣の後継である政友会の高橋是清内閣は、大隈の国葬を拒否したが、山県については直ちに国葬を決定してその予算化を図った。しかしながら、日比谷公園で行われた山県の国葬には、大隈の葬儀と異なり沿道に弔旗を掲げた家が少なく、関係者の葬場不参加も多く、新聞には国葬とはいっても実は「官葬、軍葬……族葬」にすぎないという投書があったという。この状況こそが、政治的巨魁としての山県が、いかに民衆から遊離し、民衆を「支配の単なる客体」としてしか見てこなかったかを象徴するとされる。[10] そうであるがゆえに、山県は、他の明治の元勲・政治家と異なり、今後も民衆が日時手にする紙幣の像となることはないであろう。

次は、市制・町村制が施行された五年後の一八九三（明二六）年に内務省へ入省し、県治局（後の地方局）勤務となる井上友一である。一八八五（明一八）年から一九〇一（明三四）年は、「内務省の確立期」とされているが、その中心にあったのが山県有朋で、この時期は山県閥の支配下にあった。[11] そして、井上は、一八九八（明三一）年一一月に先述した第二次山県内閣において地方局府県課長（以後一〇年間、同課長を務める）に就いている。だから、井上の伝記（姻戚で大蔵官僚、貴族院議員の早川千吉郎）は、「山県公等諸先輩の観掖に依り、自治の振興、地方の発展を以て終身の在る所とせり」としている。[12] 以上のようなことから、井上を山県の薫陶を受けた教え子《チルドレン》の一人としたが、山県が権力追求型の「政治的人間」であったとするならば、井上は「官僚の好典型」（遺稿・伝―五〇頁）であったとか、「卓偉なる吏道実践家」[13] とされている。さらには、内務官僚高官の多くが志を政界に馳せ、その一人であり、当時、井上の上司で終生兄弟のように交わった水野錬太郎も、井上は「真面目な事務官で、循吏の典型」であったとしている。[14]

そうした井上は、一八七一（明四）年に父盛重と母国友の長男として石川県金沢市馬場五番町に生まれたが、二ヵ月後には実母を亡くし、継母に慈しむように育てられたという。石川は、そのためか生涯この継母を敬愛したという。一八八一（明一四）年に東馬場尋常小学校（下等小学）を卒業、一八八四（明一七）年には精錬尋常小学校（上等小学）を卒業したが、上級の優等生を監生（生徒長）とする小学校では、井上はその監生であったという。一年後輩の清水澄も監生で、井上の畏友となったが、彼は後に学習院と慶応大学の教授となり、最後に枢密院議長に就いた。しかし、一九四七（昭二二）年五月の日本国憲法施行後、大日本帝国憲法（国体）に殉じて投身自殺したことで知られる。それはともかく、小学校卒業後、井上は石川県専門学校に入学し、一八八七（明二〇）年には学制改革により第四高等学校入学となるが、同年に父を亡くしている。この専門学校・四校時代から「文才の衆に抜くものあり」、「聡明にして醇良、克己自制の修養に勉め、先ず如何にすれば人の利益と為り、自己も亦修養の効果を全ふし得べきやと考慮し」（遺稿・伝―九頁）ていたという。これは、実母の顔を知ることもなく失いながら、慈愛に満ちた継母に育てられたことによるものかもしれない。

府県制・郡制が公布された一八九〇（明二三）年、井上は第四高等学校を卒業し、東京帝大法科大学英吉利法律学科に入学、一八九三（明二六）年に卒業した。当時の学生の平均年齢は二六～二七歳であったが、井上は二三歳の最年少卒業者であった。初めはそれほど優れた成績ではなかったが、異常な程の努力により抜群の成績で卒業したという。在学中は、時に民法の研究に関心を寄せ、偉人賢哲の伝記に親しみ、「当時より、志は夙に経世済民に在」（遺稿・伝―八頁）ったという。卒業後、内務省試補となり、県治局に配属された。当時、法科大学の卒業生のうち内務省希望者は四〇人強いたが、同期卒業者の内務省入省者は井上を含め三人で、馬淵鋭太郎は寺社局、森正隆は警保局勤務であった。そして、後二者は、まもなく地方官に転属せしめられるが、井上は長く本省勤めをすることになった。

ところで、一八八六（明一九）年の帝国大学令は、帝国大学を官僚養成機関とすることにし、翌一八八七（明二〇）年の文官試験試補及見習規則は、情実任用制《パトロネージ・システム》を排して高等官（試補）と普通官（見習）に試験採用という広義の資格任用制《メリット・システム》を導入するものであった。もっとも東京帝大など帝国大学法科大学卒業生には無試験という特権が与えられていたが、帝大以外を対象とした試補試験は一八九〇（明二三）年を最後に中断されてしまった。それには、帝国議会の開催が背景にあった。そして、一八九三（明二六）年度の行政改革を経て、帝国大学卒業者には無試験という特権を排した文官任用令による奏任官以上の高等官を採用するための高等文官（高文）試験が、それに下級官僚の判任官採用のための普通文官試験という入口選別方式の試験が、一八九四（明二七）年から実施されることになったのである。そのため、帝大法科大学卒業生の官吏採用も一八九三（明二六）年には著しく減少し、一八九〇（明二三）年の三七人から五人へ一挙に急減したという。[16] そうした状況の中で、井上は内務省入りをしたわけである。

さて、井上が入省した翌一八九四（明二七）年八月、日清戦争に突入した。そこで井上は、文部官僚から転じた江木千之県治局長の下で学士出身の四～五人と協議して日韓連合帝国憲法草案を作成したという。それは、警保局長の手を経て広島の大本営に在った伊藤博文総理と山県第一軍司令官の閲するところとなった。伊藤はこれを叱責したが、山県は尊重するべき一案であると述べたという（遺稿・伝―一三〜一四頁）。翌一八九五（明二八）年に入ると、井上は県治局町村課長に任じられ、一八九七（明三〇）年には県治局府県課長と大臣秘書官兼任を命じられた。この間の執務状況について、次のようなことが述べられている（遺稿・伝―一四〜一七頁）。一つに、憲法と自治制の施行が間もないため、それに関する疑義の討論・論議すべき点が多かったので、当時の参事官室では法律論議が盛んであった。しかし、井上は、その論議に進んで入ることなく、民福の増進を図る道の考究を第一義にしていたという。二つに、日清戦争後の地方経営などに関し県治局は多忙をきわめたが、井上は後進の指導・養成に努めるとともに、頻繁に内務省へ出入りする地方吏員や篤志家などと接することにより「官民一致の実」を挙げることを期したという。三つに、内務大臣秘書官の兼任とされたが、それは政界に転ずる意思なき井上の意にそわなかったため、井上は秘書官室に在勤することが少なく、県治局の一隅で執務に精励していたという。

ところで、一八九八（明三一）年一月の第三次伊藤内閣は、既述したように総辞職して隈板内閣に変転した。そのため政党員のすざましい猟官《スポイルズ》が始まり、内務省でも県治局長には憲政党議員の山下千代雄が就いた。井上は、政党出身の局長と省内僚友との間を斡旋し、省内の中心軸になったという。しかし、隈板内閣は五ヵ月余で瓦解し、やはり前述したように第二次山県内閣となり、井上は県治局改め地方局の府県課長に任じられた。若干二八歳であった。一九〇〇（明三三）年四月、井上はパリにおける公私救済慈恵事業会議の日本委員として派遣され、会議後、帰国することなくそのまま欧米自治の視察を命じられた。翌一九〇一（明三四）年一月に帰国したが、この欧米視察は井上に大きな影響を与え、以後、内務行政における「積極の監督なるものを唱導」（遺稿・伝―二〇頁）せしめることになった。

それは、こうだ。「従来監督といへば、主として法規に照らし、府県郡、市町村会等の議決する所、理事者の行政上処断したる所、或は府県制、郡制、市町村制、其の他法律命令に違背したるの点なきや、或は権限を超越したる如きの事なきやを研覈し、之が矯正を図るに存せり。法律上、監督の意義する所、概ね此の如し。其余弊や、往々消極に傾き、遂に為す所なきに終らざるを得ず。……（中略）……然るに……地方団体なるものは、既に自治制度によって付与せられたる、自治の権能に依て各自の実力を発揮し、利用厚生の道を講じて親しく民人の福利を図るべきものなるが故に、理事者は固より論なく、府県会、郡会、市町村会等の、果たして此の点に於て十分其の職責を儘すや否やを監視し、之を督励するを以て、方今の急務と為すことである」（遺稿・伝―二〇～二二頁）。これは、彼が内務省における牧民官思想の先駆者であることを示す。こうして井上は、後述する模範村を発掘・賞賛する一方、内務省内に地方改良事業講習会や感化救済事業講習会を開設し、地方から町村吏員や有志者などを講習員として召集し、毎年講習会を開催するようにした。

一九〇四（明三七）年、日露戦争に突入。井上は、本巻の第三章で述べるように広島県で青年団の改良に取り組んでいた山本瀧之介と会い、彼の考えを聴取し内務・文部両大臣の政府による青年団に対する初の訓令を発しめた。そして、徳島県知事から地方局長に転じた床次竹次郎と地方局市町村課長の中川望、それに府県課長であった井上の三人が気息を一にして戦後の自治行政の振興に当たったった。それとともに、井上は、一九〇五（明三八）年に後の内務大臣・平田東助らとともに発起人となって二宮尊徳没後五十年記念会を開催し、翌年に報徳社（その後中央報徳会に改称）を設立し雑誌『斯民』を発行した。そうして、一九〇七（明四〇）年には報徳会の第一回有志大会を開催し、さらに翌一九〇八（明四一）年に平田が内務大臣に就任するや、報徳社設立の発起人の一人であった一木喜徳郎内務次官と協議し、井上年来の抱負である地方改良事業と感化救済事業に政府予算を計上することに成功した。地方改良事業については、後に詳述することにするが、この改良事業の推進においても、井上は人の長所や地方の美績善行を推奨し、その人格が大きく賞賛されている（遺稿・伝―二九～三〇頁）。

ところで、井上は、一九〇八（明四一）年に水野錬太郎の後を受け、というより水野が昇格に頓着しない井上に局長職を譲る形で神社局長に就いた。しかし、井上の地方局を離れたくないという意思を上司などが参酌し、地方局府県課長心得を兼務させた。井上は、栄転の「勧誘を受ける毎に、悉く之を辞退し、地位の低きを意に介することなく、専心地方局の事務に従事して余念なかりしは、自治の改善開発を以て、畢生の志業となし」（遺稿・伝—三二頁）たとされる。また、この頃から多くの編著作を刊行するのだが、一九〇九（明四二）年には社会政策に関する大著をもって法学博士号を授与されている。[17] だから、井上は、内務省に救済局を設置すべきと主張した——社会局が設置されたのは一九二〇（大九）年で、初代局長は都市計画法の制定に大きく寄与した池田宏であった——が、一連の著作は欧米諸国及び日本の比較制度研究論といえるものであった。それは、「重きを理論に措かず、総て実際問題に触るるを勉め幾多の実例を引用するを以て、其の特徴と為せり」（遺稿・伝—三三頁）とされるものであった。

　一九一四（大三）年に第一次世界大戦が勃発。この年、井上は明治神宮造営副使を兼任し、翌年には造営局長兼任に任ぜられたが、また東京府知事に転任せしめられた。井上の「適所は、本省の在るに存し、地方に去て行政の局に当るは、君の長所にあらざるべし」（遺稿・伝—三七頁）と、関係者はその人事異動を惜しんだという。しかし、井上は、知事職に精励し、「一の公益事業を経《マ》画《マ》するに方ては、恰も馬車馬の如く、一直線に猛進して、必成を期せり」（遺稿・伝—四三頁）とされる。伝記は、そうした知事・井上の実績として次のような事績をあげている。

　第一に、井上が年来抱いてきた慈恵救済事業を実施するために東京府慈善協会を設立したことである。第二は、一九一七（大六）年の大風水害に際しては、物資の迅速な供給が第一義であるとし、まず現有資材をそれに充てることを即座に実行したこと、第三に、翌一九一八（大七）年八月に発生した米騒動の波及をみて、直ちに米廉売場、公設市場、簡易食堂の施設や購買組合の創設をもって備えたことである。第三に、教育のために府立工業学校を設立し、勧業のために府立商工奨励館を創設したことである。第四に、青年団の修養のため小学校附属の補習教育を奨励したり、東京府の史跡に関する編纂を行ったことだ。しかも、これらの事業を展開するに当っては、単に東京府の予算にのみ依拠するのではなく、渋沢栄一男爵や東京商業会議所会頭であった藤山雷太など多くの富者を井上が直接訪れ――それまでの知事は係員を派遣するのみであったが――寄付を募ったという。

かくして伝記は、こういう。井上は、「職務に従ふを以て、精神上無二の慰安とし、唯一の娯楽となせり」（まさに典型的な仕事人間!!）。「君は空疎なる理論を避けて、切実なる実行を主とせり。曰く必行事項、曰く懇談会、曰く談合会、曰く施設事項、此の如きは皆君の創製したる所」、「君は一種の包容の才を具へたり。他人の言うにして、苟も取るべきあらば、直に之が実行に着手せり。人或は注意し、今少しく熟考して、然る後に実行せられては如何といへば、君直に答へて、予は実行家なりといひ、毫も踟蹰遅疑する所なし」。そうして経歴の冒頭で記したように、「君は円満崇高なる人格と、豊富なる社会経綸とをし、新しき時代に処すべき官僚の好典型を示せり」（遺稿・伝―四九～五〇頁）とされる。

一九一八（大七）年、東京府地方改良協会の発会式が行われたが、そこで井上は卒倒した。以後、彼は病床に就くようになった。翌一九一九（大八）年六月、井上の施策を支援してくれた都下の有力者たちを帝国ホテルに招いて感謝慰労会が開催された。井上は、ホストとして来賓を接遇したが、テーブルに着席したら間もなく顔面蒼白になったので別室に移った。しかし、彼は回復することなく逝去した。若干四八歳の若さであった。

第二節　山県有朋の自治制度形成の主導と政党嫌忌

山県有朋が主導した近代地方自治制度の形成に関し、ここで何か新しい知見を示そうとするものではない。というのも、その形成については、これまでの数々の著書、論文で研究されつくしてきたといっても過言ではないからである。特に亀卦川浩の三冊の著作(18)は、その中心になるといえよう。そこで本節は、亀卦川の三冊の著書を基軸にしながら、地方自治制度の形成過程を教科書《テキスト》風にまとめながら、第一に、山県がA・モッセの提言を受け入れて地方自治制度の形成を憲法発布よりも先行させようとしたこと、第二に、その形成における制度設計において国政と自治政を連結・分断し、地方自治（自治政）から政党（政治）を排除しようとしたこと、第三に、それに山県が何故に政党（政治）を嫌忌したのか、などを考察することにしたい。

さて、一八八一（明一四）年一〇月、大隈重信参議を罷免し、大隈一派などを藩閥政府から排除するかの明治一四年の政変が起ると同時に、国会開設の詔勅が発せられ、また自由党が結成された。翌一八八二（明一五）年に入ると、伊藤博文が憲法調査のために渡欧した[19]。また、前年の政変直後に自由民権運動を中核とする反政府運動に対抗するなどの官僚制的支配体制を再編・強化するために創設された参事院議長が伊藤から山県に代り、大隈を党首とする立憲改進党が結成された[20]。そうして、地方制度に関心をよせていた山県は、参事院議長として『維新以来町村沿革』という冊子を刊行しつつ、高揚する府県会闘争に対処することによって現実の地方制度の問題へ経験的にも深くかかわることになったのである[21]。

山県は、一八八五（明一八）年に「地方経済改良の議」（意見書一三九―一四二頁）[22]において、士族＝少数・消費者、農民＝多数・生産者であり、経済的観点からすれば士族＝「末」、農民＝「本」なるとみなす。そうであるがゆえに、困窮の士族よりも農民の撫育救済が急務であり、「況ンヤ各地政党論者等既ニ此時ヲ奇貨トシ人民ヲ教唆煽動シ減租ノ請願ヲ試ミ物議ヲ醸成セントスルノ警報続々之レアリ」としていた。この警報は、元老院及び参事院議官の地方政情視察の報告によるものであったが、山県は参事院議長に就くや「時弊を論じ政綱を提起せんとする方法を論ず」（意見書一二八）の上奏に続き、地方巡察の「建議」（意見書一三五―一三三頁）を行い、その理由について次のように述べていたことに注目したい。

「法ヲ議スル者泰西文明ノ治迹ヲ見ルニ精クシテ内地ノ民情ヲ察スルノ疎ナル……法律ト実際ノ情況ト相背馳スルヲ致ス所以ノ者主トシテ此ニ原因セルカ如シ加之今日各地方ノ形勢ヲ察スルニ一般ノ気風漸ク政治上ノ思想ニ傾向シ至ル処政談演説ヲ為シ或ハ団結シテ党ヲ為スアリ」。つまり、直ちに西欧の法規に範を取るのではなく、自国の伝統と現状を踏まえた立法を行うべきとする姿勢である。それは、市制・町村制の制定にも見られるのだが、まずはまさに「至ル処政談演説ヲ為シ或ハ団結シテ党ヲ為ス」反政府運動の激化、とりわけ府県会闘争を沈静化させるため一八七八（明一一）年に大久保利通の建議により制定された三新法（郡区町村編成法、府県会規則、地方税規則）[23]の後二規則の改正への着手となった。そこで山県は、彼の手足となった参事院議官補・大森鐘一の根本改正・新法制定の時機ではないとする意見に同意した。そうして一八八九（明一五）年末に府県会規則と地方税規則の改正をなし、さらに一八八四（明一七）年には一八八〇（明一三）年制定の区町村会法の改正も成し遂げたのであった。[24]しかしながら、これらの改正は、官治的統制を徹底するものであったが、それでもいわば対処療法的・過渡的なものであった。[25]

さて、一八八三（明一六）年八月に伊藤らの一行が帰朝、一二月には民権運動への対応に批判の強かった参議の山田顕義に代り、山県が参事院議長を兼任する内務卿に就任した。そして、翌一八八四（明一七）年三月、伊藤が憲法発布に向けた制度取調局長官に就く一方、内務卿の山県は前山田内務卿の命で調査していた村田保大書記官から五月に報告書（一二章二二〇条にわたる町村法草案）を受理した。しかし、山県は、伊藤と協議して抜本的な地方制度の創設を図ることにしていたこともあったので、この村田案を採らず、一二月に内務省内に町村法調査委員を設けた。村田案は、旧町村の単位に幕藩期の五人組制度を盛り込み、かつ抑圧的な権限の体系化を図ったものであったからだともいう。[27]そこで山県は、一方でこの年の激化事件（五月の群馬事件、九月の加波山事件、一〇月の秩父事件など）をピークに退潮期に入った民権運動と、他方における憲法発布、条約改正問題を見すえながら、自らの手によって地方制度の根本的改正という大業を実現しようとしたように見える。委員は、白根専一、清浦奎吾、山崎直胤、大森鐘一、久保田貫一という五名の少壮書記官で、後に山県閥派として活躍する面々であった。こうして、根本的かつ体系的な地方（自治）制度づくりが始まった。

委員は、翌一八八五（明一八）年六月に町村法草案を山県に提出した。一二月の内閣制度施行により成立した第一次伊藤博文内閣において、山県は内務大臣となった。そして、山県は、その町村法草案を省内の審議委員の審査に付していたのだが、翌年に入ると法案名が町村制に改められつつ第一案から第三案までが作成された。そこで山県は、この第三案を内閣のお雇いであるH・D・ロエスレルと内閣・内務省のお雇いであるA・モッセの批評に付したのである。ロエスレルの意見書は各条項の論評まで行った詳細なものであった（立法資料一九・一七―一五七〜一六五頁）が、それに先立つモッセの意見書は法案の内容よりも制度編成（設計）の基本方針に関する建議であったという。

その建議は、「沿革」（意見書八二―三九五頁）によれば、「立憲制度ヲ実施セムトスルニ当リテハ、先ツ地方自治体ノ制ヲ建テ、以テ国家ノ基礎ヲ強固ニスルノ必要アリ。故ニ地方制度ノ改革ハ、必ス憲法ノ実施ニ先チテ、之ヲ施行セサルヘカラス」ということと、町村制度は上級自治体や地方官庁などと関係するがゆえに、「特ニ高等ノ機関ヲ設ケ、之ヲシテ大体ノ計画ヲ起案セシメ……予メ改革ノ大綱ヲ確立スルニ如カス」というものであったという。もっとも「市町村制史稿」[28]によると、立憲制度の実施に当っては、「先ツ国民シテ公務ニ習熟セシメ、党派政争ノ風波ニ当ルノ前予メ地方自治体ノ制ヲ建テテ以テ国家ノ基礎ヲ強固ナラシムルノ必要アリ」。それゆえに、新たな地方自治制度の施行は、憲法の施行に先行させるべきというものであったようだ。ところが、山県は、「沿革」（意見書八二―三九四頁）において、プロイセンの自治制度の創始者である宰相F・シュタインの回想記を読むと自治制は民衆に公共心を育み、行政参与の知識・経験を得さしめ、立憲政治の運用に大いに資するが、「然レトモ予ヲ以テ之ヲ観ルニ」、それに「止マラス、中央政局異動ノ余響ヲシテ、地方行政ニ波及セサラシムルノ利益」が少なくないとする。だから、それはモッセの進言以前から抱懐していた自らの捉え方であるかのように述べ、かつ、それゆえに憲法制定・公布が差し迫っている当時、地方自治制の早急な整備・建設は一日もおろそかに出来ないものであったとしていた。

この微妙な相違の真偽は不明だが、ここに二つの論点が現われている。一つは、いうまでもなく憲法の施行以前に地方自治制度を施行せしめるという地方自治制先行論であり、もう一つは、国政と地方自治（自治政）の分断、後者からの政党（政治）排除論である。そこでまず、前者の地方自治制先行論を考察してみよう。前記した亀卦川は、山県においては憲法施行以前に地方自治制を施行するという意思が内務卿就任時に既に固められていたのであり、モッセの意見によりその考えが育成醇化されたのだとしながら、[29]先行の要因・理由をモッセの進言などを交え七点指摘している。[30]しかし、ここでは、山県とモッセを分けて再整理してみよう。

まず、山県は、何故に地方自治制の先行をかくも急いだのかである。山県は、前記「沿革」（意見書八二―三九四頁、傍点は引用者）において、伊藤博文などは憲法公布・国会開設先行論であったとし、それに対する自分の地方自治制先行論の理由を憲法施行・帝国議会開催後における中央政局の変動を「地方行政」に波及せしめないためとしている。それは裏返せば、「民衆ヲシテ、地方行政ヲ自治自掌セシムルカ為メ、参政ノ思想ヲ暢達セシメ、地方公共ノ利益ヲ図ルノ精神ヲ油起セシメ、自カラ地方ノ公事ニ練熟シ、行政ノ実務ヲ修得スルニ至ラシメ之カ当然ノ結果トシテ、国事ヲ参襄スルノ実力ヲ具有シ、国務ヲ担任スルノ重責ヲ自覚スヘキヤ疑ヒナシ」という自治政治行政の訓練・習熟先行論、そして自治政と国政の連結化であった。

この先行論が示すように国政と地方自治（自治政）の分断論は、他面で両者の連結になることに注意する必要がある。そうだからこそ、また山県は、後の第二次内閣が一八九九（明三二）年に府県制・郡制の改正案を提出した際における貴族院での施政方針演説（意見書五八―二四九頁、傍点は引用者）でこう述べたのである。市制・町村制は、「市町村ヲシテ常ニ中央政界ノ波瀾ノ外ニ立タシメ且ツ市町村人民ヲシテ常ニ中央政界ノ波動ヲ市町村ニマデ及シ国家全体ノ進運ヲ阻害」しないようにすることを第一義的な目的にした。そして、それに加えて府県制・郡制という三級の地方（自治）制度に編成したのは、国家統治上中央政府が執行すべきもの以外を三級の地方（自治）制へ行政的に分任し、「而シテ地方人民ヲシテ地方自治ノ責任ヲ負ハシメ且ツ地方ノ公務ニ熟達セシムル」ことを、さらに条約改正への対応[31]をも目的にしていた。しかるに、そうした「地方制度ノ改革ハ憲法実施ノ時期ニ甚ダ切迫致シテ居リマシタヽメニ施行日尚浅ウゴザイマシタ故ニ此法律ノ運用ヲ地方人民ガ慣熟スルニ至ラザル中ニ早クモ闘争ノ弊ヲ蒙リマシテ往々選挙ニ関シテ競争ノ具タルニ至リマシタノハ実ニ遺憾至極ニ存ジマス」と、暗に自治政治行政の訓練・習熟による健全な――非党派・党争的な――国政運営を想定してことをうかがわせる。

しかしながら、このような回顧ではなく、市制・町村制施行直前の一八八八（明二〇）年一月、地方長官の制度講習会における演説（立法資料二一・三〇六～三〇七頁）で、山県は先行理由を次のように述べていた。「立憲ノ制ニ於テ国家ノ基礎ヲ強固ニスル所以ノモノナリ蓋町村ノ自然ノ部落ニ成立チ百端ノ政治悉ク町村ノ事務ニ係ラサルモノナシ今ヤ中央政府ノ制度ヲ整理スルニ方リ之ヲ先テ地方自治ノ制ヲ立テントスルハ目下ノ急務ナリ」。また、「先ツ町村ノ経済ヲ整理シ其資力を充実シテ然ル後自治ノ制ヲ施サントスルノ説アリ本官ニ於テハ却テ先ツ自治制ヲ施シ漸次町村ノ経済ヲ整理スルヲ以テ当然ノ順序ナリト考フナリ」。だから、こうした先行が制度編成の順序であって、その逆ではないとした。ここで重要な「自然ノ部落」（いわゆる自然村）を基礎に国民生活と密着した町村制を形成・確立することが「国家ノ基礎ヲ強固ニスル」ことになるという理由は、既述した「市町村制史稿」にも見られたモッセの〈下から上へ〉という制度編成の思想でもあった。それはともかく、山県の直接の言辞による先行論の理由づけは、以上ぐらいのようである。

他方、モッセであるが、彼の先行論は前記した一八八六（明一九）年七月の意見書以降にもみられる。その一つは、山県が憲法制定と同時に必要になる法律如何という諮問を行ったことに対する一八八六（明一九）年一〇月のモッセの意見書（立法資料一九・一六―一五四～一五七頁、傍点は引用者）である。彼は、「立憲政体設立前必先ツ整頓セサル可カラサルノ法律」として裁判関係法規、租税・兵役法規、地方自治法規の三種類があるとし、注目すべき次の意見を提示している。自治制の「編制ノ宜キヲ得レハ人民ヲシテ政治公務ニ習熟セシメ且国家ノ為メ可成不偏無党ノ基礎ヲ立ツルニ在ルナリ故ニ自治制ハ輓近ノ研究ニ依テ証明サレタル如ク(32)立憲政体ニ取テ必要欠ク可カラサルノ根基ナリ是ヲ以テ之ヲ観レハ立憲政体設立前法律ヲ以テ自治体ノ編制其権利義務並監督法ヲ制定スルノ必要ナルコト明カナリ」とした。この限りでは、これは先の「市町村制史稿」にみられた建議と同旨である。しかしながら、注目すべきは、それに続く次の意見である。「此ノ如キ法律ヲ議院ト協議スルニ至テハ容易ニ満足ノ結果ヲ得サル可シ其故ハ人タル者ハ進ンテ権利ヲ把ラント欲スルモ義務ヲ負担スルヲ欲セス」としたことだ(33)。

もう一つは、井上毅との問答を含む同年一二月の「モッセ氏自治論」(立法資料一九・二〇—一六八頁)である。そこでモッセは、名誉職自治制を説き、必ず「立憲政体ノ国ニ於テハ党派相軋轢スルカ故ニ官吏ハ其一党派ニ与シテ党派ノ利益ヲ人民ニ対シテ実行セントスルノ弊アレハナリ是ヲ以テ自治体ノ編制ハ憲法ヲ確定スル前ニ於テ早ク完備ス可キ必要欠ク可カラサル急務ナリ而シテ自治体ヲ立テ後ニ憲法ニ及ホスト云フ事ノ必要ヲ実際ニ顕シタルハ英米ノ功最多キニ居ルト云ハサル可カラス」とした。だが、これもやはり、「市町村制史稿」にみられた立憲政に必然的な「党派政争ノ風波ニ当ルノ前予メ地方自治体ノ制ヲ建テ」るべしという建議と同旨といってよい。

こうしてみると、山県をして地方(自治)制度の制定をかくも急がせた理由・要因は、彼自身は公言してはいないが、モッセの建議にみられる憲法制定後の帝国議会の審議に市制・町村制と府県制・郡制を付さないことにあったと言えそうだ。憲法制定前に地方(自治)制度を施行して国家の基礎を強固にし、かつ自治政治行政の訓練・習熟をなさしめ、党派政争の外に立たしめるという狙いはあったであろう。しかし、市制・町村制が、元老院の審議と法制局を経て閣議決定をみたのは、一八八八（明二一）年に入ってからであり、公布は四月であった。翌年九月に憲法が公布され、一八九〇（明二三）年七月の第一回衆議院議員選挙を経て第一通常議会（帝国議会）が開催されたのは同年一一月である。山県は、自治政治行政の訓練・習熟が出来ぬままに党派・党争の弊を蒙ったことは「実ニ遺憾至極」としているが、その訓練・習熟が出来ぬ――それは五年、一〇年いや数一〇年を要するであろう――ことは十分承知だったと思う。むしろ初の帝国議会開催が迫る中で、山県の懸念は府県制・郡制にあったといえる。何故なら、モッセが建議するように、市制・町村制のみならず府県制・郡制を議会審議に付するならば、国民の権利としての自治制が要求されるであろう。そうして山県が狙う国家のための自治制、すなわち国民の義務としての自治制――それを明白にするのは、山県が市制・町村制の公布にあたりモッセに起草させた「市制町村制理由」（立法資料二一・九・参照―三七五頁）における国民が地方公同（公共・共同）の事務を担任するのは義務であり、「国民タル者国ニ尽クスノ本務ニシテ、丁壮ノ兵役ニ服スルト原則ヲ同クシ、更ニ一歩ヲ進ムモノナリ」――を成立させることが極めて困難になると想定されるからである。いや、だからこそ、山県は以下のような様々な妥協を行ったといえる。

山県が「沿革」（意見書八二一―四〇五〜四〇八頁）で述べるように、実は市制・町村制も難産であったのだ。すなわち、一八八八（明二一）年四月の公布直前、閣議は突然、元老院の審議を経た市長の官選案を町村長と同様に議会の選挙にし、東京・京都・大阪の三都に対する市制不施行案を市制施行に修正し、改めて元老院の検視に付すことにしたのである。総理の伊藤あたりがそれを主導したのではないかと推察される。山県は、これに対して「公選ノ結果如何ヲ憂慮シタリシモ、熟思反覆ノ後」に自説（官選案）を放棄し、市議会が三名の候補を推薦し、うち一名を知事が任命するという折衷案に落着させたのである。また三都特例案に関しては、山県は「内閣ト元老院トノ間ニ介在シテ、奈何トモスヘカラス、多年苦心ノ間ニ成リシ自治制ノ実行モ或ハ之カ為メニ蹉跌スルカ如キノ事アラムヲ憂」えなければならなかったのである。とはいえ、黙視しているわけにもいかないので、山県は伊藤を説得し、三都市に市制を施行せず特例措置をとることでなんとか納得させたのである。

府県制・郡制は、もっと難産であった。山県が提出した原案は、府県・郡ともに自治体とするものであった。これに対しては政府部内でも、特に法制局の井上毅が後述するように強い批判・反対論を主張し、元老院でも無用論、時期尚早論が入り混じり大いにもめた。そのため一八八八（明二一）年、異例の山県内務大臣自身が元老院に出席し、趣旨演説を行ったのである。その演説の冒頭で、府県制・郡制は市制・町村制と「相連貫シテ完キヲ得ル」ることが出来るものだから、府県制・郡制を実施しないと「帝国議会開設ノ後善良ナル結果ヲ見ンコトヲ期スル政略上ノ目的ヲ達成スルヲ得サルニ至ラン」――政略上の目的とは、国政と自治政の分断、裏返すと自治政と国政の連結、さらに言いかえれば党派・党争から自治制・国政を防護する――ことを強調した（意見書四五―一八九〜一九一頁）。

しかしながら、元老院は、両法案を内閣に返上したのである。そこで井上は、府県制・郡制の法制局調査委員会案を作成させた。そして、山県は、この元老院での演説後に地方制度の調査のために渡欧し、帰朝後の一八八九（明二二）年末に第一次山県内閣を組閣したことは既述した。この山県内閣の下で内務省と法制局との協議・調整が図られ、後述するように府県・郡の自治体的性格を大幅に稀釈し、反面で国の地方行政区画（地方官庁）であることを強化した。こうして一八九〇（明二三）年五月、府県制・郡制が公布されたのである。[34] 第一通常議会（帝国議会）の召集七ヵ月前であった。それは、山県の当初の意図に全く反するものであったが、府県制・郡制を廃案にせずに残し、かつ帝国議会に計らないためには、やむを得ない妥協であったといえよう。

次は、山県が元老院演説で強調した政略上の目的、すなわち国政と自治政との分断、裏返せば自治政と国政の連結、さらに言いかえれば党派・党争から自治政・国政を防護する狙いについて考察してみよう。ただ、この当時から地方自治（自治政）より政党（政治）を排除すべしという考えが一般的であったことに注意しておこう。例えば、第二次伊藤内閣で内務大臣になった板垣退助は、一八九六（明二九）年の訓示で「民間に於きましても政党の争に由て自治制を害する事のなき様、其（国政との―引用者）区別を立てて其作用を全うさせたき」としていた。また、下って一九一四（大三）年の第一次山本権兵衛内閣の内務大臣であった大隈重信も、「中央政治の運用は政党の力に俟つべしと雖、地方行政に至ては断じて党派に偏倚すべからず」と、党派・党争による地方政弊の刷新の必要性を訓示している。[35] だから、問題は、何故、どのように党派・党争から地方自治（自治政）防護するかである。山県の場合は、党派・党争を国政からも排しようとするのであるが、それらの点に関しては府県制・郡制の成立までをたどらなければならないので、まずその成立史を略々追ってみることにしよう。

さて、山県は、先述した一八八六（明一九）年七月のモッセによる建議に共鳴し、翌一八八七（明二〇）年一月に内務次官の芳川顕正と渡航先のプロシャで自治制度を研究していた逓信次官の野村靖、モッセと交遊していた外務次官の青木周蔵――いずれも山県閥官僚となる――それにモッセの四人を地方制度編纂委員に任命し、自らは委員長に就任した。そして、モッセの原案「地方官及共同行政組織ノ要領」（立法資料二〇・三A―一九八～二〇三頁）を基に地方制度編纂綱領（立法資料二〇・三―一九〇～一九八頁）を定めるとともに、モッセに自治法案の草稿を作成させた。それは、自治部落制案として提示された。[36]「沿革」（意見書八二―三九六頁）によれば、モッセに草稿作成を命じたのは、条約改正を「欧米列国トノ間ニ処スヘキ当時ナレハ、他ノ制度トノ調和ヲ図ル為メ、勢ヒ法案ノ形式ニ於テ、欧州ノ制度ヲ参照スルノ必要殊ニ切ナルモノアリ。……我邦古来ノ自治ニ関スル精神ヲ基礎トシテ、明文上、自治法規ノ完備他ニ優リタル、独乙ノ自治制度ニ則リ、其ノ形体ニ遵拠シテ、我邦自治法案ヲ起草セシムルノ、最モ確実ナル功《ママ》程ヲ進ムヘキ好方法ナリシヲ以テナリ」だったからであったという。そのモッセ草案を委員会は市制と町村制に分けて審議し、内閣の修正を経て一一月に町村制案を、次いで市制案を元老院に下付した。

元老院における町村制の審議においては、(37) 時期尚早――その理由としては民度の点で、府県制・郡制と同時の審議・公布の点で、上から下への制度編制の点で――の論もあったが、多数は賛成であった。そうした中での最大の論点は、原則無給の名誉職制であった。すなわち、原案は、公民権制（制限選挙制）の下、町村税納入額に基づく二級選挙制（納税総額の半分までの納税者が一級選挙人で議員定数の半分を選挙し、残りの半分は二級選挙人が選挙）で選出された町村会議員はもちろん、その町村会が公民（ただし三〇歳以上の選挙権者）から選出し、府県知事の認可を受ける町村長、助役や町村委員も名誉職（例外的に有給もあり）とし、それを理由なく拒辞などした場合には公民権の停止、町村税の増加の制裁を課すというものであった。この名誉職制や制裁措置に対する反対意見も出されたが、結局、原案承認となった。

市制も、やはり公民権制の下、三級選挙制とした。しかし、原案は二転三転することになった。その要因は、有給吏員とした市長、助役の任期や選任方法にあった。特に市長を官選にする原案は、山県が「沿革」（意見書八二―四〇六頁）で述べる主張に基づくものであった。すなわち、町村制と異なり、市制においては「市ノ行政ヲ担任スル者ハ、市参事会ニシテ、主トシテ公選ノ名誉職参事会員ヨリ組織セラレ、市長ハ其ノ議決セシ所ヲ執行スルニ過キ」ないし、「市長ノ管掌スル市内ノ国政事務ハ、町村長……ニ比シ、遥ニ重要複雑ニシテ、処理スルコト難ク、且其ノ挙否《ママ》ハ、中央行政ニモ影響スルコト少カラサルヲ以テ、市長ノ公選（元老院が修正した市議会による三名の候補者推薦制─引用者）タラシムルトモ、其ノ適任者ヲ得ルノ望十分ナルヲ得ルニ至ルマテ、之ヲ官選タラシムルノ寧シロ市長ニ適任者ヲ得ヘキ安全ナル道ナリト考ヘタレハナリ。故ニ初メモッセ氏ノ市制起草ニ際シ、市長ハ市会ニオイテ選挙スルコトトナシタリシモ、予ハ官選（内務大臣への上奏・選任制─引用者）タラシ」めたのである。元老院も、結局、市長の官選制を受入れた。ところが、市制・町村制の公布直前に、突然、内閣──伊藤の主導によると思われる──が市長の公選制と三都への市制施行へ転じたため、市制は頓挫しそうになったが、山県の妥協によってかろうじて成立したことは既述したところである。

次に、府県制・郡制であるが、山県は町村法調査委員の設置とともに、府県制・郡制の研究と草案作成に着手させていた。そして、地方制度編纂委員の設置後は、地方制度編纂綱領に基づきモッセが原案を起草し、それを委員が審議しつつ草案作成を進めた。その結果、一八八八（明二一）年九月に府県制・郡制案が黒田清隆内閣に提出され、法制局を経て一〇月に元老院へ下付された。しかしながら、特に法制局の井上毅は、「自治施行ニ付テノ意見」（立法資料二一・一八A─四七四頁）において「国会開設ノ前ニ於テ地方自治ハ施行セザルベカラザル」論者の一人であるとしつつも、「府県制に対する杞憂」（立法資料二一・一八─四七〇〜四七二頁）においては、府県を自治体にすることは「国体国憲ヲ挙テ之ヲ破壊スルノ漸ヲ開クニ至」るようなものだとし、「激切ナル言語ヲ用イ以テ府県制ノ将来ノ結果ヲ憂念スル」点を一〇項目明示して絶対反対論を展開した。さらに、法制局員に対する「自治制ニ関スル演説」（立法資料二一・二二―四八三～四八五頁）では、自分は世上「自治ヲ駁撃スル巨魁ダト」言われているようだが、「私ハ自治ノ賛成者ダケレドモ、制限自治ノ論者デアル。委シク言ヘバ私ハ町村自治ノ賛成者デアッテ、而シテ府県自治ノ反対者デアル」、なんとなれば「郡県ニ強イテ自治制ヲ行フハ人作ノ自治ニシテ天然ノ自治デハナイ」からであるとした。(38) そうして、元老院でも無用論と時期尚早論が入り混じり、大いにもめたために異例の山県内務大臣の出席による趣旨演説となったが、結局、元老院が府県制・郡制案を内閣に返上したことについては前述したところである。

さて、一八八九（明二二）年末に第一次山県内閣の発足をみた。そして、内務省と法制局との協議・調整により府県制・郡制案が確定し、閣議・元老院・枢密院を経て一八九〇（明二三）年に公布された。この協議・調整の結果、原案における府県・郡の自治体としての性格は稀釈され、国の地方行政区画（地方官庁）たる性格が強化されたことも前記したが、その主要点は次にあった。(39)

第一は、府県の法人性に関する明文規定、条例制定権、市制・町村制に準ずる府県住民の権利・義務規定の削除。第二に、府県会議員の被選挙権を府県内市町村公民の選挙権者（納税要件としては地租もしくは直接国税二円以上の納入者）をさらに厳しく直接国税一〇円以上の納入者に制限。第三は、府県会の権限を大幅に縮小し、かつ概括例示から制限列挙に変え、新たに府県会議員が府県会の召集に応じない場合などに関する監督を強化。第四は、府県参事会を執行機関から副議決機関に変え、参事会員一六名は府県住民の中の有資格者を府県会が選出する案を府県会が四名を互選するに変えたことだ。こうした府県制原案の修正に応じ、郡制も改変された。ただし、府県会議員と衆議院議員の兼任を禁止する府県制の原案は維持された。それには、実は山県の国政・自治政の連結化と井上の分断化の思惑が交錯していたといえる。

以上のような経過において、山県が企図した国政と地方自治（自治政）の分断、裏返せば自治政と国政の連結を、さらに言いかえれば党派・党争から自治政・国政を防護しようとした制度的仕組みは基本的に保持されたのであるが、それが十分に分明化されていない。そこで、かかる経過の中で山県の企図を具現するために保持された制度的骨格を改めて整理・分明化してみよう。

その第一は、公民権制である。それは、市町村の選挙人・被選挙人を帝国臣民で満二五歳以上の一戸を構える独立の男子のうち、二年以上市町村住民となり、市町村の負担を分任し、市町村内で地租または直接国税年額二円以上の納入者に制限したものである（ただし、市町村の住民ではない不在地主にも、特権的に選挙権を与えた）。しかも、郡会・府県会議員選挙は、以下でみる複選制であった。これに対し、井上毅らの主導により、中央政治（国政）と地方自治（自治政）を分離・分断するために衆議院議員選挙は直選制とされ、選挙人（有権者）は帝国臣民で満二五歳以上の男子（被選挙人は満三〇歳以上の男子）のうち、一年以上府県内に本籍を定めて住居し、一年以上その府県内において直接国税一五円以上ないしは三年以上所得税を納入する者であった。そして、一八八九（明二二）年に第一回衆議院議員選挙は実施されたが、[40]このように厳しい制限のため、選挙人（有権者）は全人口のわずか一・一四％にすぎなかった。公民権資格は衆議院の選挙人資格よりやや緩やかではあったが、それでもこの時点においては、両者の選挙人資格がいわば等級化された。加えて、府県会議員と衆議院議員の兼任が禁止されていた。こうして、自治政と国政が分離・分断化されたわけである。[41]ただし、それは、後述するように、自治政と国政の連結化という山県の思惑を否認する分離・分断化であった。

第二は、まさに等級選挙・連記投票制である。納税額によって町村には二級選挙制が、市には三級選挙制が導入されたことは既に見たところであるが、その仕組みをもう少し詳しく町村の二級選挙制で説明しよう。町村の納税総額のうち最高納税額者から累積して半分までを納税する公民が一級選挙人とされ、残り半分を納入する公民が二級選挙人とされる。そうして町村会の議員定数の半数を一級選挙人が、残り半数を二級選挙人が選出するという一票の重さに格差をつけた仕組みである。だから、例えば、町村会の議員定数の最低は、人口一五〇〇人未満の八人（最高は二万人以上の三〇人）とされていたから、一級選挙人一〜二名で五〜六名の議員を、二級選挙人一〇〜二〇名で残り二〜三名の議員を選挙するというようなことも生じるのである。実際、長野県のある村では、そのような事態が生じていたことが実証されている。[42]もっとも、連記投票制は、特定の集団や党派による議席の独占化を可能にもするゆえ、逆に集団や党派の競争・対立を激化する作用を有していた。[43]

第三は、さらにこの等級選挙制の下にプロシャ流の前記した複選制を導入したことである。すなわち、郡会議員（上限二〇名）は町村会議員が各町村より一名を選出（二〇名超の場合は町村人口をもって調整）すると同時に、郡内に町村税賦課所有地を有し地価総額一万円以上の大地主（寄生地主）には、町村会議員選出の定数の⅓を互選するという特権を与えた。その上で、市町村の公民で選挙権を有し、府県において一年以上直接国税一〇円以上の納入者を被選挙権者とする府県会議員は、定数を勅令で定める（ただし各郡市は少なくとも一名は選出する）としつつ、市にあっては市会議員と市参事会員が、郡にあっては郡会議員と郡参事会員が合同で選出するとした。このように市町村会と市参事会を基礎に上級議員（名望家）を析出する方式、すなわち複選制を導入したのである。しかし、この複選制も、後述のように実際には党派・党争を〈下から上へ〉連動化させたのである。

第四に、執行機関としての町村長・助役は、町村会が町村公民で満三〇歳以上の有権者から選出するが、府県知事の認可を要し、また市長は前述したように原案の官選官吏から市会による三名の推薦候補者を内務大臣が上奏裁可することにされ、助役は市会が、参事会員は市公民で満三〇歳以上の有権者から市会が選出することになった。そして、町村長・助役と参事会員は、市町村会議員並びに郡会・府県会議員と同様の原則無給の名誉職公吏であるのに対し、市長・助役は有給公吏であった。それに、府県・郡の執行機関としての知事・郡長は、有給の官選官吏（知事は内務官僚）であった。しかし、町村長・助役の名誉職制は、やはり後述するように実際には破綻するのだが、制度としての町村長、市長・市参事会、郡長・知事は、それぞれ議会（市参事会）に対し共通して議決停止権や強制予算権などを有する強い執行機関であった。

このような仕組みの中で、そもそも何故に地方自治（自治政）から政党（政治）の排除が求められたのであろうか。その論拠は、次にあるといえよう。第一の根本的な論拠は、国家の事務と自治体の事務が異質化されたことである。この異質化は、例えば、前記した一八八六（明一九）年一〇月のモッセの意見書では「官政事務」と「公共事件」と表現され、モッセの原案を基にした地方制度編纂綱領では「地方ノ官政事務」（機関委任事務）と地方「共同事務」と表現された。その地方制度編纂綱領に対する地方長官の意見書（立法資料二〇・六―二二四頁）では、「一般ノ行政」と「地方公共ノ事務」となり、市制町村制案の講究会における山県の演説（立法資料二一・三―三〇七頁）では「国家ノ行政」と「地方共同ノ事務」とし、さらに前記した山県の元老院における演説では「官政即チ国ノ行政ニ関スル事務」と「自治体公共ノ事務」と表現され、モッセ起草の「市制町村制理由」（立法資料二一・九・参照―三七四～三七五頁）では「行政事務」と「自治体共同ノ事務」として区別されている。

　このようにして見ると、行政概念は、当時、国家の事務を意味していた。一八八九（明二二）年末における総理大臣山県の地方長官に対する訓示（立法資料二二・三八―五五一～五五二頁）によれば、そもそも「行政権ハ　至尊ノ大権ナリ、其ノ執行ノ任ニ当ルノ者ハ宜シク各種政党ノ外ニ立チ引援付比ノ習ヲ去リ専ラ公正ノ方向ヲ取リ」、「中流ノ砥柱タルヘキ」という超然主義が求められるものなのである。これに対して、自治体の事務は、住民の地域共同生活に由来する共通の利害を具現する「地方公共ノ事務」あるいは「地方共同ノ事務」なのである。だから、山県は、訓示でかく言う。「今若シ……一県一郡又ハ一村ニシテ却テ中央ノ政論ニ熱心シ、其選挙又ハ会議等ヲ機トシテ党派ノ争論ヲ開ク事アラハ、其勢ハ延テ小民ニ及ヒ、怨讎相結ヒ狂ニ乗シ、春風和風子ヲ育成シ孫ヲ長スルノ地ハ転シテ喧囂紛争ノ巷トナリ」と。ただ、ここで注意しておきたいことは、既述した板垣や大隈は後者の「地方公共ノ事務」あるいは「地方共同ノ事務」をもって自治政と国政を位相・分断化しつつも、山県とは異なり国政における政党（政治）を当然視していることだ。この板垣や大隈の系譜《コロラリー》が、次章以下でみる国政・自治政の位相・分断化論となるのである。そして、その位相・分断論においては、地方自治（自治政）は国政（行政）事務と相違する「地方公共ノ事務」あるいは「地方共同ノ事務」の遂行であるがゆえに、〈政治〉であるよりも〈実務〉＝〈行政〉として捉えられ、政党（政治）の不要・排除論となるのである。

第二の論拠は、やはり前記した山県総理の地方長官に対する訓示によれば、「一地方ノ公益ハ全国ノ公益ト必スモ相干渉セサルモノアリ、故ニ各地人民ノ幸福ヲ進メント欲セハ宜シク政論ノ外ニ立チ各其区域内ニ画策スル所アラサルヘカラス、一村ノ人民ハ其一村ノ公益ヲ進メ、一郡ノ人民ハ各其一郡ノ公益ヲ進メ、一県ノ人民ハ其一県ノ公益を進ムル事ヲ遺忘セス汲々トシテ力ムル」べきことにある。

しかしながら、山県にとってより重要な第三の論拠は、国政（行政）事務のうちの「地方ノ官政事務」すなわち兵役、戸籍、徴税、土木、救済などの機関委任事務の円滑な遂行のために地方自治（自治政）から政党（政治）を排する必要があったためと思われる。というのは、山県が市長を官選にするべきと主張した既述の論拠の中で、市長に委任された国政事務は町村長へのそれに比してはるかに重要・複雑であり、その執行の許否は中央行政に大きな影響を与えるとしているからである。このように市町村長に国政事務（機関委任事務）の執行――その場合市町村長は国の地方行政官となる――という重要な役割を担わせることにしたがゆえに、内務大臣の指揮監督権の下に官選官吏の知事・郡長をして彼らを指揮監督せしめることにしたわけである。と同時に、国政事務（機関委任事務）を執行する彼ら市町村長は、等級選挙制によって濾過・析出された市町村会議員（小名望家）によって選出・推薦されるがゆえに、中央集権的官僚支配体制に市町村内地域の名望家支配が包摂ないしは連接されることになるわけである。(44)

こうした論拠をもって地方自治（自治政）と国政が位相・分断化され、前者から政党（政治）を排除しようとする。山県は、一八九〇（明二三）年二月の地方長官に対する「地方行政訓示」（立法資料二三・六─五六〇頁）で、改めて次のように述べる。「市町村制にして、施行其宜を謬らず、中正の進路を取りて、良好の結果を収むるに至るときは、縦令、中央の政海に波瀾を生ずることあるも、市町村は之が為に動揺せられず、能く政党競争の中流に立て、自ら行政の弊害を免れ、国運の隆盛亦日を期して待つべきを知る。若し之に反して、市町村制の施行、一たび其の方針を謬るときは、自治の制は、適々以て党派紛争の具と為り、市町村の人心は紊乱して、復た収拾すべからざるに至らん」。しかし、こうした山県の地方自治（自治政）と国政の位相・分断化は、幾度となく指摘してきたように、他面においては自治政と国政の連結化でもあったのだ。ところが、前記したように、衆議院選挙制度との関連から自治制と国政の連結化への展望は破綻し、両者の単なる位相・分断化へ後退しつつ、そこにおける政党（政治）の浸透を余儀なくされて行くのである。

ところで、伊藤博文は、憲法草案作成への着手にあわせ、側近の金子堅太郎に国会規則や国会議員選挙法などの研究をさせたが、その後、A・モッセに選挙法草案の作成を依頼した。その草案は、等級選挙制と複選制に基づいて構成された府県会が下院（衆議院）議員を選出する（府県会議員と衆議院議員の兼職可能）という複選制案であった。しかし、井上毅が、伊藤より憲法原案の作成を委嘱されると、井上は立憲制や選挙制などに関してモッセとH・ロエスレルに幾度なく質疑しながら、モッセ案を強く批判するロエスレルの意見を受入れた。その理由の第一は、複選制度は、モッセの意図とは逆に地方議会を党争の場とすること。第二に、衆議院議員まで複選制にすると四級の選挙制度となり、上級になるほど少数者の意向が議会に反映されにくくなること。第三に、国政における党争に府県会が巻き込まれるだけでなく、市町村にまで政党の影響力を浸透させる契機になる、というものであった。伊藤は、複選制に固執したが、結局、井上らが主張する直選制を受入れた。これに対し、山県閥の一員である野村靖は、枢密院において政党勢力が国政に進出するのを阻止するには、複選制度によって名望家（財産と教養の保有者）を国政にまで積み上げていく必要があることを強く主張した。[45] 山県は、早くから「政府及官吏の政党に対する関係」（意見書三四）では超然主義を、「国会開設に関する建議」（意見書二二）では国会議員の複選制による選出という考えを抱いていた。だから、モッセや野村らと意見を同じくするものであった。

　結果は、複選制により地方議会（市町村会→郡会→府県会）から積み上げて衆議院を構成する〈併立制〉ではなく、複選制の地方議会と直選制の衆議院の〈並立制〉になったのであるが、山県はかの元老院における演説（意見書四五―一九一頁、傍点引用者）で名望家支配という〈併立制〉の企図を鮮明に次のように述べていた。前述の制度的仕組みで述べた公民権制と等級選挙制による市町村議会と複選制の郡会・府県会という「鄭重ニ鄭重ヲ加ヘタリ故ニ若シ各地方ニ於テ此法ヲ実施セハ果シテ如何ナル景状ヲ呈スル歟蓋シ財産ヲ有シ智識ヲ備フル所ノ有力ナル人物コソ議員タルノ地位ヲ占メン此等ノ人民ハ国家ト休戚ヲ共ニスルモノニテ随テ会社《ママ》ノ秩序ヲ重ンスルハ当然ナルカ故ニ其地方共同ノ事務ヲ処理スルニ力ヲ致シ今日ノ如ク漫ニ架空論ヲ唱ヘテ天下ノ大政ヲ議スルノ弊ヲ一掃セン加之自ラ責任ヲ負フテ現ニ地方共同政務ニ当ルトキハ自ラ実際ノ事務ニ練熟シ政治ノ経験ニ富ミ来ル故ニ他日帝国議会設立ノ時ニ至リ代議士タル者ハ勢ヒ斯人ニ在リトセサルヲ得ス之今日民間ノ政論家ト自称シ行ハレサルノ空論ヲ唱ヘ纔ニ一身ノ不平ヲ漏シ動モスレハ社会ノ秩序ヲ紊乱セント企ツル蠢愚ノ徒ニ比セハ霄壌モ啻ナラサル可シ果シテ此ノ如キ老成着実ノ人士カ帝国議会ヲ組織スルニ至ラハ其議事ハ円滑ニ運ヒ政府ト議会トノ軋轢ヲ見ル無ク随テ国憲ヲ危フクスルノ虞ナク上下共同シテ国富ヲ増進シ帝国ノ安寧ヲ永遠ニ保維」することになるであろうとした。

　このように山県の地方自治（自治政）との国政の位相・分断化は、国政すなわち〈上から〉の政党（政治）の地方浸透を遮断し、逆に〈下から〉公民権制・等級選挙制・名誉職制による市町村の小名望家支配を複選制によって郡会・府県会に中名望家を濾過・析出させ、さらに複選制により国会に大名望家を濾過・析出させて党派・党争なき国政運営を謀るという地方自治（自治政）と国政の連結化であった。しかしながら、衆議院議員選挙が直選制化され、地方の複選制との〈並立制〉になったので、連結化の構想は破綻することになった。そこで山県は、一八九八（明三一）年の第二次内閣において政党内閣化を阻止する〈排除系〉——文官任用令改正や陸海軍大臣の現役武官制など――と郡長公選化などを求める政党政治と一定の妥協を図る〈受容系〉の政策――府県制・郡制改正や衆議院議員選挙法改正――を展開した。[46]この〈受容系〉の政策をとることになった一因は、地方自治（自治政）から政党（党派・党争）を排除しようとした制度が、実際には以下のように設計通り機能しなかったことにあった。

第一に、公民権制は、大都市において、例えば市制特例下にあった東京市をみると公民団体を誕生・簇生化させ、それが市会議員候補者の推薦・調整機能をはたし、しだいに選挙団体化して政党の影響力を受けるようになって行ったことである。[47]

第二に、地方自治の基礎において小名望家を析出させようとした等級選挙も、国会開設後における政府と民力休養を掲げた民党との対決の前では、思惑通り作動せず、連記投票制がからみむしろ党派・党争を激化させたことである。[48]ただ、党派・党争とはいっても、それはかっての自由民権運動期のような反体制的のものではなく、部落対立、地域的対立、有力者対立であった。[49]山県は、一八九〇（明二三）年の地方長官に対する「地方行政訓示」（立法資料一三一・六―五六〇頁）において、既に「市町村の議員、及び吏員の選挙に際し、人心を挑発して、各派競争を逞くし、互に種々の手段を用ひて、自党の勝利を企図し、甚しきは、市町村費の金額に就て、其の勝敗を争ひ、事務の如何を顧みずして、徒に非常の減額を主張し、一意選挙人の歓心を迎へて、投票の多数を得んとするものあり。……（中略）……此現況を見るに、畢竟市町村民が地方事務と中央政治とを混淆し、其の市町村の公益を忘れ、大局の政論に狂奔する致す所に由らずんばあらざるなり」として、監督官庁（郡・府県）の監督責任を問わざるをえない情況をいわば嘆いている。

第三は、名誉職制である。この名誉職制については、既述したように元老院の審議において強い反対論もあったが導入された。しかし、ふたを開いてみると、特に町村においては反対論が指摘していたように歓迎されるどころか、逆に多くの小名望家は町村長や助役への就任を固辞した。そうして、理由なき拒辞に対する制裁を回避するために有給化を求めることになるのである。それに、そもそも名誉職制は、所詮素人行政であるがゆえに、能率的・合理的な行政の創成と矛盾し、行政的にも早晩破綻せざるをえなかったといえる。(50)

第四は、複選挙制であるが、それについては府県制・郡制改正（大地主特権制と複選制廃止）案を提案した第二次山県内閣における山県の貴族院での「施政方針演説」（意見書五八―二五〇頁）に語らしめよう。すなわち、「此複選制ハ其選挙人ガ知識経験ヲ有スル人デアリマスシ且ツ選挙ノ手続至ツテ簡便デアリマスル故ニ本制ヲ定メラレタノデアリマス、即チ直接選挙ノ通弊デアル所ノ選挙ノ際徒ニ時ト費用トヲ費シ又ハ多数ノ人民ヲシテ混雑騒擾ニ陥ル如キコトナカラシメ自治制度ノ弊ヲ防グデアラウト全ク信ジテ居ツタ訳デアリマス、然ルニ其結果ハ是レ亦予想ノ外ニ出マシテ此複選制ニ依リマスルト云フト府県会議員郡会議員ノ選挙ニ関スル勝敗ハ、一二市町村会議ノ選挙ニ係リマスルカラ競争ノ熱度ハ層一層高マリ来ツテ市町村ガ此集注点ト相成リマシタト云フ情況ニ立至リマシタ故ニ此競争ノ熱度ノ延イテ市町村自治ノ行政ニ波及シマシテ市町村自治制度ノ発達ヲ害スルニ立至ツタト云フ訳デアリマス、畢竟本制度ノ施行ノ、時機ニ後レタタメニ斯ル弊害ヲ蒙ツタコトニ基因スルコト、存ジマス」とした。しかしながら、複選制は、既に井上やロエスレルが郡会・府県会を党派・党争の場とするであろうと指摘していたわけであるから、施行の時機を失した──つまり郡の分合法案がなかなか成立せず、そのため郡・市を基礎にする府県制の施行も大幅に遅れた(51)──ためという弁明は、いささか苦しい答弁といえる。

最後に、山県の政党嫌いについて触れておこう。その要因の第一は、自由民権運動の高揚期における府県会闘争に対処した経験にあろう。山県が、既述した元老院演説において、党人を「民間ノ政論家ト自称シ行ハレサル空論ヲ唱ヘ纔ニ一身ノ不平ヲ漏シ動モスレハ社会ノ秩序ヲ紊乱セントト企ツル蠢愚ノ徒」と唾棄したのは、かかる経験によるといえよう。第二、第三の要因は、一八九〇（明二三）年の地方長官にたいする「地方行政訓示」（立法資料二三・六─五六一～五六二頁）にうかがわれる。

それにうかがわれる第一の要因は、政論家は空論や不平不満を唱える口舌の徒にすぎないがゆえに、「不生産的活動・虚業に憂き身をやつしているに過ぎないと批判する次の価値観である。「政治上の運動は動もすれば、党派の軋轢となり、延て社交上の私事に及ぼし、或は其為すべき事業を拋棄し、時間と労力とを挙げて不生産的の政論に糜費し、遂に其の方向を誤り往々罪辟に触る、者あるに至る。其の弊の及ぼす所将に国内に瀰漫し、経済上道徳上に及び、政治上に漸く国民の幸福を損し国家の唱栄を害するの虞あらんとす」。「政治上の運動の為に、常業を拋棄するに至ては、其の一身の為のみならず、又社会の為に取らざる所なり。抑も国の富強は、首として生産的の労力に依て増進するものなり。故に徒に言論に齷齪し、実業を怠るは、決して良民の為す所に非ざるを知る。況んや自ら其の労力を以て国家の富に毫末を加へざるのみならず、却て他人を誘惑して、其の自守勤勉の気風を減損せしむるが如きに於てをや」。この背後にあるのは、〈恒産なければ恒心なし〉とする名望家政治論といえよう。

第三は、政治上の争議には暴力は許されないとともに、政治は生活・人生の一部に過ぎないとするもう一つの価値観である。「利害の同じからざる所は、随て各種の異説を出すことあるは、勢の免れざる所とす。既に然り、則ち他人の意見と雖も、勉めて相容認し、互に相調和するにあらざれば、其紛争遂に底止《ママ》するところなからんとす。憲法制度は異説を調和するに適当の方便にして、暴力悖乱は、啻に異説の根帯を断つこと能はざるのみならず、之をし益々甚しからしめんとす。政治上の問題は決して人類の感想を全括するものにあらず。此等の問題に於て持論を異にする人と雖も、宗教上、又は道徳上の所見に於て、或は身事上、又は社交上の関係に於ては、互にその意見を同ふする場合少しとせず。宗教上、道徳上、若くは身事上、社交上の関係を挙て、之を度外に置き、独り政治上の問題に駆逐せらるゝが如きは、著実忠貞の士の宜く取るべき所にあらず。故に政治上の党派の競争を極度に達せしむるは人生の不幸たること免れず」とする。

立憲制度・議会政治を受容するにおいて暴力を否定するのは当然だとしても、山県の政治的事跡からすると政敵に対する金力は許容したようである。それに、立憲制度・議会政治を受容するならば、政党政治を是認・受容してもよさそうである。総てを政治問題に収斂してしまう党派・党争を否定することは理解できるとしても、そのことは政党政治の否認根拠にはなりえないといえる。もっとも、このように政治を生活・人生の一部分に過ぎないとする人間論は、山県の〈非政治的〉ないしは〈前政治的〉な――山県が前記した一八八九（明二二）年の訓示（立法資料二二・三八―五五二頁）で述べた「春風和風子ヲ育成シ孫ヲ長スルノ地」――「天然の部落」＝自然村理念と結びついているとされる。そうして「自然としての人間とその集落の無規定性格――さまざまな欲望や衝動の多様性――を容認すること」は、「絶対主義的統一のための平準化を不可能とする」が、その統一は「自然村秩序そのものの擬制化によって――即ち、部落的実体に内在する非政治的要素そのものの政治的水準化によって達成された」とされる。(52) それを筆者流に言えば（本巻第四章、二八二～二八三頁）、山県は自然村的〈存在《ザイン》〉を国家建設に向けて〈当為《ゾルレン》〉化することによって達成しようとしたといえよう。

とすれば、山県の政党政治嫌忌の根源は、かかる部落＝自然村的実体にあるといえるが、筆者はさらに第四の要因も加えておきたい。それは、伊藤博文が政友会を結成して政党政治を許容していったのに対して、山県のかたくなな政党政治の否認には官僚的パーソナリティがかかわっていたと推察されることだ。というのも、山県は、帝国陸軍を創設・育成した軍人政治家である。そして、軍隊は、官僚制中で最も官僚制的組織である。そこで求められるのは、彼が筆を執った「軍人訓戒」（意見書二〇）が説いた忠実、勇敢、服従である。だから、屁理屈や小理屈までもが罷り通り、しかも面従腹背や裏切りが常態的ともいえる政党政治は、彼の肌、官僚的パーソナリティに馴染まなかったと推察されるのである。

第三節　井上友一の地方自治観と地方改良運動

行政学や地方自治の研究者は、内務官僚としての井上友一が明治末の地方改良運動の唱道・推進者であることは良く知るところであろうが、また井上が神社行政や社会（狭義の福祉）行政においても重要な役割を果たしていることについてはあまり知らないのではなかろうか。一九〇八（明四一）年に実施された内務省主催の第一回感化救済事業講習会と翌年の第一回地方改良事業講習会は、救済行政の「嫡出子」である井上により主導され、日露戦後の内政において「双生児」の関係にあったとされている。[53]この両者は、井上にとっては、帝国主義列強の仲間入りをした日露戦争直後における次の認識によっていたといえる。「今や我国は、振古未曾有の戦捷を博して兵力戦は一段の結了となりはしたものの、将来に於ける戦争は民力の戦、富力の争となって世界至る所の市場を戦場として起るや必然である。之に対する準備は一日の偸安を許されざるものがある」[54]ということである。

そこで、神社行政は地方改良事業と深く関係するので地方改良事業とあわせて考察することにし、まず救済行政官僚としての井上とその事業についてごく簡単に触れておく。救済事業思想における救済行政官僚の代表的存在は、その姿勢や人生の方向においても対照的であった東京の井上と、方面委員（戦後の民生委員）制度を提唱した大阪の小河滋次郎（次巻で群像化したいと思う）であるとされている。その小河に対する井上は、本章第一節の経歴では「官僚の好典型」とされていたが、救済行政の点でも「民人の疾苦をもって自己の疾苦となすことに努めながらも、みずからはつねに上からの指導者としてその気位、姿勢をたもち一路『お上』につかえ奉るタイプ[55]」と捉えられている。そうした井上は、また「救済行政の中枢にあり、日本の救済行政の基礎をつくると共に、救済事業理論の樹立者であった。井上の救済事業理論はついに官房学を出ることはできなかったが、法学博士として学者でもあったので、その多くの研究は日本社会事業理論の形成に大きな影響を与えた[56]」とされる。

かかる井上の救済事業理論（思想）の根本は、法学博士号を授与された著作の「緒言」において鮮明にされた。「吾人は寧ろ国家全般の利害より察し之を公益公安に鑑み依て以て救済制度の理想如何を究めんとす」。そして、「所謂経恤的救済行政は人を済ふて其生を営み其所を得せしむるに在り世人の所謂救貧行政なるもの即ち之に当り其内に救貧防貧の二つの事業を包含す……所謂風化的救済行政は人を済ふて其俗を化し其風を移すの道にして風気善導の事、実に之が骨髄たり。前者は即ち実質的救済行政にして後者は即ち風気的救済行政たり。夫れ救貧は末にして防貧は本なり防貧は委にして風化は源なり。詳言せば救貧なり防貧なり苟も其本旨を達せんと欲せば必ずや先ず其力を社会的風気の善導に効さゞるべからず」[57]。こういうのも、西洋の救貧行政は、「一言にして言うふと失敗である随って非常に財政の困難を来して居る」（新論—一三五頁）とみなすからである。

救済行政における西洋と異なるこの救貧より防貧、防貧より（精神的）教化という逆ベクトルは、次の思想によっていた。「救貧法は往々にして一般国民の敗徳を来すの因と為り救貧の制は直ちに増員の制に変せんとす。是我国今日の状に於て予め深く察せさるへからさる点なり」（救済—一七二頁）。かくして、防貧のために「独立自営の道に就かしむるは本にして直接に之を救助するは抑ゝ又末なり。庶民を救助するに至らさるに先ち之を善導するは即ち真に庶民を救済する永遠長久の善策たるを忘るへからす」（救済—三一七頁）。だから、「我邦に於て社会の風化を目的とする諸般制度を唱ふる所以のものは啻に国民各階級の間に於て融和協同の美風を成さんことを欲するのみに止らす更に進んでは社会の各階級を通して良国民に必要なる一般気風の興起に努めて以て国運の発達を翼けんことを期するに在り」（救済―五四八頁）。だが、この思想は、実は日露戦争後の軍拡と財政難の下における救済行政費の削減などに対応した救済行政の正当化を図ろうとしたものであったといえる。

具体的には、前記した一九〇八（明四一）年の第一回感化救済事業講習会はまさに教化事業であり、また同年には半官半民の中央慈善協会が設立されたが、それは防貧・教化事業を推進するためであった(58)。すなわち、特に後者は、第一に、階級分化に伴う社会問題への対応を政府自らではなく中間媒介団体に委ねて政府の義務化を回避し、第二に、共存共栄的調和をもって家族主義的国家を下から支える共同体的な隣保制や家族制を護持し、社会主義のような危険思想の拡大・浸透を防止する――そのため道徳と経済の調和を強調する――ことであり、第三に、国家予算が帝国主義政策に先用されるために防貧と教化を政府に代替して担うために設立されたのであった。こうして救済行政は、日露戦後、救貧抜きの防貧・教化という原型を確立し、救貧は一九一一（明四四）年に設立された恩賜財団の済生会など中間団体に委ねられることになったのである。

井上の救済事業（行政）論はこのぐらいにして、彼の地方自治観や地方改良事業論に眼を転じることにしよう。そこで、井上の地方自治観に関し、まず第一に明示しなければならないのは、彼の自治の本義（本質）論である。井上は、自治の本義に関する学説は国家重視主義と（自治）団体重視主義の二派あるが、各国の制度を貫いている本質はこうであるという。「地方団体は法律に由て人格を公認せられ法律の範囲に於て住民に対して権力を有す。団体は国家より委任せられたる権力の主体にして団体の機関が之が作用を為す。是等の機関は国家直接の機関に非ずして団体其のもの、機関なり。団体の権限は其の源を国家に発し国家は法律委任に由り予じめ団体に対して自治の権限を付与す。而して団体は国家より授くる所の権限に由りて自から其の任務を処し之を完成するを以て国家に対する責任となせり。是れ即ち近世に所謂分任主義の自治なり。此の主義に由て活動し国家の進運を扶けんが為に地方の公利、公益を全うするは是れ近世に於ける自治本来の作用なりとす。かくして地方人民が其の協力にて由て共同の利益、団体の福利を計るは自治の団体が自己の責任なるにのみならず又国家に対する大なる責任なり」（要義一三二〜一三三頁、あわせ新論一三二〜一三三頁）。

ここに見られるのは、自治権は国家に由来するという当時の通説としての国家伝来説とともに、行政的分権を意味する「分任主義の自治」の本質は、山県有朋がA・モッセに起案せしめた前記の「市制町村制理由」で明示されたそれと同義となる。すなわち、国家の「行政事務ヲ地方ニ分任シ国民ヲシテ公同ノ事務ヲ負担セシメ以テ自治ヲ全カラシメントスルニハ……概ネ地方ノ人民ヲシテ名誉ノ為メ無給ニシテ其職ヲ執ラシムルヲ要ス而シテ之ヲ担任スルハ其地方人民ノ義務トス是国民タル者ニ尽スノ本務ニシテ丁壮ノ兵役ニ服スルト原則ヲ同クシ更ニ一歩進ムルモノナリ」（立法資料二一・九・参照一二七五頁）である。こうした自治観は、東京帝大教授から内務省に転じて当時、内務次官として地方改良事業講習会で講演した一木喜徳郎も示していた(59)。

ここで強調したいことの第一は、一つに、井上が山県の教え子《チルドレン》の一人として、地方自治の本義(本質)は地方人民の権利ではなく自治団体をもってする地方人民の国家に対する義務とすることである。それゆえ、もう一つは、その国家に対する責任が強調されることは、「市制町村制理由」時のように単に抽象的に唱導されているのではなく、以下でも触れるが、日露戦争を契機にした天皇制国家の帝国主義化が背後にあることである。いや、だからこそ井上は、既述したように帝国主義列強との競争、すなわち民力・富力戦を強調し、そのための上からの「自治の開発と心田の開拓」(新論―四頁)を呼号するのである。

第二に注視したいことは、井上の著作は博引旁証的であるのだが、その中で市町村＝家庭、自治体＝会社なりとする論を例示していることだ。例えば、フランスの財政学者であるＰ・デュボアは、「各種団体中の初歩にして且其根源とすべきは家庭なり。之に次で国民の休戚に最密接に関係ある第二の家庭は即ち市邑の自治なり」、かかる自治こそが国民の発達と国家の興隆の源泉でありとしている(要義―一二～一三頁)とか、イギリスのチェンバレンは都市(自治体)を合資会社に喩え、「市民は之が株主にして其受くる所の利益の配当は社会の幸福として事実に発生する所の利益なり。市会の議員は会社の役員にして彼等に支払う所の報酬は市民が彼等に対する信任及感謝に外ならず」(都市・下―四一頁)とすることを紹介している。あるいはまた、アメリカのＡ・

ホワイトは、アメリカの都市行政が最悪の情況にあるのは「都市か中央政治の干渉を受くる所の傀儡たるの一事に存するを視る。之に反して欧州都市か其発達健全なるを致せしもの一に国民か都市団体は即ち政治団体に非すして業務団体たることを覚醒すること久しきに依れり」と指摘していることを示す（都市・下一四七頁）。

井上の著書におけるこの引用からすると、市町村＝家庭、自治体＝会社（業務団体）という比喩は、既に欧米でかなり流布していたことを示す。そのことが、次章で再論する都市社会主義者の都市＝家庭、都市（自治体）＝株式（事業）会社という主張の背景をなしていたといえそうだ。ただ、井上は、この比喩から都市（自治体）行政から政党（政治）を排除すべきという主張を展開しているわけではないが、以下でみるアメリカの都市（自治体）行政の実情認識から自治体は政治団体であってはならないと考えていたと思われる。また一木は、かのE・バークの代議士（国会議員）は〈国民代表〉であって〈選挙区（地域利益）代表〉ではないという論理をもって自治体を非政治団体であるとする。すなわち、市町村を「利益代表機関と見て、互に已れ等の利益の為に、其機関を占めるやうといふので、選挙の度毎に競争したり、又選挙の済んだ後でも、議会に於て其利益を闘はせるといふことになったならば……自治制の基礎が、全く之が為に破される……それであるから……此自治制に就ての誤った思想、即ち利益代表といふ思想を無くすやうに、十分努力せねばならぬ[60]」とするのである。

第三は、欧米諸国の都市（自治体）制度や（都市）自治行政の性格・趨勢などの比較認識における井上のアメリカのそれに対する暗黙の批判である。井上の比較研究著作は、前記したように博引旁証とタイプ化の巧みさにあり、その一つである『都市行政及法制（上・下）』は、これまで本巻で群像化してきた関一、安部磯雄、片山潜の著作と同様に地方自治古典叢書に入れてもよいのではないかと思量する。

それはともかく、井上は、近代の地方自治制度を国家との関係の歴史的沿革からプロシャを国家欽定主義、イギリスを国家保護主義、フランスを国家対抗主義と類型化する。そうして我が国の地方自治制度は、国家欽定主義であるとともに、国家保護主義の性質を具有するとする。ただ、イギリスとの相違は、イギリスの場合は自治団体における人民軋轢の弊害を救済するために自治制度を制定したのに対し、我が国の場合は「人民軋轢の弊害が将来団体の裡にも及ばんことを恐れ其防備として予じめ自治の制度」を憲法発布前に制定したことにあるとする（以上、詳しくは要義―一七～三〇頁、また新論―二四～二九頁）。このタイプ化には、当のアメリカが含まれていない。しかし、後に独立後の「米国の議会に於ては其自家の勢力を伸へんが為め先つ都市政治を利用するの弊を馴致するに及んで都市制度は縷ゝ中央議会の左右する」国家干渉主義であり、イタリアは当初の独立自営主義から国家保護主義へと変化しているなどのタイプ化を行っている（都市・下―三一九～三三二頁）。

さらに、井上は、こうした単なる歴史的沿革ではなく、それを踏まえた都市（自治）行政の特質の観点から、それを六タイプ化する。すなわち、ドイツは公共事業の協同自営化（収益事業の公営独占化）、行政における合議制の執行機関たる市参事会、等級選挙制（貧富協同主義）による議会構成などの点で「協同主義」の都市（自治）行政とし、フランスは中央集権制下で都市（自治）行政への関与・監督が厳しいが、それは普通選挙制（庶民平等主義）による議会との対立に対抗するためである点で「民主主義」の都市（自治）行政であると捉える。またイギリスは、選挙権と市民責任の拡大を図りつつ、都市（自治）の利害と中央の党派・党争を分別する名誉職自治制を採ってきたが、近年は行政の効率・合理性を確保するために専務職主義（都市書記長制）を導入するという改善を着実に進めている点からしても、その気風・哲学の伝統の下での「実益主義（実験主義、功利・便宜主義）」の都市（自治）行政であるとする。そうして、後進国のハンガリーとロシアは、国家行政と都市（自治）行政の運営方針を一体的にする「国家主義」の都市（自治）行政とタイプ化し、その中でもロシアのそれは階級選挙による特権的資産家による寡頭政治・貴族政治の下にある点で「階級主義」の都市（自治）行政であるとする（以上、詳しくは都市・下―二一～四六頁、一二八～一四七頁）。

ここで、ひとまずアメリカのタイプを除外しているのは、ハンガリーとロシアを除くドイツ、フランス、イギリスの都市（自治）行政が根底において共通していると捉えているからである。すなわち、これら先進諸国の都市（自治）行政は、党派・党争からそれを防御すること、つまり〈非政治化〉すること、別言すれば〈事務化〉することにおいて共通しているとみなす。ドイツは等級選挙制によって析出される名望家の名誉職自治制により、フランスは試験採用制による適材適所主義により、イギリスは前記したように都市（自治）行政と中央の党派・党争を分別する名誉職自治制に専務職主義（都市書記長制）を導入することによって、都市（自治）行政の〈非政治化〉＝〈実務化〉を確保しているとされるのである。これに対して、アメリカの都市（自治）行政を「政治主義」とタイプ化し、その〈政治化〉の著しい弊害情況を描くのである。

その弊害は、「都市行政に於ける政治競争及猟利組織（タマニーホール）の二大病根あるに由れり。就中都市行政に於ける中央政派の競争は米国都市行政か政治主義を孕むに至れる主たる原因たり。蓋し一国の政派が中央政治に於て勢力を占めんとするに当りては必すや先す都市行政を左右せんとするの傾向を有す。是に於いてか百万術策を講して権力の拡張に努む」（都市・下―四六～四七頁、括弧内は引用者補充）ることにある。具体的には、吏員からなる「行政の機関は政派の形勢に由りて縷ゝ交迭《ママ》するを常とす。徒て亦行政吏員の任期は総へて短期を尚へり。此くして都市吏員は頻々朝暮に交迭《ママ》して事業に通暁するに遑あらす。議会の各員は其力を政派の勢力及自己の利益を扶植せんか為に傾注し皆各為にする所ありて奔走運動す。清廉純潔の士か勉めて都市公共の選に応るを避くるは蓋し是等の徒と伍するを屑しとせさるに由る。其他都市事業に使役せらるゝ微賤の労働に至るまで悉く之を奇貸とし政客は其雇傭上の採否を以て一に之を政治運動の為に利用するに至れり」（都市・下―四八～四九頁、あわせ要義―四六～四八頁、訓練―三五六～三五七頁、方法―一三六～一三七頁を参照）と描写されるのである。[61]

さらに、このような弊害の制度的要因として指摘されるのは、都市（自治）行政に対する国家（中央政府）の関与・統制（立法・司法・行政的関与や統制）と裏腹の関係にあるといえる都市（自治）団体の権限範囲の設定の仕方である。ドイツやフランスは、国家と都市（自治）団体の役割を分別し、国家が後者の権限を概括委任している。これに対して、イギリスは、当初、都市（自治）団体の権限を議会が個別に立法指定していたが、今日ではそうした個別的立法指定主義から概括的立法指定主義に変化しているという。しかるに、アメリカは、依然としてイギリスの個別的立法指定主義を堅持している。それこそが、都市（自治）団体が希望・懇願していない事業を強制するごときの中央議会の不当な干渉、緊急の場合は中央議会の承認外の事業や財政処分を都市（自治）団体が行うという不法行為の続出、中央の政派・党争が都市（自治）行政を左右することから市民の義務や公共心の希薄化という三大弊害を惹起せしめているというのである（以上、詳しくは都市・下―一五五～一六七頁）。

井上自身が、地方自治（自治政）における政党（政治）不要論ないしは排除論を主張・展開しているわけではない。しかしながら、以上の考察のように、ドイツ、フランス、イギリスの国民性（気風）や都市（自治）行政の制度が相違していても、その根底においては都市（自治）行政を党派・党争から防御、すなわち〈非政治化〉＝〈実務化〉しようとしている点で共通している反面、アメリカの「政治主義」は都市（自治）行政を党派・党争の渦に巻き込み、その弊害が著しいとすることは、暗黙裏に我が国においても地方自治（自治政）から党派・党争を排除し、その〈非政治化〉＝〈実務化〉を図るべきだと主張しているといえる。その証左は、井上が地方自治制度のお手本とするドイツ（プロシャ）の等級選挙制を次のように擁護することにみられる。

井上は、フランスの普通選挙制度は庶民平等主義の理念に基づくのに対し、ドイツの等級選挙制は貧富協同主義の理念に基づくもので、ロシアの階級選挙制とは似て非なるものだとする。すなわち、ドイツの等級選挙制は、確かに階級闘争の興隆により中央政治において「富者貧者の間に於ける嫉悪排擠の感情をして更に一層融和すへからさるに至らしめたる事跡あり。然るに都市制度に於ける階級選挙の状は全く之に反せり。その成効《ママ》の要は上流に於ける善良の市民をして優に公職に膺らしめたるの一事に帰す。上級に属する実業家資産家も亦公職に就くを以て一身の光栄と為せり。彼等か一たひ選に当るや多くは再選せられ都市の福利行政をして駸々乎進歩の実を挙けしむることを得たり」。近年、庶民が実業家や資産家の特権に不平・不満を示す傾向がみられるが、その真相は「社会運動の興起と共に貧者か富者に対する反抗的の潮流に動揺せられたるか為にして其真意は未必すしも都市行政其のものに於ける直接の利害関係より階級選挙制度を非とするに非さるなり」（都市・下―一四九〜一五〇頁）と擁護するのである。

第四は、井上の村格論と公共心・協同心についてである。ところで、農本主義者の山崎延吉も、本書第三巻でみたように国に国体あり、人に人格がある以上、村にも村格を認めねばならず、村格の確立・向上こそが自治の目的であるとしていた[62]。井上も、その影響を受けたのか否かは不明だ――だが両者は共鳴しあっている――が、同様のことを次のように説いている。「人格と家格の養成は、我国古来の訓練は中々行届いて居る……只村格の訓練は不十分なる観あり。村格は公共心、協同心の養成に外ならず」（遺稿―三一八頁）。「日本人は個人の人格を厳しく申し候割合には、町村の人格、自治の人格を唱導せず、其向上に力むること少きは如何にも残念の至りに候。家に家格あり、人に人格あり、村に村格を磨き上げざれば、直ちに国の品格に関わり申候」（遺稿―四九五頁、自治―二一六頁）。

このように人格に並列化して家や村にも格があるとすることとは、家族や村を――その延長としての国家をも――有機的な共同体として捉えていたように見える。しかしながら、市制・町村制の施行のために実施した〈明治の大合併[63]〉は、伝統的な「自然の部落」としての自然村を人為的な行政村に転化させた。そのためもあって、かかる行政村内においては、前節で述べたように部落対立、地域的対立、有力者対立の形態をとった抗争が簇生していた。

井上の著作・著述の中には、そうした状況や実態がほとんど見られない。井上は、本省地方局に座していたため、そうした確執や抗争を知らなかったのだろうか。そんなはずはない。井上ほど、地方の町村長や篤志家、社会事業家などと交流を深めていたものはなかったからである。いや、知っていたがゆえ、改めて次の〈協同〉＝〈団結〉を強調することになったといえる。「自治制の根本義には、二つの段階がある、即ち公共心と協同心である。個人の利益を犠牲にして郷党の利益の為に捧げる、所謂私を殺して公に従ふ精神と、今一つは協同の精神である。……（中略）……一私人の利益を犠牲にして公に従ふと云ふ精神は、昔からあるのであるが、協同して物をなすといふ精神は、之は自治制発布以来今日に起った賜物である」（新論―一五頁）。だが、後者の協同心は、未だ不十分である。だから、村格の確立・向上――それは実は行政村の〈擬似共同体への鋳直し〉といえる――ために公共心とあわせ協同心を養成しなければならず、井上にとってはそれこそが「自治の訓練」なのである（方法―三八〜三九頁）。

だがまた、日露戦争を契機に「自治の新生面」（新論―一九頁）が現われてきた。すなわち、日露戦争は、フランスの賢宰相J・チュルゴーが求めた自治の偉大な二つの観念を国民の中に改めて触発した。「一は之を国家的の観念と曰わん即ち奉公の心是なり。他は之を協同的の観念と曰わん即ち公共の心是なり」（要義―一頁）。そして、帝国主義列強に伍することになった「戦後の経営は国力の充実に俟ち国力の充実は地方自治の力に俟つべき」（要義―四頁）であるとする。ここにいう国力とは、本節の冒頭で記した日露戦後の課題認識から軍事力でなく民力・富力（経済力）のことであるが、しかるに「一万三千有余の市町村中尚興復の務を怠り財政の整理未だ其緒に就かす隣保の情誼其薄うして時に紛争を事とするもの、如き亦甚だ多し。是等は更に一層厳密なる当局の指導監督に須つべき多きも団体の各員も亦深く自ら愧づる」（要義―六頁）べきである。

それに都市化の進行においては、「英国近時の農民再興論に鑑み村邑の整理と培養とが我国将来の国是に於て殊に重大な急務」（要義―八頁）であるとする。しかし、それは、単なる農村の改良・再生を意味するものではない。というのも、都市化が「第一は農村の衰退、第二には都市の廃頽」（訓練―二六三頁）を惹起しているがゆえに、「都市農村の改良論は二者両併存立の策」（要義―五六頁）、すなわち「都市農村複本位で進」（訓練―二七二頁）めなければならないからである。まさに帝国主義列強間という意味での「世界自治の競争」は、欧米諸国にみられるように、「優良なる都市農村を有すること」（訓練―二五五頁）にしのぎを削っているからである。こうして地方改良運動を唱導・推進することになったのであるが、それは「都市農村複本位」であるがゆえに、本書第五巻の第四章で触れたように、井上は都市農本主義者ともされるのである。(64)

ところで、井上は、欧米視察から帰国した後、従来までの法令違背の有無などを主とする地方の監督にあきたらず、「積極の監督」すなわち市町村がその実力を発揮し、住民の福利を図るよう指導・監督すべきと考え、内務省内で地方改良事業や感化救済事業の講習会を開催していたことは、彼の経歴で見たところである。しかし、それがそのまま、一九〇八（明四一）年の平田東助内務大臣下における政府予算事業となったわけではない。それに至るには、大きく三つの要因があった。一つは、前節で述べたように、町村内の確執に加え、町村制の名誉職自治制が、特に一方における町村長、助役の名誉職拒辞と、他方における有給化によって破綻していたことである。このことは、一九一一(明四四)年の市制・町村制の改正をもたらした。二つは、一九〇四(明三七)年の日露戦争への突入である。国民は戦争に熱狂し協力したが、他方で多大の犠牲を、とりわけ兵士と戦費の負担を背負わされた。そのため、国民や地方は、精神的な頽廃や物質的な疲弊に陥ったことである。三つに、日露戦争の勝利は、国民に道徳的な驕りなどを生み出したりしたが、井上が戦後的課題として指摘していた欧米列強との民力・富力(経済力)の競争に負けないことを求めたことである。

一九〇六(明三九)年、第一次西園寺公望内閣の原敬内相の下で、内務省は地方改良にかかわる町村と神社との関係の密接化、町村財政の確立、地方経営に関する一一項目を地方長官会議に示した。[65] そして、一九〇八(明四一)年一〇月一三日、第二次桂太郎内閣の内務大臣で、山県閥の平田東助が作成したという「戊申詔書」が天皇の名で公布された。それは、上記した日露戦争や戦後が生み出した精神的・物質的な問題状況への対処を国民に求めるものであった。そして、公布の翌日、平田は、地方長官会議において「戊申詔書」を受ける形で地方改良運動への着手を次のように宣したのである。

「惟ふに聖旨を奉体し、国運の発展を図るの途は、民力の涵養と風紀の振興とに在り。国家の財政と同じく、地方の財政に於ても亦冗費を節し濫出を制して、之が緊粛整理を図り、更に一般国民に向て奢侈の弊を誡め、倹素を奨むると共に、一面進で殖産興業を盛にし、勤労の風を興し、醇厚の俗を養ひ、人心を作興するの道を講じ……」云々と。(66) それは、井上に言わしめれば、「国民の精神を開発して一人でも優れたる国民を造るのは、地方の務めであります。又国民の経済を開発して国の富力を進むるも、其本は地方より起るのである。自治の経営はつまり地方に於て国民の精神と国民の経済とを開発するのが其眼目である」（訓練―二三五頁、傍点引用者）ということである。こうして山県閥系の官僚の一木喜徳郎に続いて床次竹次郎が内務次官に、床次続いて水野錬太郎が地方局長に就き、その下の井上府県課長、中川望市町村課長によって地方改良運動が推進されることになるのである。彼ら山県閥系の官僚は、留学による比較制度論的な見識を身につけ、好んで統計数字や表式化によって自己の主張を表現し、その反面として自らと異なった教養や性向を持つ「地方人」に対する最も良き理解者であるかのような「地方志向的性格」というべきものを有していたが、その代表者こそが井上であったとされている。(67) それはともかく、地方改良運動を具体的に推進するには、以下の二点が必要であった。

第一に、平田内務大臣は、一九〇九（明四二）年の地方長官会議における訓示で、「従来互に反目嫉視して頗る融和を欠きたりし地方民」、あるいは「従来難治の聞えありて、其の財政も亦甚しく紊乱を極めたりし地方」とか「各部落の間久しく親睦を欠」いてきたことが改善されつつあるとした。[68]しかし、ここにいう従来のような事態は、根底的に自然村＝部落共同体に起因していたがゆえに、そう簡単に改善しうるものではなかったといえるが、だが克服されねばならなかった。井上は、それを公共心とあわせ協同心の養成による村格の確立・向上によって改善されるべきとしていたが、筆者はかかる改善・克服を既述したように行政村の〈擬似共同体への鋳直し〉と捉えた。そのことは、日露戦争を契機にした国民国家から帝国主義国家への転換による体制の再編が求められていたことを意味する。すなわち、帝国主義「国家が自己のよって立つ基盤を創出するためには村落共同体的諸関係を破壊していきながらも、他方ではかえって共同体的関係の強化」が求められたことである。その意味で、行政村の鋳直しとは、また「国家のための共同体」の構築であるといってよい。[69]

そのことは、井上が前記した自治の本義（本質）論として自治団体をもってする人民の国家に対する義務（責任）を高唱したことが明示している。かくして、井上は、第一回の地方改良事業講習会において、こう言うわけである。「今日に於ける列国競争の大勢に鑑みて、段々自治団体の国に対する責任が、一層の重きを加へて来たといふことを、能く一般に熟知せしめるようにして戴きたいのであります。……自治は国に対する一の奉公である。選挙は国民が国家に対する一の義務である。……（中略）……どうか既に八大強国の一に加はった以上は、向ふは向ふで迚も及ばぬなどといふ事はいはず、是非に彼よりも上に出なければならないと云ふ位の向上心を持たなければなりませぬ」（方法―一五九頁）と。

そうして、行政村の〈擬似共同体への鋳直し〉、言いかえれば「国家のための共同体」の構築は、具体的にはまず一九一一（明四四）年の旧市制・町村制の廃止と新市制・町村制の制定となる。それは、市の執行機関であった名誉職参事会を副議決機関に変え、独任制の市長を執行機関とし、市町村長の吏員任命権、市町村長に対する職務権限の強化を図った。[70] そして、井上は、この改正にあわせ、彼が「戸主会、青年会、婦人会は自治の鼎足ともいふべき三つの大柱」（遺稿―三四〇頁）としたような各種地域民間団体の組織化を進めた。それは、地方改良運動にも活用されたが、だがまた、「従来の中央政府→府県→郡→町村→住民といった、いわば点と線の行政系列を通ずる地方『名望』家による住民支配方式から、その系列の整備・強化をともないつつ、かつ整備、強化された行政系列を中軸とし、戸主会（家長会）などの諸種の行政補助組織を通じて、一般町村住民をも動員して全政策の集中的貫徹をはかろうとする、いわば全面的・包括的な支配へ転換した」[71] ものとも捉えられる。

第二は、やはり平田内相の訓示が示すところの「地方自治の根本を培養し、其の発達を幇助するの途は一にして足らずと雖も、自治、矯風、改善強化、経済の各方面に於ける効績優良なる団体及個人に対して表彰の道を設け、之を奨励するは亦現時の急務たらずんばあらず。是今回政府の其の経費を予算に計上して議会の協賛を経たる所なり」、「又地方事業の改良を図るの方として、今回表彰と与に施行せんと欲する所の者は地方改良講習会是なり」である。[72] これらは、既述したように、いずれも自治が人民の権利ではなく義務とされたことから必然化する。つまり、前者は住民の自発性を喚起するためのインセンティブ――特に模範村の設定となって行く[73]――であり、後者は〈上から〉の地方改良事業を受けとめ、現地でそれを推進する指導者――府県郡・市町村当局者や地方有志家など――の育成・教化なのである。[74]

それでは、一九〇九（明四二）年七月の第一回講習会以降、何が講習されたのであろうか。その前座となるのが、ともに内務省編による事例集といえる一九〇六（明三九）年の『増補地方自治ノ指針』と、井上が中心となり地方局員を督励して作成したという翌一九〇七（明四〇）年の『地方自治要鑑』であり、また本番は以下の『地方改良の要項』であった。[75] まず前二書の目次を記してみよう（丸括弧内は、後者における改称や追加である）。それは、「当局者の奮励（励精）」、「公共心の発揮」、「自治事務の整善」、「生産事業の振励」、「教化事業の作興」、（衛生事業）、「基本財産の蓄積」、「市町村是の実践」、「勤倹力行（勤勉貯蓄）の勧奨励」、（協同組合の発展）、（青年団体の活動）、「良風善行の奨励」、（娯楽事業の利導）、（移住出稼の事績）、（慈恵救済の施設）、となっている。

それらを改めて整理してテーマ化した講習会における講演を内務省が編集し、一九一二（明四五）年に中央報徳会が出版した『地方改良の要項』の目次は、次のようである（丸括弧内は、細目である）。「自治の本義」、「自治の訓練」、「地方経営（教化訓育、生産奨励、産業組合、貯蓄奨励、公衆衛生）」、「地方事務の要綱（事務処理の方法、執務者の心得、統計事務、事務整備の実例）」、「地方財政の要綱（地方財政一斑、基本財産造成の実例、公有林統一）」、「市町村行政の監督（監督の必要、監督の普及せざる原因、監督上の注意、自治の監督指導）」、「泰西に於ける地方経営（欧米自治の趨勢）」、「地方当局者の心得」、である。この『地方改良の要項』――したがって講習会の狙い――は、指導者たるべき当局者や地方有志家などに対し「自治の本義」として自治団体（市町村）の国家にたいする責任＝奉公の観念をたたき込み《インドクトリネイト》、それを実践するための訓練方法――井上は主としてこれにかかわった――を提示しつつ、彼らをして平田内相のいう殖産興業と人心作興、井上がいう経済と精神の開発を図る地方（自治）経営と行財政の改善を進捗させ、それを上級官庁が監督指導するという構成になっている。

そうした中で、特に行政村の〈擬似共同体への鋳直し〉、すなわち「国家のための共同体」の構築にかかわる重要な二つの事業について踏み入って見ることにしよう。

その第一は、先の一九〇六（明三九）年における内務省の地方経営に関する注意参考事項で取り上げられていた部落有林野の統一問題である。町村制は、町村財政の基軸を基本財産収入に置いたが、その基本財産とはほとんど公有（町村有）林野と同義であったといってよいものであった。山県有朋は、市制・町村制の施行に際してかの〈明治の大合併〉を挙行し、自然村単位の約七万一〇〇〇町村を1/5弱に当る一万六〇〇〇の行政町村に変換した。しかし、後に「沿革」で、「町村併合処分ト共ニ、町村有財産ノ統一ヲ遂行スルコトヲ得サリシハ、今ニ尚ホ予ノ遺憾トスル所ナリ」(意見書八二一―四一〇頁)とした。その公有(町村有)財産化を阻んだのは、自然村単位といってよい部落有林野と地主的支配が相互補完の関係にあったからだ[76]。しかしながら、二つの要因が、改めて部落有林野の統一すなわち町村有林野化を求め、地方改良事業たらしめた。その点について、内務官僚の湯浅倉平は、部落有林野の統一を図ろうとする二点の狙いを次のように明瞭にしていた。一つは、「部落割拠の弊を防ぎ」、国家の基礎である町村(行政村)を強固にすることで、もう一つは、その歳出増が年々増大する中で町村有林野を基軸とする本来的な基本財産収入を増やすことによって町村財政基盤を確立・強化することである[77]。このように湯浅は、部落有林野の統一＝町村有林野化が行政村の〈擬似共同体への鋳直し〉であったことを鮮明にしたのである。

しかしながら、部落有林野は、部落農民にとって家畜や農業の肥料、燃料などのために欠きえないものであった。だから、それを統一＝町村有林野化して開発することは、農業と生活の再生産に必須な部落共有地が全面的に収奪されることになる。というのも、統一して開発を行うために、入会権・協同使用権の制限や解除、原野の火入禁止などが実施されることになったからである。それには、当然、農民の批判・抵抗があった。にもかかわらず、政府は、かなり強制的にそれらを実施し、地主には無償ないしは有利な条件で部落有林野の一部譲渡を行ったりしたともいう。こうした部落有林野の統一政策は、一九一九(大八)年に緩和され、一九三九(昭一四)年に打ち切られるまで継続されたのである[78]。

第二は、もう一つの〈明治の大合併〉といってよい神社統一による一町村一社政策である。それも、一九〇六（明三九）年の内務省による先の地方経営に関する注意参考事項で取り上げられていた。そして、この時点における内務省の神社局長は、水野錬太郎であった。彼は、神社は国家の「アンスタルト」（造営物）という神社観を有し、「府県以下の神社を其公共団体と結び付ける為め、其数を少なくし、特殊神社経費は公共団体より其費用を支出せしむる」一方、「由緒も明かならず維持も出来ず、崇敬する人もない神社は、成るべく合併し」、「一町村で一神社」として「地方行政と神社との連絡を付けたならば、神社行政上又は地方行政上最良の方法かと思ふ」と考えていた。(79) これは、行政的に神社を手段化した「行政イデオロギー」としての神社中心説であった。(80) こうした考《イデオロギー》えを政策的に具現化したのが、一九〇六（明三九）年の官国幣社への経費供進と府県社以下神饌幣帛《へいはく》料供進に関する法律（勅令第九六号）であり、神社寺院仏堂合併跡地の譲与に関する勅令第二二〇号であった。前者は官幣社と国幣社の経費を皇室と国庫で賄い、府県社、郷社、村社のそれは府県、郡、町村で賄うことにして両者の関係を密にするもので、後者は合社した神社の不要境内官有地を合併神社に譲渡できるとし、神職が常置されていない神社の合併通牒とあわせ、神社合併の推進に活用された。これにより、全国に約一九万強あった大小の神社は、この合併政策が終了した一九一七（大六）年には一二万弱社へ減少したのである。

一九〇八（明四一）年、井上は、地方局府県課長のまま、経歴で見たように水野から局長職を譲り受ける形で神社局長に就任し、一九一五（大四）年まで在任した。だから、神社の合併、「一町村で一神社」政策は、井上の手で模範村の育成策と結合せしめられ大いに進められた――もっとも一九一〇（明四三）年には強制的統廃合を許さない方針へ転換したが――といえるわけである。そして、井上は、自治の訓練方法の一つとして、水野と同様に宗教と神社を区別した上で、神社による訓練を推奨した。すなわち、彼は、講習会の講演で自治の訓練方法として人格（人物）、教育、家庭、宗教、神社、歴史、指導、監督、協力による訓練法を例示しつつ、神社を推奨するのは「日本の国体として、神社が万人の中心で……（中略）……若しも神官の人達に能く働いて貫ったならば、其の効果は非常なもの」があるだろうからというものであった（方法―五二一～八〇頁、訓練―三六一～三八九頁、ただし、両者の方法は必ずしも同一ではない）。しかしながら、単に自治運営の修得のために神官に働いてもらうだけの狙いではなく、その根底には「一町村で一神社」とすることによる行政村の鋳直し、すなわち擬似共同体化を図る狙いがあったといえる。(81) だが、南方熊楠が神社合併を強く批判し、反対の運動を展開したことは著名だが、半ば強制的な神社の統廃合は部落有林野の統一と同様に町村民の怒りと反発を招いたのであった。(82)

最後に、以上のような〈上から〉の地方改良運動の受け皿となって〈下から〉の自発的運動へ切り替える、いわば前者の補完的な役割をはたした報徳社について触れておく必要があろう。というのは、やはり経歴で見たように、井上は一九〇五（明三八）年に平田東助や一木喜徳郎らとともに発起人となって二宮尊徳翁没後五十年記念会を開催し、翌年には報徳社（その後中央報徳会と改称）を設立しているからである。それだけでなく、井上は、既に一九〇三（明三六）年に静岡県の報徳社――内務次官となる一木の父である岡田良一郎の祖父佐平治が創設した報徳社か、それとも片山信明・信通父子が創設したそれか[83]――について、内務省の嘱託に在った留岡幸助に詳細な調査を命じていたからである[84]。このことは、平田や井上らが地方改良運動に求めていた国民の経済と精神の同時開発、言いかえれば経済と道徳の調和を報徳主義に見出していたことを意味しよう。

二宮尊徳を嚆矢とする報徳社は、法律に基づかない産業組合のようなもので、有志が社員結社を形成して農業や生活にとっての必需品の協同購入・販売、社員への資金貸付などを事業とした。しかし、単なる事業会社ではなく、毎月一回社員が集会し、尊徳の教義である「勤倹・推譲・分度」を推奨することにあった[85]。そうした報徳社の欠点も指摘されているが[86]、注目すべきは報徳教（報徳主義）の特徴である。その第一は、積極性・営利性・勤労性の主張であり、第二は、旺盛な公共心・公徳心で、第三は、協同（共同）の養成である。そして、もっとも注目すべき第四は、先に一木が利益代表などという考えを自治制から駆逐しなければならないとしていたことに象徴されるように、その非政党性である。かくして、地方改良運動に報徳社を活用することは、「町村内部に根をはっている報徳社が町村自治においては非政治的性格を有することにより、国家官僚は、国家と町村とを政党の媒介なしに連絡・掌握することが可能となる」のである。[87]そうであればこそ、山県閥派の内務官僚たちが報徳教（報徳主義）に共鳴し、その普及・全国化を図るために報徳社（中央報徳会）を設立したといえよう。そうして刊行雑誌名の「斯民」（この人）とは、まさに報徳教（報徳主義）の信者といえ、かかる信者を多数養成することによって彼らを〈上から〉の地方改良運動の受け皿にしようとしたともいえよう。

ところで、井上を含む内務省地方局官僚たちが中心となって展開した地方改良運動を総括すれば、日露戦争後に列強と競争し、帝国日本の発展を図るには民力・富力の強化が必須となるので、そのために国家の基礎となる行政村の鋳直し（擬似共同体化とその財政基盤の確立）、すなわち「国家のための共同体」を構築しつつ、旧来の名望家支配から住民をも総動員する支配方式へ転換し富国化を実現しようとした運動であったといえよう。しかしながら、明治維新から昭和の終戦までというタイム・スパンの中で、この運動を「明治後期官僚の思想・論理と、地方民俗の（有形）無形の生活原理との矛盾という視角からとらえようとする」ことも行われている。[88]この視角からすると、まず井上ら明治後期の内務官僚たちは、「内心自らの事業を『第二の維新』と自負し、少なくとも『維新の残務』を遂行するものとみなしていた」とか、「憲法政治の外郭の完成を達成した明治前期の官僚たちに替って、地方自治の内面化の任務を継承したものが明治後期の官僚たちであった」と捉えられる。というのも、地域住民の意識内部に「脱政治の傾向が生まれ始めたことの意味を正確に理解したのが明治後期の官僚たちにほかならなかった。彼らは、憲法政治の二十年にわたる実験をふまえて、何かある致命的な欠陥がこの（地方自治）制度にか、統治技術にか含まれていることを意識しはじめた。この点を極端にいうならば、彼らは、先輩の大官僚たち……（中略）……の制度創作の方法論に欠けていたものは、生活者そのものを政治へと架橋する論理のより厳密な追求」であったことに気づき始めたからであったとされるからである[89]。

そこに、日露戦争が勃発した。この戦争においては、地域住民の積極的自発性とエネルギーが示された。井上ら明治後期の官僚たちは、「第二の維新」に、言いかえれば列強との競争に伍するためにそれを活用しようとした。前記の視角からすれば、それこそが地方改良運動の論理なのだ。それでは、かかる地方改良運動は成功したのか。少なくとも部落有林野の統一と神社の統廃合において、地方改良運動は「地方民俗の（有形）無形の生活原理」と衝突してしまっていた。特に「神社合併事業の理念の中にこそ、明治末期の新進官僚たちの能力も無能力ももっともよく反映されている……そこには彼らの透徹した地方行政への関心とともに、その反面の『上からの』の指導という立場の限界が鮮やかに浮かび上っている」。つまり、「内務省が中央報徳会をはじめあらゆる官民組織を総動員して強力に展開した地方改良が、地域住民の生活意識の内部についに浸透しえなかった」とされるのである[90]。かくして、以後、大正・昭和に入っても、維新が叫ばれつづけることになったのである。

（1）作家によるものは、松本清張『象徴の設計』文芸春秋社、一九七六年、半藤一利『山県有朋』筑摩文庫、二〇〇九年、ジャーナリストによるものは、御手洗辰雄『三代宰相列伝・山縣有朋』時事通信社、一九五八年、である。学者によるものは、岡義武『山県有朋―明治日本の象徴』岩波新書、一九五八年、藤村道生『山県有朋』吉川弘文館、一九六一年（新装版、一九八六年）、伊藤之雄『山県有朋―愚直な権力者の生涯』文春新書、二〇〇九年、である。なお、伊藤による山県見直しの影響を受けてか、近年、松元崇『山県有朋の挫折―誰がための地方自治改革』日本経済新聞社、二〇一一年、も見られるが、書評的にいえば大学院生によるレポートの感がする。

（2）岡、同前書、序。

（3）伊藤、前掲書の特に終章（山県有朋と日本―おわりに）。

（4）以下、特注以外は、御手洗、前掲書と藤村、前掲書の略年譜をベースに、各研究者の伝記による。

（5）御手洗、前掲書、九九～一〇四頁、藤村、前掲書、九九～一〇二頁、を参照。

（6）宮地正人・他編『明治時代史大辞典・第三巻』吉川弘文館、二〇一三年、六四七頁、片野勧『明治お雇い外国人とその弟子たち』新人物往来社、二〇一一年、二八三～二九三頁、による。

（7）瀧井一博『文明史のなかの明治憲法』講談社、二〇〇三年、一五六～一八八頁、を参照されたい。

（8）この重要な第二次山県内閣については、研究者の各伝記の他に、あわせ大島美津子「第九代第二次山縣内閣―特権的支配機構の強化をめざして」、林茂・辻清明編著『日本内閣史録1』第一法規出版、一九八一年、も参照。

（9）大島太郎「シーメンス・ヴヰッカース事件―倒閣原因となった軍拡による海軍疑獄」、我妻栄・他編『日本政治裁判史録・大正』第一法規出版、一九六九年。

(10) 岡、前掲書、一九一～一九五頁、藤村、前掲書、二六五～二六八頁。
(11) 副田義也『内務省の社会史』東京大学出版会、二〇〇七年、二二頁、二二四頁。
(12) 近江匡男編『井上明府遺稿』(伝記叢書14) 大空社、一九八七年の「叙」。なお、「明府」とは太守=知事のことであるが、以下、井上の生涯については、同郷出身で井上の妻の兄であり、新聞記者から内務官僚に転じた国府種徳「故井上友一君断片伝」(同書所収) によるが、特別の場合は (遺稿・伝―引用頁) として本文中に略記する。
(13) 井上会編『井上博士と地方自治』全国町村長会、一九四〇 (昭一五) 年、三～四頁。
(14) 松波仁一郎編『水野博士古稀記念　論策と随筆』水野錬太郎先生古稀記念祝賀会事務所、一九三七 (昭一二) 年、六八九～六九二頁。
(15) 一八七三 (明六) 年と一八八一 (明一四) 年の学制については、森秀夫『日本教育制度史』学術図書、一九七四年、一四九～一五〇頁、を参照。
(16) 以上、水谷三公『日本の近代13・官僚の風貌』中央公論新社、一九九九年、一〇三～一一六頁、あわせ戦前期官僚制研究会編、秦郁彦著『戦前期日本官僚制の制度・組織・人事』東京大学出版会、一九八一年、四二三～四二六頁。
(17) 大霞会編『内務省史・第四巻』地方財務協会、一九七一年、一〇三頁は、博士論文を『都市行政及法制』(明治四四年刊) としているが、(遺稿・伝―三二頁) は取得年を明治四二年としている。後者によれば、取得論文は『救済制度要義』(明四二年刊) と思われる。吉野作造の同書への言及が、それを裏付ける。三谷太一郎・他編『吉野作造選集1』岩波書店、一九九五年、二七〇頁。
(18) 東京市政調査会編、亀卦川浩著『自治五十年史 (制度編)』文生書院 (復刻)、一九七七年 (以下、五十年史）、亀卦川浩『明治地方自治制度の成立過程』東京市政調査会、一九五五年（以下、成立過程）、亀卦川浩『明治地方制度成立史』柏書房、一九六七年（以下、成立史）。

(19) 瀧井、前掲書、第二章、を是非参照されたい。

(20) 山中永之佑『日本近代国家の形成と官僚制』弘文堂、一九七四年、二一八〜二四二頁。

(21) 府県会闘争に関する論文などは多くあるが、参事院との関係では、さしあたり後藤靖「自由民権期の府県会闘争㈠―参事院裁定書」、同「同㈡―参事院、法制局裁定書」、『立命館経済学』第一六巻第五・六号、第一七巻第一号、一九六八年二月、三月、を参照。

(22) 大山梓編『山縣有朋意見書』原書房、一九六六年、からの引用は、本文中に（意見書・番号―引用頁）として略記する。そして、公爵山縣有朋談「徵兵制度及自治制度確立の沿革」は、国家学会編『明治憲政経済史論』宗高書房、一九七四年と原書房、一九七六年にも収録されているが、ここでは大山編、同書の所収を活用し、本文中に「沿革」（意見書八二―引用頁）として略記する。なお、山県の意見書「地方経済改良の議」は、山中永之佑監修『近代日本地方自治立法資料集成〔明治中期編〕』弘文堂、一九九四年にも収録されているが、地方自治制度の形成に関する第一次史料のほとんどがこれに収録されているので、同書からの引用は本文中に（立法資料・明治年・史料番号―引用頁）として略記する。

(23) 亀卦川、五十年史、四一〜七六頁、亀卦川、成立過程、三五〜五九頁、あわせ大島太郎『日本地方行財政史序説』未来社、一九六八年、序説及び第一章、大島美津子『明治のむら』教育社、一九七七年、二〜三、を参照。

(24) 亀卦川、成立過程、六〇〜九五頁、さらに詳しくは、小林孝雄『大森鐘一と山県有朋―自由民権対策と地方自治観の研究』出版文化社、一九八九年、を参照。

(25) 大島、前掲書、一八三頁。
(26) その概要は、亀卦川、五十年史、八〇～八九頁、亀卦川、成立過程、九九～一〇三頁、亀卦川、成立史、一九～二四頁。
(27) 大霞会編、前掲書、一三五頁。
(28) 亀卦川、五十年史、一〇九頁、亀卦川、成立過程、一一九頁、亀卦川、成立史、三一頁、より重引。なお、以上のようなモッセの考えは、彼の師R・グナイストの思想であったといってよい。それについて詳しくは、グナイスト氏談話「西哲夢物語」、明治文化研究会編『明治文化全集・第一巻・憲政篇』日本評論社、一九六七年、を参照されたい。
(29) 亀卦川、五十年史、一一七頁。
(30) 亀卦川、五十年史、三八一～三八四頁。なお、ここで亀卦川は、明治憲法に自治制の規定がないのは、憲法発布と自治制制定の時期の前後に起因するものでないとしているが、憲法草案から自治制に関する条文が削除される過程については、奥村弘・居石正和「解題2　市制町村制・府県制・郡制の成立過程について」、山中監修、前掲書、六五～六六頁、を参照。
(31) 亀卦川、五十年史、三八四～三八五頁、山中永之佑「解題1　大日本帝国憲法の制定と地方自治制」、同監修、同前書、九～一一頁。
(32) ここでモッセは、地方自治制度の利点を七点掲げている。モッセ氏講述『自治政講義録、第1号・第2号』自治政研究会、明治二一年一一月、亀卦川、五十年史、一一四～一一六頁、亀卦川、成立史、四六～四七頁。この講義録により、モッセの自治思想を知ることができるが、それについては亀卦川、五十年史、一〇八～一一七頁、亀卦川、成立史、三九～四八頁の他、大島、前掲書、一八六～一九〇頁、

山田公平『近代日本の国民国家と地方自治―比較史研究』名古屋大学出版会、一九九一年、三一四～三三〇頁、四一九～四二九頁、などを参照。

(33) 同旨の意見は、一八八七（明二〇）年二月の山県内務大臣らとモッセとの問答にも見られる。亀卦川、成立過程、一二一～一二二頁、亀卦川、成立史、四二頁。

(34) 詳しくは、亀卦川、五十年史、三一一～三二七頁、亀卦川、成立過程、二一二～二一七頁、亀卦川、成立史、二二七～二四〇頁、奥村・居石、前掲論文、山中監修、前掲書、五八～六四頁。なお、元老院の詳しい審議については、明治法制経済史研究所編『元老院会議筆記・後期第三十三巻』元老院会議筆記刊行会一九八八年、を参照。

(35) 大霞会編『内務省史・第四巻』地方財務協会、一九七一年、三三二頁と三七七頁。

(36) 亀卦川、五十年史、一二一～一六五頁、亀卦川、成立史、四九～一〇七頁。

(37) 亀卦川、五十年史、一八二～二三八頁、亀卦川、成立過程、一七一～二〇三頁、亀卦川、成立史、一五五～二一一頁。

(38) この点で、井上毅の地方自治論を検討することが重要になるが、紙幅の余裕がないので、さしあたり坂井雄吉『井上毅と明治国家』東京大学出版会、一九八三年、第二章や、同「明治地方制度とフランス」、日本政治学会編『近代日本政治における中央と地方』岩波書店、一九八五年、を参照されたい。

(39) 亀卦川、五十年史、三四六～三四八頁、亀卦川、成立過程、二二〇～二二一頁。

(40) さしあたりP・H・P・メイソン、石田芳久・武田敏明訳『日本の第一回総選挙』法律文化社、一九七三年、猪飼隆明「第一回帝国議会選挙と人民の闘争」『史林』第五七巻第一号、一九七四年一月、などを参照。

(41) 拙稿「一九〇〇年体制の成立―中央地方選挙システムの側面から」『社会科学研究』(中京大学)、第一三巻第一号、一九九三年一月(以下、一九九三論文)、五〇～五一頁。
(42) 中村政則「天皇制国家と地方支配」、歴史学研究会・日本史研究会編『講座日本歴史・第八巻』東京大学出版会、一九八五年、五八～六二頁。
(43) 拙稿、一九九三年論文、五二～五三頁。
(44) 石田雄『近代日本政治構造の研究』未来社、一九五六年、一〇二～一〇三頁、山中永之佑『近代日本の地方制度と名望家』弘文堂、一九九〇年(以下、山中、一九九〇年)、二八四頁、同『日本近代国家と地方統治』敬文堂、一九九四年(以下、山中、一九九四年)、六三頁、山中、前掲論文、山中監修、前掲書、一五頁、を参照。
(45) 詳しくは、拙稿「明治中期における府県会規則と衆議院議員選挙法の形成」『社会科学研究』(中京大学)、第一二巻第二号、一九九二年、第三節の他、奥村・居石、前掲論文、山中監修、前掲書、六六～六八頁。また、坂井、前掲書、第三章、もあわせ参照されたい。
(46) 詳しくは、拙稿、一九九三年論文、第二～第四節。
(47) 桜井良樹『帝都東京の近代政治史―市政運営と地域政治』日本経済評論社、二〇〇三年、八〇～九九頁。
(48) 山中、一九九〇年、二九五～三〇六頁、山中、一九九四年、七七～八四頁、山中、前掲論文、山中監修、前掲書、二七～三二頁。
(49) 大島美津子、前掲書、一六〇～一七〇頁。
(50) 山中、一九九〇年、二八九～二九四頁、山中、一九九四年、七五～七七頁、山中、前掲論文、山中監修、前掲書、二三〜二七頁の他、大島、同前書、一四八〜一六〇頁、石川一三夫『近代日本の名望家と自治―名誉職制度の法社会史的研究』木鐸社、一九八七年、第五〜第六章、高久嶺之介『近代日本の地域社会と名望家』柏書房、一九九七年、第五章、などを参照。

(51)　亀卦川、五十年史、三四八〜三五六頁、亀卦川、成立史、三〇九〜三一五頁。

(52)　橋川文三『近代日本政治思想の諸相』未来社、一九六八年（以下、橋川、一九六八年）、四一〜四三頁。

(53)　吉田久一『日本の社会福祉思想』勁草書房、一九九四年、一三二頁、一三四頁。

(54)　井上会編、前掲書、一九頁。もっとも、この状況認識は、彼が一九〇六（明三九）年に出版した『欧西自治の大観』で示したものであった。

(55)　吉田久一・一番ケ瀬康子・小倉襄二・柴田善守『人物でつづる近代社会事業の歩み』全国社会福祉協議会、一九七一年、一一七頁。

(56)　吉田久一『社会福祉と諸科学1―社会事業理論の歴史』一粒社、一九七四年（以下、吉田、一九七四年）、一二七頁。なお、小河にっても、さしあたり吉田、一九七四年、一三二〜一三四頁、一八三〜一八五頁、吉田・他、同前書、一五七〜一六三頁、を参照。

(57)　井上友一『救済制度要義』博文館、一九〇九（明四二）年、二頁と四〜五頁で、傍点は引用者。以下、同書からの引用は、本文中に（救済―引用頁）として略記するが、また井上の他の著作からの引用は、本文中に次のように略記する。近江匡男編『井上明府遺稿』（伝記叢書14）大空社（復刻）、一九八七年に収録されている『自治與新論』は（新論―引用頁）――それ以外の諸論稿の引用は単に（遺稿―引用頁）とする――の他、井上会編、前掲書、に収録されている『自治要義』博文館、一九〇九（明四二）年は（要義―引用頁）、『都市行政及法制』博文館、一九一一（明四四）年は（都市・上下―引用頁）とする。そして、やはり井上会編、前掲書、に収録されている『自治の開発訓練』中央報徳会、一九一二（大元）年は（訓練―引用頁）――それ以外は（自治―引用頁）――とし、内務省地方局編纂『地方改良事業講演集・明治四二年版』芳文閣（復刻）一九八五年（以下、講演集・上下とする）に収録されている井上の講演「自治訓練の方法」は（方法―引用頁）とする。

(58) 吉田、一九七四年、一二七〜一二八頁。

(59) 一木喜徳郎「自治の本義」、内務省地方局編纂、講演集・上、一〜二四頁。

(60) 一木、同前論文、同前編纂、講演集・上、二七〜二八頁。

(61) これらは、いうまでもなくジャクソニアン・デモクラシーの結果でもあった。C・ビーアド、M・ビーアド、W・ビーアド、松本重治・岸村金次郎・本間長世訳『新版アメリカ合衆国史』岩波書店、一九六一年、二一九〜二二一頁や第一六章、を参照されたい。

(62) 拙著『日本地方自治の群像・第三巻』成文堂、二〇一二年、三〇〜三一頁、及び吉地昌一編『山崎延吉全集1・農村自治篇』全集刊行会、一九三五（昭一〇）年（以下、吉地編、山崎全集とする）、第九章。

(63) 亀卦川、五十年史、二六五〜二八九頁、亀卦川、成立史、二九〇〜三〇八頁。

(64) 高寄昇三『宮崎神戸市政の研究・第一巻』勁草書房、一九九二年、一三八〜一四九頁。そして、少なくとも井上にあっては、地方改良運動は単なる農村改良ではなく都市改良でもあったことを強調しているのは、小路田泰直『日本近代都市史研究序説』柏書房、一九九一年、一九一〜一九四頁、である。なお、井上の「都市農村複本位」なるものは、まさにイギリスのE・ハワードの「田園都市」構想の影響を受けたものであった。というのも、井上がリードして一九〇七（明四〇）年に内務省地方局有志『田園都市と日本人』講談社学術文庫（復刻）、一九八〇年、を翻訳しているからである。

(65) 宮地正人『日露戦後政治史の研究―帝国主義形成期の都市と農村』東京大学出版会、一九七三年、一八頁。
(66) 「内務大臣訓示集」(明治四一年一〇月一四日)、大霞会編、前掲書(第四巻)、三五〇～三五七頁。
(67) 橋川文三『昭和維新試論』講談社学術文庫、二〇一三年(以下、橋川、二〇一三年)、一四五～一四六頁。
(68) 「内務大臣訓示集」(明治四二年五月七日)、大霞会編、前掲書(第四巻)、三六〇頁。
(69) 宮地、前掲書、六九～七〇頁。
(70) 亀卦川、五十年史、四五四～四九〇頁。
(71) 山中、一九九〇年、三一九頁、山中、一九九四年、一四六頁、山中、一九九五年、四六～四七頁。
(72) 「内務大臣訓示集」(明治四二年五月七日)、大霞会編、前掲書(第四巻)、三六〇～三六一頁。
(73) 高木正朗『近代日本農村自治論―自治と共同の歴史社会学』多賀出版、一九八七年、四七～五九頁、を参照。
(74) また、宮地、前掲書、二七～三二頁、を参照されたい。
(75) いずれも神谷慶治監修『地方改良運動史資料集・第二巻』柏書房、一九八六年、に収録されている。
(76) 石田、前掲書、七〇～七二頁。
(77) 湯浅倉平「部落有財産の統一及利用」、内務省地方局編纂、講演集・上、二七四～二七五頁、括弧内は引用者の補充。なお、農商務省山林局長の上山満之進は、公有(町村有)林野の開発は国土保全、国家経済、自治行政の三点から求められるとし、もしそれが全部開発されるならば、町村税の総額は公有林野から全部生み出しても余りあるだろうとしていた。同「公有林野に就いて」、同編纂、講演集・下、一七四頁と一七九頁。
(78) 石田、前掲書、七三～八二頁、あわせ宮地、前掲書、三四～四六頁。
(79) 水野錬太郎『自治制の活用と人』実業之日本社、一九一二（大元）年、一二三～一二四頁。
(80) 詳しくは、森岡清美『近代の集落神社と国家統制―明治末期の神社整理』吉川弘文館、一九八七年、第四章。
(81) 宮地、前掲書、八九～九六頁。
(82) 橋川、一九六八年、四八～四九頁、より詳しくは、森岡、前掲書、一一六～一五一頁。
(83) 両者については、さしあたり高木、前掲書、第一章や、吉地編、山崎全集、一七四～一九六頁、奈良本辰也『二宮尊徳』岩波新書、一九五九年、一七〇～一七五頁、を参照。
(84) 宮地、前掲書、一〇九～一一〇頁。
(85) 奈良本、前掲書、一四七～一五〇頁。
(86) 吉地編、山崎全集、一九六～一九八頁。
(87) 宮地、前掲書、一一〇～一一三頁、あわせ石田雄『明治政治思想史研究』未来社、一九五四年、一八〇～二〇二頁、を参照されたい。
(88) 橋川、一九六八年、四六頁。「無形の生活原理」は神社にかかわるのだが、部落有林野は〈有形の生活原理〉にかかわるので、引用者がそれを意味するため、あえて（有形）を補充した。
(89) 橋川、二〇一三年、一三八頁と一五四頁、一五六頁、括弧内は引用者補充。
(90) 橋川、二〇一三年、一六二頁と一六六頁。

第二章　社会主義者の都市自治観と政党政治不要・排除論
――安部磯雄・片山潜から大山郁夫へ――

第一節　安部磯雄と片山潜の都市社会主義再論

本章は、「序章」で述べたように、社会主義者の地方自治観とそれにおける政党政治の不要・排除論を考察しようとするものであるが、その群像としての安部磯雄と片山潜のそれは前巻第一章で考察したので再整理と若干の補充にとどめる。そして、本章の主役を前巻で瞥見した大山郁夫に置くことにする。だから、安部磯雄と片山潜の歩んだ道は、前巻を見てもらうことにするが、両者はともに堺利彦や幸徳秋水らの明治社会主義者の〈中心世代〉からすれば、その〈前世代〉に属し、またともに都市社会主義者であった。そうして両者の都市社会主義論は、〈都市社会／主義〉と〈都市／社会主義〉の二側面を有していた。それはこうである（以下は、基本的に前巻第一章の再論なので、特別の場合を除いて引用注記は省略する）。

安部は、欧米の大都市が市街鉄道やガス、水道などを市有・市営化している点で、「茲に於て全然社会主義の言ふ所に賛同せざる人と雖も、これを都市問題に適用することに不同意を唱えるは甚だ稀なるが如し」とか、「抑も都会は貧富の懸隔を一層激烈ならしむるものなるが故に、社会主義を市政に応用することは自然に起り来る処の要求なり」としていた。また片山も、「社会主義は必然現時の資本家制度に代りて、人類社会を支配するに至るべきの主義にして、其の如きは実に経済進化の大勢なりと信ず、而して、此主義が其最初に応用せられて、人類に幸福を賦与するものは、都市社会主義に外ならず」としていた。こうして都市社会主義とは、社会主義の理論（原理）を都市（自治体）に「適用」あるいは「応用」することなのである。いや、そのことが、都市社会主義の〈都市／社会主義〉面なのである。

それでは、安部や片山あるいは明治の社会主義者にとり、社会主義の理論（原理）とはどのようなものであったのか。安部や片山、そして大山郁夫にも影響を与えていたアメリカの経済学者であるR・イリーは、社会主義理論は物質的生産機関（土地・資本）の公有化を始めとする四つの要件《エレメント》からなるとするが(1)、片山にいわしめれば、「期望なる社会主義が資本家制度を打破せんとするものとせば、その経済組織の変更を意味するものなるや言をまたす。これ社会主義の根本の目的にして、現在の経済組織すなわち個人的産業組織を一変して社会的協同組織になさんとするにあり」。そうして個人的産業組織（私有制）に対峙する社会主義の経済協同組織の原則とは、安部にいわしめれば、R・イリーの四つの要件、すなわち「生財の機関を悉く国有となし、其国家が年々産出する所のものを人口に応じて平分担せんとするにあり。即ち資本、製造所、交通機関、土地等凡て生財に必要なるものを挙げて国有となし、人々は各応分の働きをなして平等の収入を得るに在り」とされる。

こうして安部と片山における都市社会主義の〈都市／社会主義〉面とは、経済協同組織の原則、とりわけ「生産の機関」（生産手段）の国有化と国営化を都市（自治体）に「適用」あるいは「応用」すること、具体的には市街鉄道やガス、水道などの自然的独占事業を公有化・公営化することであった。しかしながら、そのためには、〈都市社会／主義〉面を前提にしなければならないのである。

その〈都市社会／主義〉面の第一の特性といえるものは、都市を「家」あるいは「家庭」と捉えることであった。安部は、「我等の住居して居る都会は即ち我等の為の一大家屋ではないか」とか、「都市は或る意味に於て家庭を大きくしたるものである」とする。片山もまた、「抑も近時に欧米に発達せる都市の理想は、都市をして市民の完全なる家庭たらしむるに在り、即ち都市の最大の目的は、其の市民に幸福なる文明的家庭を作らしむるに在り」とする。これは、前章の第三節で井上友一が都市（自治体）＝〈家庭〉論を紹介していることからすれば、それが既に欧米でかなり流布していた説で、恐らく安部や片山のアメリカにおける大学生活やイギリスでの見聞などの知見・体験によるものであろう（もっともイギリスにおけるフェビアン協会のS&W・ウェッブ夫妻は、後に「家」あるいは「家庭」を都市生活における「地縁性の原則」として理論化している）[2]。安部と片山によるその知見・体験は、また農村生活と都市生活との本質的な相違、言いかえれば伝統的な〈農村共同体〉に対する近代的な〈都市共同体〉の発見であるといえた。

安部は、それをこういう。「田舎生活に於ては単に個人の活動を要するのみにして団体としての活動を要することは極めて稀なり。然れども都市生活は共同生活なるが故に自由放任主義を許さゞるなり。田舎の道路は其幅狭きが故に各人其区域を定めて掃除することも出来れども数十間の幅を有する都会の道路を其両側の住人に掃除せしめんことは不可能なり。茲に於てか市は自ら道路を掃除するの任務を果さゞるべからず。田舎人は塵芥汚物を自ら片附くる便宜を有すれども都市人は自らこれを処理すること能はざるが故に市は共同方法を以てこれを除去せざるべからず」。都市の生活は、家庭生活と同様に皆ひとし並みの〈市民〉の共同生活なのだ。なぜなら、「如何に宏壮なる大廈高楼に住んで居る人でも都市問題に無頓着なることは出来ぬ。……一たび馬車を駆りて街路に出づれば、泥濘其車輪を没することもあらふ、砂塵其車窓を襲ふこともあらふ、これでも尚彼等は道路修築問題に冷淡なることができようか」、当然、できないからである。

かくして、〈都市社会／主義〉面の第二の特性は、家族が我が家庭を愛するように〈市民〉が我が都市を愛することを求めることだ。安部は、「市民が国家に対して愛国心を有する如く市民は亦都市に対して熱誠なる愛心を有せねばならぬ」という。ここにいう都市への「熱誠なる愛心」とは、言いかえれば皆ひとし並みの〈市民〉としての〈公共心〉を意味する。しかるに安部も片山も、欧米諸国とりわけイギリスやドイツに比し、日本の都市〈市民〉は〈公共心〉が劣っているとする。もっとも、例えば、先にみたウエッブ夫妻は、資本主義経済により中世の自治都市的な市民的愛郷心が衰退したがゆえに地方自治体の再組織（公共団体）化が――華麗で実利的に能率ある都市づくりのためでなく、都市の荒廃を廃除するために――必要であるとしている(3)。

それはともかく、日本の都市〈市民〉の〈公共心〉が低いとした〈都市社会／主義〉は、第三に、〈公共心〉の育成方法を提示する。そこで、より重要なことは、皆ひとし並みの〈市民〉として自らの〈家庭〉である都市とその自治政に対する関心・自覚を創成することである。それには、市民（政治）教育という啓蒙的手段を活用することも必要であろうが、根本的には皆ひとし並みの〈市民〉としての政治的平等が必要であるとする。かくして、片山は、市政改革の「急務中の急務は則はち選挙法の改正也」とし、「都《すべて》の市の住民は市政に参与すべきが当然なり、少なくとも東京市に向って納税の義務ある者は其の施政に向って参与の権利を有せざるべからず……吾人は普通選挙法を国会議員の選挙を行ふのみならず都《すべ》ての自治団体にも行ふべき事を主張する」とした。

以上のような〈都市社会／主義〉の根底にある都市＝〈家庭〉論は、本巻の終章に登場するクリスチャンで元東京市助役でもあった田川大吉郎によっても強く主張されていた。それについては終章でかいま見ることにし、ともかく安部と片山は、以上のような〈都市社会／主義〉面を前提にし、次のような〈都市／社会主義〉面の特色ともいえる主張を行う。

第一点は、都市自治体や市政の捉え方である。片山は、「抑も市役所は、一会社と見て然るべきものなれば其行政事務は云はゞ会社の事務なり、区役所は支店なり、市長は会社頭取なり、助役は支配人なり、参事会員は重役なり、市会議員は総主総代表なり、区長は支店長なり、而して一般市民は株主なり、市長以下諸役員及議員等は市民と云ふ株主の雇員なり、市民は年々市役所なる会社に向って市税と云ふ名義を以て払い込みをなし、其配当は日々種々なる利益を以て受くるなり、此利益配当は或は治安の警察に依りて……」云々とする。そして、「都市政事は一種の商業なり……（中略）……彼のグラスゴー市の如きは実に会社的営業的則ち社会主義経済の実行さる、市にして、其市内独占事業は儘く市有市営にして其よく成功せる市なり、都市経済の進歩は即ち社会主義の進歩を意味」するという。あるいはまた、改めて「市政なるものは政治団体と云ふよりは、寧ろ行政団体なり、財団法人の会社なり、市長は事務員にして市民の株主なり」とか、「市政府は一個の株式会社の如し、市長及市会議員は斯一大会社の頭取重役にして、市民は斯会社の株主なり」とした。

また安部も、「市政は決して純粋な政治ではない。寧ろこれを会社事業と称する方が適当であるかも知れん。若し果して然からば市会議員が市政を料理するは恰も会社事業を経営するが如くなくてはならぬ」とする。さらに、大正末期における社会民衆党の結成過程にかかわり、結成後に党首に就いても、なお「市政には外交もなければ、陸海軍の仕事もない。従って政策といふことも重要なものではない。故に市政は所謂政治でなくして寧ろ実務であるとも言へる。米国の諸都市で行はれて居るマネジャー・プランの如きも、都市を恰も事業会社の如く見た結果ではないかと思はれる」とか、「若し東京市を一大事業会社と見るならば、市民は悉く株主であり、市会議員は重役であり、市長は社長である。会社に党派の対立が有害である如く、市政も亦同様である」とした。

しかしながら、このように都市自治体を株式（事業）会社にアナロジー化することは、都市に社会主義の理論（原理）を「適用」あるいは「応用」するという〈都市／社会主義〉という名で「非資本主義的秩序、形相」の形成を図ろうとする都市（自治体）経営論に特有なものなのであろうか。前巻では、傍証を上げながら、欧米思想の影響を指摘し、必ずしも〈都市／社会主義〉に特有なものとはいえなさそうであるとした。

実際、それは欧米の市政（都市自治論）の影響であった。前章第三節でやはり井上友一が都市自治体＝（株式）会社論を紹介していることは、その新たな傍証といえる。また本巻の「序章」でみた地方自治に政党政治は必然であると看做していた社会学者の奥井復太郎は、特にアメリカにおいては都市自治体の二元代表制が生み出した弊害（ボス・マシーンの形成による政治腐敗）を改革するために委員会制度や支配人制度を導入したことにより、市政の観念が次のように変化したという。都市自治体の事業は、従来のような「政治」としてではなく「政治、仕事、慈善」とされるようになったことである。言いかえれば、都市自治体の事業内容が確定的になったことにより、「何を行うかではなく、如何に行うか」というアプローチへ変化して経営組織問題となり、商事企業のそれと同似化すべしという主張、すなわち市政はビジネスなりという主張になったのだが、それだけではあまりに卑俗なので、正義・博愛の観点から慈善が付加されたというのである。[4] 実際、一九〇一（明三四）年にテキサス州ガルベス市が採用した委員会制ないし参事会制（Commission form of Government）は市政＝ビジネス論への途を開き、一九一三（大二）年にオハイオ州デートン市が採用した支配人制（Manager form of Government）は行政の能率化のために事業会社組織を換骨奪胎したもので、市政を実業化したとされる。[5] だから、都市自治体＝株式（事業）会社論は、〈都市／社会主義〉に特有なものでないことが一層鮮明になったといえる。

ところで、都市自治体が「何を行うか」という事業内容が確定的になったとされているが、安部や片山においては、それを都市を「家」や「家庭」と捉える〈都市社会／主義〉面から導出している。すなわち、都市を「家」や「家庭」と捉えることは、都市生活が家族・家庭生活と同様に〈市民〉の共同生活であることを意味していた。だから、安部は、「市政の目的は都市をして住心地良き所に在るので、一家を経営するの目的と異なる所はない」とした。かかる家庭経営論からすれば、市政――都市（自治体）経営――の目的は、〈市民〉の共同生活条件（インフラとサービス）の建設・供給にあることになる。しかも、その建設・供給には、競争を許さない自然的独占事業が多く含まれているので、その市有・市営化を図り、その収益をもって市民負担の軽減を図るべきだとする。こうして市政は、外交や国防などを担う国家――安部や片山における政治は、優れて国家政策（主義・主張）の争いと観念されている――と異なり、〈市民〉の共通利益の実現を図るための「政治」というよりも「実務」とされ、したがって都市自治体も「政治団体」よりも「行政団体」であるとされる。

かくして、前巻の第一章において、〈都市／社会主義〉面の第二の特色ともいえるものは、以上のような都市自治体＝株式（事業）会社論と都市（自治体）経営＝家庭経営論から導出される地方自治（自治政）における政党不要論ないしは党争排除論にあると、言いかえれば国政と自治政の分断・位相論であるとした。

片山は、都市自治体＝株式会社論から、「市政の性質たるや国家政事と其趣を異にせり」としつつ、「市と国は一様にすべからず、東京市政が今日の如く国家政治の餌となるは、敢て国家の祥事にはあらず、少数横暴の我利的政治家の餌となるに至りては、更に国家の一大不祥なり、これを改良せんと欲すれば……政党一輩の者をして都市問題に嘴を容れさらしむるに如かず」とする。これに対して、安部は、より直裁に「都市は或意味に於て家庭を大きくしたるものであるから、都市の政治は一国の政治と大に趣きを異にして居る」とか、都市自治体が「会社的性質を多く有するものであるから、政党の競争を輸入するのは大なる誤謬である。市会は決して私利を営むべき所ではない」、「凡そ市政をして政党の競争場とならしむること、及び私利を営む人物をして市政に関係せしむることは市政の腐敗を来たす大なる原因である」とする。さらに安部は、後の社会民衆党結成の直前においても、「政治は闘争なりという観念が我国民の頭脳に深く浸み込んで居る結果、政治ある処には必ず政党の起るべきものであると考へられて居る。然し市政は政治にあらずして実務であるといふことが明瞭になれば、私共は飽迄も市政の国政化に反対しなければならぬ」とした。

しかしながら、このような地方自治（自治政）における政党政治の不要論ないしは党派・党争の排除論は、前巻の「あとがき」で述べた――それゆえ本巻の統一テーマとして以下の各章でも考察する――ように、都市社会主義に特有なものではないのである。とはいえ、本巻の各章節との異同を明らかにするため、安部や片山の不要・排除論、したがって国政・自治政の分断・位相論の論拠を確認しておこう。

第一は、まず後者の国政と自治政の分断・位相論の論拠である。例えば、次節で考察する大山郁夫は、国政において政党政治が必須化するのは、立憲制・代議制における政権争奪戦にあるとする。しかしながら、安部や片山においては、代議制論と政党政治論の展開が欠如している――

特に安部においては、彼自身無産政党の結成を進め社会民衆党の党首に就きながら、無産政党と地方自治（自治政）の関係につき理論化を図っていない――ためともいえるが、国政は外交や国防などを担うという一種の事務事業論とそれをめぐる政策（主義・主張《イデオロギー》）的な競争ないしは抗争から「政治」（＝政党政治）が必須化するとして地方自治（自治政）との位相化を論拠づけているといえる。

かくして第二に、地方自治（自治政）における「政治」（＝政党政治）の不要・排除論は、なによりもまず自治政の事務事業論によって根拠づけられることになる。すなわち、都市を「家」や「家庭」とみなすことにより、都市は皆ひとし並みの〈市民〉の共同生活の場と捉えられ、したがって都市自治体が実施すべき事務事業は共同生活条件（インフラやサービス）の建設・供給とされる。安部によれば、具体的には「便利」にかかわる独占事業としての市街鉄道などの交通機関、上下水道、ガス、電気などの公営事業であり、「衛生」としてのゴミ・糞尿処理、住宅、公園、市場、教育、慈善、娯楽、質店などであり、さらに公害対策、建築規制、道路設計、広告規制、植樹、市街地改造などの「修飾」である。これらの共同生活条件は、〈市民〉にとっての共通利害であるがゆえに、それらを建設・供給する都市自治体の事務事業に政策（主義・主張）的な差異のあろうはずがないというわけである。かくして、政策（主義・主張）的な競争・抗争によって意思決定を図る「政治」（＝政党政治）は、地方自治（自治政）において不要と考えられるわけである。

第三に、都市自治体による〈市民〉の共同生活条件（インフラやサービス）の建設・供給は、株式

（事業）会社のように経済的、能率的に実施されなければならないことである。ところが、その事務事業に――とりわけ公営の独占事業は多大の収益をもたらすものであるだけに――「政治」（＝政党政治）が関与・介入してくると党派（勢力・政治家）の利害がからみつき。経済性や能率性を歪めるだけでなく政治腐敗（党弊）を惹起させる。かかる政治腐敗（党弊）は、「星亨の如き公益の巨魁」が市街鉄道の民営化を図るために東京市参事会員の全員を政友会派の市会議員から選出するなどの壟断に走ったことのみならず、その後も築地市場の板舟権（魚の販売権）、京成電車の市内乗り入れや市長・市議会議長選挙、江東市場問題をめぐる東京市会の疑獄事件の続発に例証される[6]というわけである。このような政治腐敗（党弊）の実際的状況からも、「政治」（＝政党政治）の排除が主張されるのである。[7]

しかしながら、このような地方自治（自治政）における政党政治の不要論、排除論には、注意しなければならない点がある。それは序章で見たように、奥井復太郎が自治政の政党化は「官僚主義に対抗し得る」作用があるとしていたことや、社会大衆党議会部長の吉川末次郎が不要・排除論は「官僚の自己擁護」に資することになるとしていた点である。すなわち、不要・排除論は、都市自治体の経営は株式（事業）会社のごときであらねばならないとすることによって、規模拡大により整備・確立しはじめた都市自治体の行政官僚制、そこから発生する官僚主義の問題を閑却することに陥り勝ちであることだ。それは、本書の第四巻で群像化した大阪市長の関一が理想としたようなテクノクラート（専門技術官僚）による自治政、自治政のテクノクラートによる支配へ連なることにもなるのである。

なお、安部については、前巻で考察したもう一つのことについて触れなければならないであろう。すなわち、自治政は「政治」ではなく「実務」であるべきで、地方自治（自治政）には「政治」（＝政党政治）が不要・排除されるべきとした安部は、かかる理論的な不要・排除論のもとで政治腐敗（党弊）を除去するべきという善意の動機から、いわば官僚（内務省）主導の選挙粛正運動にコミットして行った。しかし、それによって、足下をすくわれ、国政における「政治」（＝政党政治）の不要・排除、言いかえれば翼賛化に抗しなければならなくなったのであった。そうした選挙粛正運動の結果については、次章第三節の田沢義鋪の政治改革論において、もう少し詳しく考察することにするが、多くの市民や知識人などがコミットした選挙粛正運動は〈善意の石畳に敷きつめられた道は地獄に通じている〉の一例といえようか。

第二節　大山郁夫の波瀾に満ちた航跡

本章の群像の主役は、既述したように大山郁夫にある。とはいっても、一九五五（昭三〇）年に大山が没するまでの彼の思想と実践、すなわち大山の全体像を考察するものではなく、いうまでもなく本巻の問題機制《プロブレマティーク》（統一テーマ）である地方自治（自治政）における政党政治の不要・排除論にかかわる彼の言動が主たる対象となる。ところが、そうすると大山の地方自治（都市自治）に関する論考・言説は、一九一四（大三）年に欧米留学から帰国し、論壇にデビューした頃に集中しており、彼が社会主義に接近し、無産政党運動の実践に足を踏み入れると地方自治（都市自治）に関する論考・言説はきわめて少なくなるのである。その点では、社会主義者というよりも民本主義者ないしは民主主義者としての大山に見られる地方自治（都市自治）観と政党政治の不要・排除論とした方が適切といえるかもしれない。しかしながら、社会主義者に変身した大山の言動に、地方自治に関するそれが全く無いわけではないので、彼の地方自治（都市自治）観がどのように変容したかを含めて考察することにし、大山を社会主義者として群像化することにした。

ところで、本章は、大山の全体像を考察するものではない。しかし、彼の思想と実践において社会主義者に変身するプロセスやその後の思想と実践について全く触れないことは、全身のある一部のみを対象化するようなものだ。そこで、彼の誕生から逝去までの波瀾にみちた航跡をたどることによって、彼の全体像の代替としたい。(8)

さて、大山の波瀾に満ちた生涯は、次の五期に分けられている。(9)第一期は、生れた一八八〇（明一三）年から一九〇五（明三八）年に早稲田大学政治経済学科を卒業するまでの二五年間、勉学の時期。第二期は、一九〇六（明三九）年に早大の講師に迎えられてから一九二六（大一五）年に労働農民党の中央執行委員長に就くまでの二〇年間、研究と言論活動の時期。第三期は、一九二七（昭二）年に早大を去ってから一九三二（昭七）年まで労働農民党を中心に政治的実践運動に専念する時期。第四期は、一九三二（昭七）年にアメリカに旅立ち、一九四七（昭二二）年に帰国するまでの約一五年間、亡命することになった時期。第五期は、帰国後、主として平和運動に身を投じ、一九五五（昭三〇）年に亡くなるまでの一〇年間にわたる戦後の活動期である。このように時期区分された航跡の中で、本章にとって重要になるのは第一期から第三期までであるが、ともかく彼の生涯をたどってみよう。

大山郁夫は、一八八〇（明一三）年、兵庫県赤穂郡若狭野村（現相生市）――大持村（現上郡町）ともされる(10)――に開業医の福本剛策とすみえの次男として生まれた。一八八七（明二〇）年に村の八洞簡易小学校に入学し、父より漢学の教えを受けている。一八九一（明二四）年に揖保郡伊水高等小学校へ入学したが、坂越村の高等小学校へ転校し、一八九五（明二八）年に同校を首席で卒業した。父は、子だくさんの中、郁夫だけには大学教育を受けさせたいと思っていたので、一八九七（明三〇）年に大学進学を条件に神戸市在住の銀行員である大山晨一郎の養子とした（伝―三三頁）。そして、翌年に神戸商業学校二年生に編入学し、四年課程を三年で修了・卒業し、一九〇一（明三四）年に東京専門学校（翌年に早稲田大学となる）の商科試験には落第したと嘘をつき、政治科（翌年に政治経済科となる）に入学した（伝―三八頁）。しかし、小学校から早大入学までの大山の青少年期

「十五年間は彼の生涯のなかで一番わからない時代のひとつで……正確な資料はほとんど残っていない」（伝―二六頁）とされる。

当時、早大の校風となる「学問の独立、研究の自由、学問の活用」は、大学に漲っていたという。[11] そうした中、大山は浮田和民の教えを受け、「進歩的自由主義者としての節操と、キリスト教的ヒューマニズムを学んだ」[12]とされる。同期生には、後に早大教授から憲政会・民政党の代議士となる永井柳太郎がいたが、「大山と永井は成績の優秀と弁論で全校に知られ」（伝―四六頁）ていた。そんな大山は、足尾鉱毒事件を糾弾した田中正造に熱く共鳴し、彼が一時滞在した早稲田鶴巻町の下宿屋の一室に居を移す一方、三年次には植村正久が主宰する麹町一番町の教会でキリスト教の洗礼を受けた。[13] 前者は、大山が単なる理論家・研究者ではなくヒューマニスティックな熱情家・実践家であることの片鱗を示すものといえる。そして、卒業後には信仰の熱は冷めたようであるが、後者は、吉野作造と同様に大山の民主主義論がキリスト教的ヒューマニズムを基礎するものであったことを示すものと見なされている。[14] 一九〇五（明三八）年、大山は、首席で卒業した。社会進化論の観点からの卒業論文「産業進化に関する学説の比較」には、明治社会主義者に影響を与えたアメリカの経済学者であるR・イリーの影響とともに、河上肇と一脈通ずる「経世家的志向」がうかがわれるという。[15] これまでが第一期である。

卒業後の翌一九〇六（明三九）年、大山は早大高等予科英語教員に採用されるとともに、大山の能力を高く評価していた高田早苗学長の仲人により兵庫県の素封家であった水野宇平の三女りゅう(柳子)と結婚した。そして、一九一〇(明四三)年、大山は、欧米留学に出発した。とはいえ、自費留学に近かったのでスクールボーイなどをしながら、シカゴ大学の「学べ、飽まで学べ」という学風の中で修業をつんだ。政治学については、「現代政治学の父」と呼ばれ、シカゴの市会議員として市政の観察と改革に取り組んでいたC・E・メリアムに、社会学をA・W・スモールに学んだ。[16]二年後にはドイツのミュンヘン大学に転じ、政治学と社会学的国家学――L・グンプロヴィッツやG・ラッツエンホーファー――を研究した。[17]そうして第一次世界大戦が勃発した一九一四(大三)年に帰国し、翌一九一五(大四)年に早大教授に就任すると同時に論壇にデビューし、吉野作造とともに民本主義の両雄と称されるようになるのである。

大山の民本主義論ないしは民主主義論については後節に譲ることにし、彼の歩みを追おう。一九一七(大六)年に大隈重信総長夫人の銅像を校内に建設するという問題に端を発した学長選挙をめぐる早稲田騒動が巻き起こり、その結果、九月に大山は早大を辞任した(伝―七三~七九頁)。[18]そして、同年暮、鳥居素川や長谷川如是閑らからの誘いを受け、大山は民本主義を推奨していた大阪朝日新聞社(大朝)に入社し、花田大五郎、櫛田民蔵、丸山幹治(侃堂)らとの交流を深めた。ところが、長谷川如是閑を群像化した第四章でも触れるが、翌一九一八(大七)年八月に噴出した米騒動の報道を寺内正毅内閣が禁止したため、これに抗議する関西新聞記者大会後、「白虹日を貫く」

とした記事による大阪朝日新聞社弾圧事件（白虹事件）が発生した。そのため、責任をとった鳥居とともに、長谷川、櫛田、丸山、花田、大山の五名も同盟退社したのである（伝一八五〜八六頁）。そして、同年暮には吉野作造と福田徳三が中心になり民本主義的知識人によって結成された「黎明会」に加わって講演活動を行う一方、翌一九一九（大八）年には大阪朝日新聞社を退社した記者とともに、特に長谷川如是閑が中心になった総合雑誌『我等』を創刊した。

この『我等』を拠点に、大山は民主主義や学問研究の自由、婦選などに関する言論活動を展開する中、一九二一（大一〇）年には高田学長の招きで早大教授に復帰した。この頃から社会運動に深くかかわり始め、脚光を浴びることになった。そのため、やはり本巻第四章で述るように、如是閑に雑誌『我等』の編集方針の転換を求めたが、如是閑に拒絶され退社を促された。評論家の大宅壮一によると、「大山はいつも社会運動の脚光をあびつづけた名優であり、ジャーナリズムの寵児であった。彼の場合は、意識的にスタンド・プレーを試みたというよりも、性格的にそういう要素を身につけていたのである」が、「彼がジャーナリズム界に足を踏み入れるとともに、学者としての成長は停止してしまったとも見られた[19]」という。

さて、大正デモクラシーを担う学生社会運動団体の一つとして一九一九（大八）年、早大に「民人同盟会」が結成――その後、分裂して北沢新次郎教授の下で「建設者同盟」が結成（稲村隆一、浅沼稲次郎、三宅正一ら）――されたことは、前巻第一章で見たところである。その後、大山が早大に復帰すると、一九二三（大一二）年には「文化同盟」が結成され、大山がその会長に就いた。それから間もなく、陸軍参謀本部をバックにする早大軍事研究団の組織化が図られ、大学の軍国主義化に反対する雄弁会と衝突した。大山も、北沢や佐野学教授とともに暴力による学園の自由の蹂躙を厳しく批判した。こうして軍事研究団は解散に至ったのであるが、その後、同年六月、秘密裏に前年に結成されていた日本共産党に対する弾圧（共産党員の一斉検挙）事件が発生し、後に鍋山貞親との共同〈転向〉で著名な早大政経学部の佐野学の他、猪俣津南雄、出井盛之の研究室が捜索を受けた。これに対して、大山は、学生らとともに大学擁護運動の先頭に立った。そうして九月一日の関東大震災直後、憲兵隊が大山の自宅に押し寄せ、共産党との関係を疑い彼を屯所に連行した。その夜放免されたものの、こうして大山は「漸次マルキシズムに傾倒しはじめ、また次第に研究室を出て街頭に立ち、無産階級解放運動の戦線に進出するようになった」のである（以上、伝―一〇一～一二一頁）。

その第一歩が、「政治研究会」（以下、政研）への参加であった（著作集七―二一三頁）。やはり前巻第一章で見たように、一九二三（大一二）年に早大卒で東京日々新聞記者の鈴木茂三郎が中心になって立ち上げた「政治問題研究会」が、翌一九二四（大一三）年に無産政党の結成準備を図る政研に発展した。大山もそれに加わり、鈴木、青野季吉、安部磯雄、島中雄三らとともに新党創立準備委員に選ばれたのであった。そして、大山は、その創立大会の講演で無産政党結成のための調査・

研究を行う政研と諸大学における社会科学研究運動は、ともに実際的効果を目的にする点で共通しているとした（著作集七―一三八頁）。また、政研調査委員会より高橋亀吉、平林初之輔とともに無産政党綱領試案の作成を委嘱されつつ、政研地方支部における講演などのために全国を飛び回った。ところが、一九二五（大一四）年五月、労働総同盟（以下、総同盟）の大会で共産党員の除名問題をめぐり左右両派が対立し、除名・脱退した左派系組合が労働組合評議会（以下、評議会）を結成、政研になだれこんで来たのである。そのため、島中、高橋ら政研の右派系中央委員が辞任・脱退することにより、政研も分裂した。そして、八月の政研臨時全国大会において、辞任した中央委員の代りに大山ら一二名が任命された。もっとも、一九二六（大一五）年になると、大山は黒田寿男らと政研を脱会し、雑誌『大衆』を創刊した。

そうした中、やはり前巻第一章で見たように、一九二五（大一四）年に入ると、日本農民組合（以下、日農）が全国の労働組合に単一無産政党結成のための準備委員会の設置を呼びかけ、八月にその第一回協議会が開催された。同準備委員会は、左右両派の確執の調停を図ったが、それは効を奏せず、右派の総同盟、左派の評議会、政研などの離脱となった。そして、一二月一日、最初の無産政党である農民労働党（書記長・浅沼稲次郎）の結成となった。しかし、政府・内務省は、それを即日禁止した。同綱領は過激的な項目を削って作成されたにもかかわらず、大山は、即日禁止は「実に意外中の意外だった」（著作集七―三四頁）[20]としたが、また「支配階級心理からいえば、それが起ったことが、寧ろ当然である」（著作集七―五五頁）としていた。

一九二六（大一五）年に入ると、総同盟や中間派組合による無産政党準備懇談会が立ち上げられ、三月に労働農民党（委員長・杉山元次郎）が創立された。しかしながら、左派への門戸開放をめぐる確執から、一〇月に日農を脱退した平野力三らが日本農民党を旗揚げする最中に労働農民党は分裂した。脱退した総同盟などは一二月五日に社会民衆党（委員長・安部磯雄）を結成し、続いて九日には麻生久、棚橋小虎らによって日本労農党が創設された。この結果、労働農民党は左派系に純化され、一二月一二日に再建労働農民党（以下、労農党）として出発することになった。以上の経過については、前巻の第一章第三節で詳しく述べたところであるが、大山は早大における教え子で日農にあった稲村隆一らの説得に応じ、労農党の中央執行委員長に就いたのであった。こうして大山は、「はじめは当時新たに勃興した無産階級政治運動に対する熱烈なる支持者群の一人として、応分の活動に従事してゐたが、次第にそれに満足してゐられなくなり、まもなく全身をその渦中に投ずるに至った」（全集三―五頁）のである。

大山は、もうマルクス主義者になっていたので、「如何なる場合に於ても、理論の最後の審判者は行動である」（著作集七―六七頁）という信念が、大山を労農党の結成・再建に深くかかわらしめ、代表の座に就かしめたのであろう。確かに表面的にはそうであったが、裏面はこうであったされる。大山の中央執行委員長就任は、一九二四（大一三）年に解党したが、一九二六（大一五）年に山形県五色温泉において秘密裏に再建されることになった日本共産党——事実上コミンテルンの支部といってよかった——と深く関係していたことである。すなわち、非合法組織の共産党は表舞台に立つことが出来ないので、合法組織としての労農党に潜入し、共産党のシンパサイザーである大山を代表に担ぎ上げたのである。しかし、当の大山は、コミンテルンと共産党との密接・不可分な関係を、すなわち労農党がコミンテルン・共産党の合法面を担う組織（手段）と位置づけられていたことを殆ど知らなかったという。そして、大山は、マルクス主義者として労農党こそがあるべき単一無産政党の拠点であると信じて代表の座に就き、以下で見るように、その発展に真摯に情熱的に取り組んだとされている。[21]ともかく、この中央執行委員長就任までが大山の第一期で、時に大山は四六歳であった。

ところで、社会大衆党の党首となった安部磯雄は、早大教授を辞任した。しかし、大山は、学者で市会議員となった師のC・E・メリアムを想起し（著作集一—三二九〜三三〇頁）、学者と政治家との両立は可能であると考え、一度提出した辞表を撤回した。しかし、教授会が辞職を決定したことにより、大山自身も結局、辞任した（伝—一七三〜一七九頁）[22]。こうして大山は、「早稲田の学徒に与ふ」という告別演説において、自分が「早稲田に容れられなくなったのは、私の日頃の理論のためであり、その理論に基礎づけられた私の主張のためであり、更にまた、その主張の具現として私の実践のためであるいふより外に途のないもので」（著作集七—二〇二頁）であったとして早稲田を去り、労農党中央執行委員長としての第三期の政治活動に専念することになったのである。

職業政治家としての実践活動の始動にあたり、大山は、「単一無産政党主義は死んだ！単一無産政党主義万歳！」（全集三―四六頁、あわせ著作集七―二〇一頁）と叫んだ。それは、それまでの左派・中間派・右派の寄せ集め的な単一無産政党主義は屍となり、新たに革命的な単一無産政党主義へ純化したことへの賛歌であったといえる（全集三―五七～五八頁、著作集七―二〇〇頁）。かくして、真の無産階級的な単一無産政党主義を掲げ、「幾多のエセ無産政党の『議会主義＝改良主義』」に「大衆的日常政治闘争主義」を対置した。それは、こうである。「我々もまた、我々の代表を議会に送り込むために努力する。しかし、我々が我々の代表を議会に送り込むのは、決してブルジョア議会に何事かを期待してゐるからではなく、我々の有力なる闘士をして、議会の演壇から、議会外の無産大衆に向って、戦闘的アジテーションを敢行させるためだ。したがってそれは、あくまで、議会外の大衆闘争の大尖端の議会への延長」なのだというものであった（全集三―六二～六四頁）。もちろん、これは大山の考えではなく、議会を大衆的、革命的政治闘争の宣伝機関とする労農党――実質的にはコミンテルン・共産党――の方針であった。

こうして大山は、東奔西走、全国を遊説して回った。「大山の人気はまったくすばらしかった。大衆は、自分の思っていること、いおうとすること、不満や怒りを、大山がそのまま代って――

というよりも、大山と一しょになって吐露しているように感じる」のであった。そのため、「労農党の大山か、大山の労農党か」とか、「われらの委員長」などと言われたりした（伝—一八〇〜一八一頁）。そして、一九二八（昭三）年まで議会解散・総選挙断行の請願運動、金融恐慌闘争、対中国国民党の北伐非干渉運動と男子普通選挙制（以下、普選制）による初の府県会議員選挙と総選挙をリード、指導した（伝—一八三〜一九二頁）。特に一九二八（昭三）年二月の普選制下での初の総選挙においては、大山自身が香川一区から立候補した。かっての盟友である長谷川如是閑らの応援をえたが、無産政党に対する田中義一内閣の大選挙干渉の下、香川でも労農党に対する官憲の大弾圧のため、大山は次点の落選を余儀なくされた（伝—一九八〜二一二頁、全集三—一〇七〜一三二頁）。しかしながら、次の点に注意しなければならない。「大山の論評はブルジョア的か否かがですべてを裁断する傾向に陥り、実践運動に入る以前に比べて、マルクス主義的教条主義に陥るがゆえに感性が摩滅してしまっているのではないかとすら思わせるものとなっていた[23]」とされていることである。

この選挙終了後、田中内閣は、無産階級運動にさらなる追い打ちをかけた。すなわち、三月一五日、共産党員のみならず、戦闘的な労働者や農民などを大量検挙し、四月に入ると労農党を共産党の別動隊とみなして解散させ、あわせ共産党系の評議会なども強制的に解散させたのである。そこで旧労農党員は、直ちに新党組織準備委員会を立ち上げた。そして、一九二八（昭三）年一二月に新しい労働者農民党の結成大会にこぎつけるが、この過程で七月には無産大衆党が結成される一方、当の新労農党結成大会は結社禁止令によって弾圧された。そのため、労農党員や左派系の労働組合は、一二月末に共産党の指示により政治的自由獲得労農同盟準備会を設置した。しかしながら、創立された政治的自由獲得労農同盟は、何らの固定的な組織も持たず、執行機関もない共産党の指示を受ける非合法的な活動体でしかなかった（伝―一二三〜一二三二頁）。

普選制下での初の総選挙において当選した旧労農党候補二名（京都選挙区の山本宣治と水谷長三郎）のうち、山本は一九二九（昭四）年三月に暗殺され、四月には第二次の共産党員大量検挙が行われた。これにより、共産党は壊滅的な打撃を受けたが、また旧労農党員に新党の樹立気運をもたらした。そうした中、旧労農党書記長の細迫兼光は、プロレタリアの党は共産党のみであるという原則に縛られるものではないとし、同じく旧労農党中央執行委員の小岩井浄、それに元京都帝大教授の河上肇と新労農党結成についての合意を得て、大山の説得に乗り出した。大山は、各地の動向を見極めた上、新党結成を決意し、一九二九（昭四）年八月、自らが起草した「新労農党樹立の提案」を細迫、上村進との連名で発表した。それは、大衆的日常闘争主義を基礎に全闘争を政治的自由獲得闘争に集中統一し、かつ戦闘的戦線の統一を図るため、「完全なる党内デモクラシーの基礎の上に、独自の指導部を持つところの、恒常的政治組織を確立し、合法的左翼党として、公然の舞台に於ける活動に進出する」とした。共産党の指導下にあった団体からは猛烈な非難攻撃を浴びせかけられ、政治的自由獲得労農同盟は大山らを階級的裏切り者として除名した。しかし、一一月に新労農党の創立大会が開催され、大山は再び中央執行委員長に就任した（伝—二三二～二三五頁、全集三—二二五～二二二頁）[24]。

一九三〇（昭五）年二月、普選制下における第二回目の総選挙が実施された。新労農党は、東京五区に大山を擁立したのをはじめ、全国に一二名の候補を立てた。しかし、当選したのは、大山のみであった。この総選挙直後から七月にかけ、民政党の浜口雄幸内閣は、第三次の全国にわたる共産党員の大量検挙を行った。これは、新労農党にも打撃を与えた。そのため、八月頃に新労農党大阪府支部内に解党論が台頭し、書記長の細迫もそれに同調した。さらに、河上肇も新労農党の発展的解消を提起した。大山は、それは「小ブルジョア的敗北主義」に他ならず、そうした解党論を蹴散らして前進するとした（伝—二三五～二三六頁）[25]。しかしながら、一九二八（昭三）年に日本農民党、日本労農党、無産大衆党などの合同によって誕生していた日本大衆党が、紆余曲折を経て一九三〇（昭五）年に全国大衆党となり、それが中心となって一九三一（昭六）年七月には新労農党と社会民衆党との合同によって全国労農大衆党（委員長不在、書記長・麻生久）が結成された。大山は、一兵卒としての参加を表明し、同党の顧問を辞退した[26]。それは、「いち早く新党の性格を見抜いて、責任ある地位から身を引いたのだと思われる」（伝—二四七頁）とされている。それはともかく、大山の航跡における第三期は、こうして幕を閉じたのである。

一九三一（昭六）年九月、満州事変が勃発した。無産階級政治運動から身を引いた大山は、長谷川如是閑らのアドバイスにより外遊を決意した。一九三二（昭七）年三月、大山は如是閑らの送別を受けた後、婦人とともにアメリカに旅立った。大山、五二歳。これが一六年にもわたる亡命生活になるとは、大山は夢にも思っていなかった。それでは、アメリカでの亡命生活の第四期と、一九四七（昭二二）年に帰国した後の第五期の足跡を簡単に追ってみよう。

シカゴに着いた大山は、隣接のエヴァンストン市にあるノースウエスタン大学の国際政治学教授であるK・W・コールグローブ教授と出会い、終始彼の庇護を受けることになった。[27] 翌一九三三（昭八）年、大山は、同大学政治学部の研究嘱託となったが、できるだけ早く帰国したかった。しかし、帰国はままならなかった。軍部の台頭とファッショ化が進行し、帰国を許さなかったからだ。そのため、半年毎に書換えなければならない滞在許可証などを大学側がすべて処理してくれたので、長期滞在化することになった。一九三九（昭一四）年には、中央公論社の特派員となり、また美濃部達吉の『憲法精義』の翻訳に着手した。一九四一（昭一六）年にアメリカ政府筋から日本国民向けの放送とアメリカ軍人の日本語教育を依頼されたが、大山はいずれも拒絶したという。一九四四（昭一九）年には重い胃潰瘍を患い、ノースウエスタン大学の学生から輸血を受けて手術した。一九四五（昭二〇）年に入ると、国務省アジア局のJ・エマーソンが、アメリカによる戦後日本の民主化を図るにあたり、中国の延安に在った共産党員の岡野進（野坂参三）、国内の長谷川如是閑、それに大山の三人を柱に進める構想を在米の石垣綾子を通じて大山に提示してきた。しかし、大山は、太平洋戦争への突入により「日本人意識」、すなわち「民族的自覚」に至ったため、日本の民主化は日本人によって進めるべきとし、その構想に応じなかったという。[28]

終戦後、文化人や早大、日本社会党などの関係者が、大山の帰国促進を図ったり歓迎大会を開催したことを受け、大山夫妻は一九四七（昭二二）年一〇月に帰国した。[29] この時、D・マッカサーはアメリカ軍閥の代表だから、彼と会見する意思はないとして斡旋を拒絶し、その後も会見を拒否した。翌一九四八（昭二三）年四月、早大教授に再々復帰した。そして、平和運動に力を入れ、一九五〇（昭二五）年に結成された「平和を守る会」の会長に就任し、六月には京都民主戦線統一会議が参議院選挙への大山擁立を決定したことを受けて出馬し、当選した（伝―三〇八〜三一五頁）。翌年には早大を定年退職したが、ソ連によるスターリン賞の授与が決定された。そのため、一九五三（昭二八）年にはモスクワで国際スターリン平和賞の受賞式に臨むとともに、帰国途中に中国共産党の周恩来や北朝鮮労働党の金日成と会見した（伝―三二一〜三五〇頁）。しかし、筋炎の再発により一九五五（昭三〇）年一〇月、大山は自宅で波瀾に富んだ生涯を終えた。享年七五歳であった。

第三節　大山郁夫の都市自治論と民主主義論

大山の都市自治論は、一九一四（大三）年一一月に欧米留学から帰国後の翌一九一五（大四）年一月、早大政経学部教授に就任してから一年半程に発表された三本の論文に集約されているといって過言でない。すなわち、一九一五（大四）年の「都市意識」と、翌一九一六（大五）年五月、六月の「都市生活の家族的情緒」、「都市自治の共同的精神」（いずれも著作集一に収録）である。しかしながら、これらには、大山がシカゴ大学で学んだC・E・メリアム[30]――彼は一九〇六年にシカゴ市会議員に当選し、一九一五年に落選するまでの体験を一九二九年に『シカゴ―大都市政治の臨床的観察』として出版した――の都市政治研究の影響が感じられない。ただ、大山が政治学への心理学の導入の必要性を強調している点では、メリアム政治学の影響が見られるという[31][32]。前記の諸論文のタイトルに見られる都市自治における意識・情緒・精神の重視は、その影響ともみられなくはない。それはともかく、これらの論文発表の間、一九一六（大五）年三月には、大山の民本主義論ないしは民主主義論の原点ともいうべき論文「政治的機会均等主義」を発表しているのだが、それと都市自治論とはどのような関係にあるのかが必ずしも分明的であるとはいえない。というのも、例えば、前者では国政上の参政権が論じられるのに対し、後者の都市自治論においては公民権の問題が一度も論じられていないからだ。

ところで、大山が欧米留学から帰国した後、数年間にわたる言論活動に「与って力あったものは、欧米学会から吸収した……国家理論よりは、むしろ留学生活中にえた欧米のデモクラティックな国家生活にかんする体験であったと言ってもよかろう」。だから、都市自治論に関する論文にも、「近代デモクラシーの下において国家権力にたいする自由な市民生活の防塞たる役割を担うところの、歴史と伝統をもつ西欧の都市共同生活への憧れにも似た発想が強く感じられる」とされている。(33) 誠にかかる発想からの論文といってよいのであるが、それは彼の民本主義論ないしは民主主義論と理論的に無関係なわけではない。そこで、その関係を解き明かすために、まず大山の都市自治論の展開を整序してみよう。

第一は、都市自治体の位置づけと役割である。「都市は国家と個人の中間に存在する一団体」（著作集一―一五頁、あわせ二二頁）と位置づけられる。そして、近代国家における「各地方団体は尽く皆国家の一部分を構成するものであって、而して部分は全体の目的のために存在の理由を有する例に漏れず、各地方団体も亦国家の目的のために存立し、従って国家の下に従属的地位を有する」。とはいえ、また立憲国家として主権の下に「個人及び団体に対し意思及び行為の自由を相当の範囲内に於て認許し」、個人に自由権、地方団体に自治権を国法的に保障しているから、地方団体は国家に対して「二重の地位」を有しているとする。すなわち、「地方団体は、行政区画なる国家の統治機関として地方政務に関し中央行政部を代表し、他方に於ては、地方の自治機関として、国法の認許せる範囲に於て当該地方に特殊なる需要を充足し、特殊なる活動に従事するのである」。そうして、前者は国法との関係で考察されるべきであるが、後者の「地方的需要の充足機関としての地方団体の諸問題は、我等の日常の生活と密接なる関係を有し……所謂『地方色《ローカル・カラー》』の最も鮮明に表現せられ、且つ地方団体の『人格《パーソナリチー》』の最も具体的に実現せられる」のであるとする（以上、著作集一―二一〇～二一二頁）。ここでは、国家と自治体の関係が全体と部分の関係として捉えられ、自治体の「二重の地位」（統治機関と自治機関）に連接されているといえる。そして、自治機関の役割が、「我等の日常生活と密接なる関係を有」する「特殊なる地方的需要の充足」にあるとされることに、既に次の位相論が顔をのぞかせている。

第二は、その国家政治（国政）と地方自治（自治政）との位相論と、後者における政党（政治）の不要論ないしは排除論である。イギリスの政治学者J・ブライス卿は、地方自治は民主主義の小学校であるといったが(34)、大山はドイツの歴史学者H・v・トライチュケを援用して「都市なり、其他の自治体の政治生活は国家政治の最初の予備学校である」（著作集一―一五頁、あわせ二二一頁、二二二頁）とする。にもかかわらず、国政と自治政は異質、位相的であるがゆえに、次のように地方自治（自治政）には政党（政治）は不要であるどころか、むしろ有害であるとする。「国家の政治は原則としては普遍的であるに反して、都市の政治は原則としては地方的である。従って国家の政治は国家全体の内治外交に渉る経綸的政策の樹立を先決問題とするよりして、其包括する範囲が広く、又此目的のために政党的運動をも必要とするが、都市の政治は其主眼とする所が、各都市の地方的状況に応じて、市民生活の精神的及物質的需要を充足し、各都市の『地方色《ローカル・カラー》』を発揮する手段を講ずるに在るよりして、其包括する範囲は比較的狭小であって、又此目的を達するためには政党的運動を必要としないのである。殊に国家に関与する政党は闘争を其儘に地方政治に持ち込むことが、百害あって一利なきことは……（中略）……政治上の理論並に経験の共に的確に指示する所であって、独り都市政治が此例に漏る丶筈はない。故に或は国家政治は政治的（political）であるが、都市政治は事務的（business-like）でなければならぬと言ふ者のある」は、ゆえなしとはしないとする（著作集一―二二二～二二三頁）。

ここで国家政治＝「普遍的」で、都市（自治体）政治＝「地方的」の意味は、前者の対象（政治的な影響範囲）が国民全般であるのに対し、後者のそれは特定地域の市民であることを意味しよう。そこで、都市（自治体）政治に政党政治が不必要であるどころか有害であるとする理由は何か。大山は、「政党とは共同の意見・思想・感情及び利益を有する多くの個人が、政権争奪の目的を遂行せんがために、相糾合して組織せる団体である。……（中略）……即ち中央及び地方の議会に於ける掛引に依って、政党は其政権争奪の目的を達せんとするのである」（著作集一―六九～七〇頁）とする。このことからすれば、理論的には、都市（自治体）政治が目的――まさに「市民生活の精神的及物質的需要を充足し、各都市の『地方色』を発揮する」するところの〈事務〉――を達成するためには政党間の地方議会における政権争奪を必要としないことを意味しよう。また経験的には、特にアメリカに見られた政党間の政権争奪（タマニー政治）が、都市（自治体）政治の腐敗を生起させていることがあげられよう。(35) 前者の理論的理由については、さらに以下で詳述する。

第三は、大山の都市（自治体）政治への接近視角の特色である。特色は、二つ見られる。一つは、欧米の都市における「都市意識」の発展に対する注目である。大山は、都市（自治体）政治を改革して腐敗を除去し、都市の行政と経済に改革の効果を具現しようとすることと、交通機関の発達・利便化、近隣的感情の育成、衛生の改善、美化などの社会改良の推進にそれが見られるという。「然り乍ら政治生活を以て都市全生活の発達を望むことは出来ない。之が文化生活や近隣感情の如きは最も重きを為すものである」からだ（著作集一―一四～一五頁）。かくして、「都市を家族に見立てることは近来の都市意識の特徴である」（著作集一―一七頁）とする。もう一つは、これを受け、前記したところの都市（自治体）政治の主眼は「市民生活の精神的及物質的需要を充足」せしめることにあるという二元論的接近《アプローチ》である。そして、大山の都市自治論の最大の特徴は、都市を家族共同体とみなす「都市意識」への注目にあるのだが、それは二元論的接近における精神的要素の強調になるといえるので、その点を次の第四として考察しよう。

第四は、その二元論的接近と精神的要素の強調について、大山はこういう。「都市政治が事務的でなければならぬと云ふ理由は明白である。何となれば現代の都市は、内治外交と言ふが如き国家的問題に逢着して居ないから、必ずしも此方面に於ける経綸的大手腕を要しないけれども、現代の趨勢の一たる都市人口の集中の現象に伴ひ起る諸問題―殊に衛生上、風紀上、教育上、経済上、土木上、其他の都市的施設上の百般の問題に関する先見、洞察、打算の能力及び組織統率指導遂行の技倆を具備する偉大なる実務家の経営を要するからである。けれども茲に一つ考ふべきは、市民生活の物質的要求は都市政治の事務的経営で充足することが出来ようが、其精神的要求は之のみにては不十分であると云ふことである。此欠陥を補ふために我等は都市生活のうえに家族的情緒を漾はすべき必要があることを高唱したいのである」(著作集一―二二三頁)。

かくして、まず「都市又は其他の地方自治体の物質的生活の方面の重要なる部分は経済的施設であって、此ゝに於いては自治団体は営利会社と共通の性質を有し、共に『経済及び能率』の主義に支配せられねばならぬものである。……(中略)……故に東京市は、単に其事業の方面より見れば……巨額の資金を以て企業に従事して居る大会社の様なものであって、各市民は其株主の格である」(著作集一―二二七～二二八頁)とされる。このように都市自治体は、市民に共通の物質的需要(都市・生活インフラの建設・整備)を充足せしめるために株式会社のように実務的に経営されなければならないと同時に、政党政治の介入・関与は不必要とされるのである。

しかしながら、都市自治体が市民の物質的需要・要求を充足せしめる事業経営に市民が無関心であるならば、そこに政治家や吏員による汚職という腐敗が発生する。それゆえに、「我等市民が清潔なる市政の空気の下に栖息し、呼吸しやうと思ふならば、是非とも徹底的公開主義を市政の上に実現せねばならぬ。殊に市政上の『経済及び効率』の枢軸たる都市財政の上には、極端に之を行はねばならぬ」と先進的な提案を行いつつ、大山はその他の多様な方法を提示する。だが、監督の道具立ての整備以上に必要なのは、市民自身の監督の意思、その自発的覚醒であるとする（著作集一―二三一～二三四頁）。それこそが、都市（自治体）政治の精神的要素にかかわるのである。だから、大山は、またこういうのである。

「市民生活の精神的要求を充たすものは、市民間に磅礴する家族的情緒――少くとも親隣的感情でなくてはならぬ。……市民の間に此親的感情が欠乏して居たならば、都市は畢竟は組織なき多数人の烏合の集団たるに過ぎずして、精神もなく、従って深刻なる共同利害の観念もなく、又物質上の打算を超越する共同喜憂の情緒もなく、唯誇耀者、軽薄児、不平の従、乃至我利々々亡者連の跋扈し、奔走し、咆哮し、軋轢する修羅場となるより外仕方がなく、自治などゝは以ての外の沙汰となるであろう」（著作集一―二二二頁）。「家族的情緒に加ふるに親隣的感情を以てして、初めて市民自治生活の内的要素は完備するのである。余す所は市政当局者の技能の問題や、住民の物質的資源の問題や都市一般の便利と美観との増進問題の如き外的要素の諸問題である」（著作集一―二二六頁）。だから、家族的情緒や親隣的感情が欠如しているならば、「当局者と市民とが相協同して経営し行くべき筈の自治生活が、荒涼たる曠野の如く、将又殺伐なる修羅場の如く何等の情趣なく、何等の意義なく、何等の共同的利害及び共同的感情なき、単なる多数人の烏合の集団生活に化するのである」（著作集一―二三五頁、傍点は引用者）とされる。

かかる家族的情緒や親隣的感情は、特にヨーロッパの都市に顕著であるとみなしながら、大山は、その根底にあるのは歴史的伝統に培われてきた「都市意識」であるとする（著作集一―二二五～二二九頁）。そうした「都市意識」こそが、「当局者と一般市民との間の意思を疎通し、両者をして相協同して都市生活を向上せしめ」るものであるがゆえ、「由来協同の精神は自治政治の生命」なのである。ところが、我が国においては、それが欠如しているがゆえに、「極端なる受動的服従」と「極端なる公人侮辱」が並立・雁行している。それは、実は「同一根」から生じているのだ。すなわち、「前者は官憲万能時代の慣習であり、後者は有司の横暴に対する救済の途なかりし時代の人民の反政府的感情の残孽である。而して両者は共に専制政治の余毒であって、孰れも立憲政治の発達に百害あって一利なきものである」とされる（著作集一―二三八～二三九頁、傍点は引用者）。かくして、我が国の都市自治に求められる喫緊の課題は、市民教育すなわち市民の自治教育であるとされる。

そこで第五は、大山の市民・自治教育論である。それは、教育の対象と方法と内容からなる。教育の対象は、当局者も含むが、主眼はいうまでもなく市民である。教育の手法は、「市民自ら之を行はねばならぬ」、「市民の最も有効なる教育者は市民自身である」という原理から、一九〇六（明三九）年にニューヨークで設立された市政調査会のような「都市研究の経験ある有識者及び先覚者を中心とし、一般市民中の有志者を糾合して組織し、市政を改善し、市民を教育し、都市生活を円満にすることを目的とすべき」市民団体の設立が最も必要であるとする（著作集一―二三七～二三八頁）。

そうして教育内容は、こうである。「自治団体に於て殊に最も必要なるは、政争的運動に関する訓練よりは、寧ろ協同的精神の涵養である。自治団体の政治の相違に基づく組織的競争を主とするよりは、寧ろ地方的需要を完全に充足し、以て自治上の諸要件を整備し、以て共同生活を円満に行ふことを旨とすべきものである。而して地方的需要なるものは団体内の住民の日常生活と直接の関係を有し、其経験や実感より沸き出づるものであるから、之を看取することは比較的容易であって、国家の内治外交上の諸問題の解決の如く経綸的大見識を要するものでない。之に反して地方的需要を完全に充足せんためには、事務的訓練及び手腕と、経済的組織及び活動との外に、尚ほ団員全体の協同的行為を要するものである。故に当局者は当局者と、人民は人民と、更に当局者全体は人民全体と相互に意思感情を疎通し、各々共同目的の下に協同的精神を以て統一ある行動をなし、以て自治生活の実績を挙ぐることを務めねばならぬ。而して人民が当局者の施設を批判し監視するは、只其の『経済及び能率』の部分に於てし、決して党派的感情若くは個人的感情に囚はれて、無用の穴探しを企て、下らぬ紛擾の種子を蒔くが如きことをすべきではない」（著作集一―二四〇頁）。

このように都市自治に求められる「協同的精神」なるものが、政党政治の不要・有害論の最大の理論的根拠とされるのである。そこで、前述の市政調査会のような市民団体に求められることは、まず「当局者と市民との間の意思及び感情を疎通して、両者の間に協同的精神を振興することを謀るを以て急務とすべき」である。次いで、自治教育すなわち「殊に各市民の間に団体生活の真意義を教へ、之に附随する義務観念を体得せしめ、公徳を重んずること」を普及することである。というのも、「団体生活は、其各員の単独意思を団体全部の共同意思に従属せしむることを要求し其間に個人の任意的犠牲の必要を包含して居る」からであるとする（著作集一―二四〇頁）。

最後に、大山は、「政治上の理想を憧憬する者」（著作集一―二三九頁）として、こういう。「都市生活の真意義は、市務上の『経済及び能率』に尽きるものではない。都市には別に文化上の理想があり、政治上の理想がある。而して都市の政治上の理想はデモクラシーを完全に実現するに在らねばならぬ。幸なことには……都市政治に於てはデモクラシーを行ひ得べき余地は、国家政治に於けるよりも遥に広大である」という。ただ、我が国の市制には、市会議員選挙における三級選挙制度や市長・助役の選任規定などデモクラシーの実現に向けての制度的障害が少なくない。にもかかわらず、「我等は常に『新都市』のユートピアを描いて居る。知らず、そが我国に実現せらる、日は、抑も何時のことであらう乎」と理想の具現されんことの近きを希求するのである（著作集一―二四二頁）。

以上のような大山の都市自治論における地方的な物質的・精神的需要の充足という二元論的な接近《アプローチ》は、安部磯雄と片山潜の都市社会主義論における〈都市社会／主義〉面と〈都市／社会主義〉面に相応するといえる。〈都市／社会主義〉は、〈都市社会／主義〉を前提にした。その〈都市社会／主義〉面の特性は、都市を「家」や「家庭」と捉えることにあった。だから、都市生活は、「家庭」生活と同様に皆ひとし並みの市民の共同生活と捉えられ、そこから〈都市社会／主義〉は市民の都市を愛する心、すなわち公共心を求めた。この論脈は、大山にあっては、都市自治における精神的需要の充足、すなわち市民間の家族的情緒や親隣的感情の奥底にある「都市意識」に由来する「協同的精神」の振作――そのための市民による市民・自治教育の推進――となる。また、〈都市社会／主義〉面は、都市が皆ひとし並みの市民の共同生活の場であるとするが、そこから都市自治体の第一義的な役割は、〈都市／社会主義〉面に位置づけられるところの共同生活条件（インフラやサービス）の建設・供給にあるとされる。そして、それゆえに、自治政は「政治」であるあるよりも「実務」であるとされ、そのことが都市自治体＝株式（事業）会社というアナロジーへ連接化されていた。この論脈は、大山にあっては、都市自治における物質的需要の充足に当ることが自明的である。とはいえ、大山は、その物質的需要の充足においても自治団体のメンバー

（当局者と市民）の協同的行為が必要だとして「協同的精神」の振興を重視する。

ここに、安部・片山と大山の相違が現出する。すなわち、都市自治における政党政治の不要・排除論は、安部や片山にあっては、どちらかと云えば共同生活条件（インフラやサービス）の建設・供給という都市自治体の事務事業（実務という仕事の性質）論に依拠するのに対し、大山にあっては、その最大の論拠が都市自治に求められる「協同的精神」に置かれることになるのである。それだけでなく、大山のかかる「協同的精神」は、安部や片山の政党政治不要・排除論が閑却していた行政官僚制の官僚主義、殊に我が国の権勢的な官公吏の〈お上〉意識を変革しうるもの——それについて、大山がシカゴの公園で体験したエピソード（著作集一—一七～一八頁、二二四～二二五頁）——として考えられているのである。

それでは、次に大山の都市自治論は、「都市の政治上の理想はデモクラシーを完全に実現するに在らねばならぬ」としていたが、そういう都市自治論は彼の民本主義論ないしは民主主義論とどのような関係にあるのであろうか。その関係は、間接的しかし根底的関係と直接的関係に分けることが出来ると思う。

大山は、初発的論文で次のように述べている。「国家の経済上の利益を擁護するものは、究極は実力—即ち武力である故に、『力を養ふは国家の道徳的義務なり』と言ふツライチュケ流の学説の今尚ほ勢力を有するも無理ならぬ仕儀である」。「斯う考えて見ると、国家は道徳的秩序を体現するものだと云ふ学説は、毫も実際に当て嵌らない。……併し乍ら国家に対する理想とする分には毫も差支がないのである。……（中略）……我等の使命は寧ろ、如何にして現実の国家を理想の国家に進ましむるかを講ずるにある」（著作集一―六～七頁）。ここに、大山が、理想主義の立場に立ち、国家（または政治）に対して〈力〉と〈道徳〉という二元論的接近を図ろうとしていることが知れる。もっとも、その根底には、師の浮田和民を継承し、思想的な拠り所としてきた理想と現実の調和という道徳的「中庸主義」があったとされる(36)。そうした〈力〉と〈道徳〉あるいは理想主義と現実主義の調和というような二元論的な接近視角は、都市自治論にも見られたが、彼の民本主義論ないしは民主主義論においてもそうなのである。かくして、これが大山の都市自治論と民主主義論との間接的な、しかし根底的な関係なのである。

さて、大山は、「何人も苟も権勢の実質を捕捉せんと欲せば、其性癖上政党を好むと好まざるとに係らず、之を度外視して其目的を達成することは出来ぬ」（著作集一―六八～六九頁）が、そこで国民が「政党を監視し利用する」能力を備えるためには、次の二点が求められるとする。第一点は、「外に行ふべき帝国主義と内に施すべき民本主義との調和を求め、国威の発揚と民力休養との権衡に鑑みての歳入歳出の関係を見積り、行政の能率と文化の向上とを併せ考えて主権と自由との限界に関する明確な定見を立てる」ことである。第二点は、そのためには「階級的利害や党派的感情の勢力の外に立てる大学圏内《アカデミック・サークル》の学者達の研究に耳を傾くること」である（著作集一―八七頁、傍点は引用者)。後者は、学者・知識人《インテリゲンチャー》が階級的に中立・超然的立場にあると捉えていることを示すが、前者における〈外への帝国主義〉と〈内への民本主義〉の調和論の理解には異論のあるところでる。

その異論については、以下で見ることにし、大山の〈内への民本主義〉とは「政治的機会均等主義」の具現化であった。大山は、デモクラシーに関する「法律上の観念」(統治権行使の機関が人民全体にある政体)と「政治上の観念」を区別した上で、後者の意味でのデモクラシーの要求は「国家の政治全部に渉って一般人民に直接の参政権を認め様とする」ものではなく、「参政権行使上の機会均等主義である」とする(著作集一―一二〇～一二一頁)。すなわち、「総べての人民をして、尽く直接に国政の枢機に参与せしめやうとするのではない。只立法の方面に於ては、選挙権及び被選挙権を一般人民間に平等に分配せんことを要求し、行政司法の方面に於ては、為政者を有効に監視する権利を留保し、又為政者の地位を或る特権階級の独占に帰せしむることなくして、之に就く機会を一般人民に公開せんことを要求するものである」(著作集一―一二五～一二六頁)。

そうして、この「政治的機会均等主義は、為政者に優秀者を挙げ、立法部に選良を送る主義に背反するものでなく、寧ろ之に迎合するものであるが、只為政者をして一般人民の希求に適応せしむるための有数なる監視機関を握り、又野に選良を求めて之を推挙するために選挙権を各自に保有せんことを務むるものである。換言すれば、政治的機会均等主義は一般人民をして単に受動的に国政の客体たるに止まらしめず、同時に能動的に国政の間接の主体たらしめんとするものである」（著作集一―一二七～一二八頁）とした。

　かくして、多くの論者が指摘するように、大山の「政治的機会均等主義」としての民主主義論は、吉野作造の民本主義論と同様なのである。というのも、本書第二巻の「第一章　民本主義と地方自治――吉野作造と山川均、桐生悠々」で見たように、また本巻の第三章でも見るように、吉野も〈法律上の主権の所在〉と〈政治上の国権の運用〉を区別する。そうして、後者にかかわる民本主義は、当初、二つの内容を、すなわち政権運用の目的（政治の目的）が一般民衆の（福利の）ためにあることと、政権運用の方針の決定（政策の決定）が一般民衆の意嚮に依拠することを意味していたからだ。さらに、民本主義の政治における多数と少数者の関係についても、多数者は形式的には政権活動の基底における支配者であるが、実質的には精神的指導者（賢明なる少数《エリート》の識見・能力）の指導を仰がなければならぬとしていたからだ。だから、筆者は、吉野の民本主義論はJ・J・ルソー流の治者と被治者の同一性を意味する人民主権的民主主義ではなく、代議制（議会制）民主主義であって、今日的にいえば市民の直接参加民主主義ではなくエリート（均衡主義的）民主主義なのだとしたのである。大山の民主主義論も、まさにそうなのである。

　そうした大山にとって「政治的機会均等主義」の眼目は、いうまでもなく普通選挙制度（普選制）の実現であるが、それは「道徳的意義」を有するものなのである。というのも、国家が国民に一方で大きな負担を求めつつ、他方で参政権の要求を抑圧するごときは、封建・専制国家時代と同様に、「国家的結合の基礎を力の関係の上に置かんとするので、新時代の要求たる国家の倫理的基礎を無視することも亦甚しいものである。国民と政府との関係を倫理的関係ならしめずして、依然として力の関係たるまゝにして置き乍ら、臆面もなく国民に向って愛国心を強要することは、余りに虫の好過ぎる言前であって、泥土の中に黄金を求めんとする様なものである。政治的機会均等主義は、どこまでも国家の倫理的基礎を鞏固にし国家的綜合を確実にし、以て国際政局の競争場裏に呼号せんとするものである」（著作集一―一三〇～一三一頁）からだ。

吉野も、やはり次の第三章で見るように普選制の「道徳的意義」を強調するのだが、また後に民本主義概念を修正し、前記した民本主義の二つの「内容」を改めて相異なる二つの「観念」に、すなわち民本主義の「相対的の原則」とする政権運用によって実現しようとする政治の目的（方針）に関する主義と、「絶対的の原則」とする政治の目的を有効に達成するための政権運用の方法に関する主義に区別した。そうして、大山と同様に、後者が参政権の要求としての民本主義の「絶対的の原則」なのだが、「此要求を容れる事が又、主権者をして其任務を最も確実有効に尽し得る所以である。之に依って凡ての国民に国家的精神を起さしめ、凡の分子が明瞭に目的を意識して、其上に国家が充実したる根底のある発達を為す事が出来る訳になるから、民本主義の大に之を採用して些かも遅疑する所なかるべきは明白の道理である」[37]とした。

このように吉野や大山に代表されるような民本主義論や民主主義論の背景となったのは、一方で日露戦争後から大正初期にかけての民衆の台頭であったが、他方で第一次世界大戦後における国家主義や軍国主義の台頭でもあった。そこで大山は、さらに「政治の基礎には物質的利益を超越する精神的要素がなければならぬ」（著作集一―一六八頁）とし、国民共有の環境、歴史などからなる「国民の共同文化」による「国家的結合」を、すなわち「文化国家主義」を提唱する。そして、「各国家が階級的及び地方的分立の気勢を阻止して、国民精神の上に真に完全なる統一を実現せんとせば、勢ひ普遍的理想を択びて国家の目的とせざるを得ないのである。文化国家主義は実は此要求に応じて出て来たもので……此要求は就中帝国主義的膨張を企つる国家に依りて最も通切に感ぜらるゝのである」。ただ、文化国家主義と軍国主義との関係については、「現代国家がスパルタの力とアゼンス（アテネ）の文化とを共に要求するものであるが」、「力は力其物としては、本質的価値を有せざるものであるが、文化擁護の具として始めて価値を生じ……短言すれば文化は国家の目的であり、力は其手段である」とした（著作集一―一六九～一七一頁、括弧内は引用者の補充）。吉野もまた、民本主義と軍国主義は両立するとしたのである。(38)

ここにおいて先の帝国主義と民本主義の調和論に対し、大山のそれ――吉野を含めてよいであろう――は、「帝国主義に民本主義的な粉飾をほどこし、また民本主義を帝国主義のための民本主義として主張することであった」。そうして、彼の学者《インテリゲンチャー》・知識人の中立・超越論こそが、帝国主義と民本主義との調和を説きえたのであると捉えられる。(39)しかし、この把握に対して、大山が念頭にしている帝国主義とは、彼の師である浮田和民の倫理的帝国主義論(40)からして、国民国家の併存を前提にした自立に基づく平和外交と自由な競争による自然的膨張であり、また国家主義も軍事的・経済的なそれではなく、永久平和という人類的目的を志向するまさに文化国家主義であったのだとされる。(41)そうだとしても、吉野の政治の目的に関する「理論的な曖昧さと不徹底さ」が、あるいは大山における市民的自由《シビル・リバティー》と政治的自由《ポリチカル・リバティー》（著作集二―一〇～二〇頁）の「論理必然的な関連についての認識」が徹底さを欠いたまま、後者が「独り歩き」し始めたことが、(42)彼らの民本主義論ないしは民主主義論をして帝国主義や国家主義との「調和」、「両立」という〈妥協〉を余儀なくさせたといえよう。

大山においては、その〈妥協〉は続く。例えば、単なる「力」ではなく、「国民主義《ナショナリズム》と称する精神力を主柱とする地盤の上に立脚して居る所に、現代帝国主義運動の強みの中心がある」（著作集一―二〇三頁）としながら、「我等は国民的勢力及び国民的精神の完全なる合理的統一の必要を切実に感じ、而して之を実現せんとするの目的を以て、上既に政治的機会均等主義の上に即する民本主義の政治の完成を主張した」（著作集一―二〇六頁）のだとする。あるいはまた、人類の「生物的必要は闘争性を産み」、「心霊的必要は社会性を産」むという二元論を国家に適用し、闘争性の根源である自己主張・自我拡大は「力の関係」、社交性の基底となる同類意識・共同利害観念は「倫理関係」として顕現するが、国家の共同利害観念はさらに精神的＝「国家の文化及び風教」と物質的＝「国家の経済基礎」に分けられる。そうして「我等は真の挙国一致は国民の共同利害の痛切なる意識より迸出するものであって、共同利害の痛切なる意識は、国民が参政権の普及に依って国家経営上の共同責任を負担した後に出て来るものであることを信じ、敢て国家の生物的必要を心霊的必要の下位に置き、少くとも内政の範囲に於て力の関係を倫理関係に服属せしむべきことを主張」するとした（著作集一―三七五～三八五頁）。こうした主張は、山川均より、「大山氏がデモクラシーの基礎を、所謂生物的必要の上に求めないで、所謂心霊的必要の上に置いたのは、折角堅固な首石《おやいし》を棄てて、態々デモクラシーを砂の上に建て替へられた」としつつ、「大山氏の挙国一致論の下には、根本的に相反した階級の対立は存在しないといふ仮定が隠されている」として、共同利害観念の超階級性（虚偽性）が厳しく批判された。(43)

しかしながら、大山の民主主義に対する物質と精神という二元論的アプローチは徐々に変容し、遂にはその主従（物質的なものに対する精神的のものの優位）が逆転するのである。それは、〈デモクラシーから改造へ〉において生じる。だが、その詳細を考察する必要はない。というのも、問題は都市自治論との関係いかんにあるからである。それゆえ、その変容をごく簡単に追ってみることにしよう。

大山は、前節の航跡で見たように一九一七（大六）年に早大を辞職し、大阪朝日新聞社（大朝）に入社したが、翌一九一八（大七）年の米騒動の考察において、こう論じていた。「地方の自治体の公民として選挙権を有する場合と雖も、その選挙権は等級選挙制の支配を受けて居るがため、その効果の甚だ軽微なるものである。斯る状態の下に置かれたる彼等は、立憲的行動に依って得る所毫もなく、寧ろ団体的暴動に依って何物かを得る見込を有する境遇に在るのである。……彼等に立憲的に行動する権利を与へずして、只立憲的に行動する義務のみを課するは、国家的不道徳と謂ふべき……（中略）……故に我等は将来の社会的不安を除く手段の一としても公民教育の普及並びに発達を図るべきことを主張し、而して公民教育の第一歩として選挙法の改正を絶叫せざるを得ない」（著作集二―二四三～二四四頁）とした。ここでの選挙法の改正は普選制の実施を意味しているが、そうであれば市制・町村制の等級選挙制を批判していることからしても、後述するように自治政における公民権制（制限選挙制）の改正の必要性が意識されていただろうと推察される。

また、もう一つの変化が生じた。すなわち、「国民文化とは、国家生活の原動力たる国民精神が、学問、芸術、哲学、道徳、法制、風俗の如きものとしての一若しくは更に短く約めていへば、一般の文物制度としての具体的形式を取って、国民生活の表面の上に発現して居るものを謂う」（著作集二―三六〇頁）が、「一国に於ける政治生活を始め、一切の社会生活が民衆化するに従って、国民文化は勢ひ民衆文化にならなければならぬ。……デモクラシーの社会生活の下に於ては、民衆が国民精神を代表して居るのである」（著作集二―三七一～三七二頁）と変化した。国民精神の担い手としての民衆と、国民文化に代る民衆文化概念の登場である。

そうして〈デモクラシーから改造へ〉を説く論文「社会改造の根本精神」においては、第一に、〈改造〉は〈デモクラシー〉を前提にすること。第二に、〈デモクラシー〉は、政治的デモクラシー（一般民衆の政治参加）のみならず経済的デモクラシー（少なくとも労働者の産業経営上の共同参加権）、社会的デモクラシー（社会的出発点の平等）からなるとされる。そして、それらに「共通の点は、社会上に於ける各種の特権階級を否認して居ることである。しかしながら、この否認は、特権階級の撤廃そのものを以て目的として居るものでなく、それが撤廃せられた跡へ、別の新たなる社会状態を築き上げんとして居るものである」ことだとする。第三に、かかる〈デモクラシー〉の究極の目的は、「社会的個人格の精神生活の自由発展」で、その意味での「真のデモクラシーは、或る固定した理想世界を描かない」とした（著作集三―一一～一四頁）。こうして社会〈改造〉に向けて〈デモクラシー〉概念は拡大されるとともに、理想主義的立場が抛擲される。しかしながら、物質と精神――それは今や文物制度と民衆文化に姿態を変えている――という二元論的アプローチにおける後者の主導性は、依然として保持されていた。だが、それも、以下のように逆転することになるのである。

「我々の眼前に展開せられたる時代は、新旧の時代精神が、最も激烈に闘争して居る時代である。この局面に於ける旧き時代精神は、近世紀から現代までを支配してきた資本階級の勢力に依って代表せられて居る。さうして、その対者たる新しい時代精神は、今まさに新興の気運に在る労働階級、及びそれと共通利害を感じてゐる人々」の群れ――「それは……主として所謂『知識階級』と名づけられて居る集団の大部分を現に包含して居る、若しくは段々に包含して行かうとして居る――から成立ってゐる『民衆』に依って代表せられてゐる」（著作集三―一〇四頁）。こうして旧いブルジョア文化に代り、労働階級と知識階級からなる民衆によって担われる――かくして従来の学者・知識《インテリゲンチャー》人の中立・超越性も否認される（著作集三―一四八頁）――新たな民衆文化の創造が求められる。ただ、「民衆文化の創造は、一面資本主義の制度の改造を含んで居るが、同時に、それは人心の改造をも含んで居る。制度の改造は人心の改造と普遍化を容易にする一段階であるといふ意味に於て絶対的に必要であるが、しかし、斯うした制度の改造は、それに従事する人々の心が先づ改造せられて居るのでなければ、完全に之を遂行することが出来ない。また、改造せられたる制度は、改造せられたる人心に依ってゞなければ、完全に運用せられることも出来ないし、安固に維持せられることも出来ないのである」（著作集三―一三七～一三八頁）としていた。

　ところが、この「制度の改造」には「人心の改造」が先行するとした論文の一年後、大山は次のように自己批判するのである。「『人心の改造』は結局『制度の改造』を経て到達するより外に途のないものである。そして『制度の改造』が『人心の改造』――若しくは或る意味に於ける社会教育に依って達せられないものだとすると、徹底的社会改造の実現せらる、前には、階級闘争が到底免かれないものだといふことになるのである。『制度の改造よりも人心の改造』を唱へる人達は、正しき意味に於ける『人心の改造』が完成せられた時には、『制度の改造』が全然不用になった時だ、といふ、極めて見易き、平凡なる真理を認めることが出来なかったところから、知らず識らずの間に飛んでもない誤謬に陥ったものである。私自身も、曾て一時は多少こういふ考へに影響せられたこともある」（著作集三―三六三～三六四頁）、と自己批判したのだ。

このような「人心の改造」よりも「制度の改造」が先行するという物質（制度）と精神（人心）の二元論的アプローチにおける主導性の逆転の背後には、議会に対する失望と教育問題があったとされるが、[44]筆者は大山が大阪朝日新聞社（大朝）を退社した後、雑誌『我等』を創刊した盟友の長谷川如是閑の影響が強くあったと思う。というのも、彼については第四章で詳細に考察するが、当時、既に「制度は生活の抽象的理想ではなく、生活の具体化の手段なのである」から、「家族なり国家なりという制度は、もともとそのうちに栖息する各員の生活事実であって、その生活それ自体を離れた別物である道理はない」。しかし、それが離反した時に制度の観念化が生じ、その観念化された制度としての「国家の特恵をこうむっている階級が、一番強く国家を観念化し、それを多数人民の生活事実と引き離した広大無辺の超越体たらしめようとしているのである」、と批判していたからである。[45]

大山による民主主義論の展開の追跡は、ここで止めてよいであろう。というのも、大山は、明確に理想主義の立場を棄てて出直した結果、「遂に一種の現実主義ともいふべき現在の立場へやって来たのであった。さうなると、曾て私が或る疑惑を以て対して居たマルクス派社会主義の唯物史観も――……――今の私には何の無理もなしに受け容れられることが出来るものになった」（著作集三―三六六頁）としているからだ。そして、その後、一九二一（大一〇）年に早大教授へ再復帰し、実証主義の立場から「科学としての政治学」の礎石を築くことになったとされる(46)――それが一九二三（大一二）年に刊行された『政治の社会的基礎』（著作集四）であった――世界へ転じ、さらには一九二六（大一五）年には〈社会改造〉の実践の世界へ飛び込むことになったのである。そこで、本題である大山の都市自治論と民本主義論ないしは民主主義論との関係にもどろう。

その点に関し、デモクラシーを支える精神の在り方として地方自治と国家のデモクラシーは、「同じ論理によって結ばれていた」という見解がある(47)。大山は、都市自治論に関する論文で、「円満なる憲政の根源が懸って健全なる地方自治の実現の上にあるものとすれば、我等は此問題を忽諸に附することは出来ないのである。我等は都市の『人格』なるものをば、単に法律の文面上の『法人』（……）の観念に依りて説明すべきものとするが如き皮相の見解に甘んずることなく、更に之を事実の上に具体化し、総ての市民が真に一体となり、共同利害の観念及び共同喜憂の情緒の下に統一せられ、以て協力戮力して其外部及び内部生活を向上せしむるが如きを創造せねば已まない」（著作集一―二二〇頁）としていた。そして、他方で大山は、例えば、「真の挙国一致」に求められるのは、「参政権の普及である」としていた。というのも、それによって国民は「国家経営上の共同責任」を負担することになり、そこから国民の「共同利害」の意識が醸成されるであろうからだ。このような意味で、地方自治と国家のデモクラシーが「同じ論理によって結ばれていた」とするならば、大山は市制の三級選挙制という障害を指摘するものの、何故にその前提となる公民権制（制限選挙制）の改正（廃棄）論――それは都市（自治体）経営に対する共同責任の負担による「共通利害の観念及び共同喜憂の情緒」を醸成するという論理となろう――を展開しなかったのであろうか。

大山は、以上の追跡の中で明らかなように、直接には一度も不平等な公民権制の改正（廃棄）を口にしていない。そのことは、大山の都市自治論と民本主義論ないしは民主主義論とは、あたかも関係がないかのようにもみなしうる。しかし、もちろん関係はあるのだが、あたかも無関係であるかのような様相を呈したのは、筆者の推論によれば次にあるように思われる。

第一の推論は、大山が米騒動の論評において市制における三級選挙制の問題点を指摘しながら、将来の社会不安を除去するためには公民教育が必要だとし、それには選挙法の改正が求められるとしていたことである。ここに見え隠れしていることは、大山の「政治的機会均等主義」を実現するものとしての参政権には、そもそも平等な選挙権とともに平等な公民権、すなわち制限撤廃が含まれていたと解しうることである。

第二の推論は、そうだとしても、吉野は民本主義論を「国家の制度面から論じるのに対して、大山の場合は、徹底して国民の精神や意識のあり方」[48]を問うことや、「大山は選挙権の拡張を吉野のごとき法学的志向のなかで展開しない。むしろその精神的、道徳的意義を問う」[49]ているとされることからして、三級選挙制や公民権制の廃止という制度改革に当初関心を示さなかったといえようか。言いかえれば、大山にとって、都市自治に求められる最重要課題が、市民の市民自身による自治教育、それによる「協同的精神」の育成にあるとされたことだ。したがって、理想主義と物質・精神という二元論的アプローチにおいては、「制度の改造」よりも「人心の改造」が先行されたため、「制度の改造」としての選挙法や市制・町村制の改正論が後背化されることになったのである。

第三の推論は、都市自治ないしは地方自治には政党政治が不要・有害であるとされたことである。というのも、一方で政党政治を不要・有害としながら、他方で三級選挙制や公民権制度の廃止という制度改革論に足を踏み入れると、自家撞着に陥りかねないからである。なぜなら、後者の制度改革論を展開すれば、当然、地方自治（自治政）における市民の投票規準は何か、それが政党の政綱・政策でなければ人物・人格か、中央で政党政治が展開されているのに地方自治（自治政）において政党政治を不要・排除することは可能かなどの理論的な論点に対応しなければならなくなるからである。このことも、制度改革論への踏み込みを躊躇させたといえる。

ところで、大山は、『政治の社会的基礎』の刊行に続き、実証的な「科学としての政治学」の第二弾ともいうべき『現代日本の政治過程及びその将来への展望』を一九二五（大一四）年に出版するが、その本論は当時の新潮流である「集団過程を通しての政治現実の観察」（著作集五―一五三頁）を行ったものであった。そこで大山は、経済的利害関係に次ぐ精神生活上の利害関係による諸集団の構成過程の他に、今後、地域共同利害関係に立脚する集団構成の過程――首都以外の地方都市の勃興――にも注意しなければならないとしていた（著作集五―一七六～一七七頁）。そのことは、以後、深められなかった。それが、大山のアメリカ留学時代に「実地の訓練」がなかったため「地方行政の分析は弱い」との批判[50]になるのだろう。

他方、大山が、高橋亀吉や平林初之輔とともに無産政党綱領の基礎案を作成したことは、前節で述べたところである。それは、一九二五（大一四）年四月の第二回政治研究会（政研）全国大会で発表されたが、その政治綱領概要の「一般行政及び地方行政に関する問題」において、特に地方行政に関しては次の二点を掲げていた。第一点は、自治団体の権限を拡張し、極端なる中央集権の弊を矯めることで、第二点は、知事、市長、町村長、助役は公選とし、選挙は衆議院議員選挙に準じて直接選挙とすること（上級長官の認可を必要としない）、である（著作集五―二八四頁）。この第二点は、大山の「政治的機会均等主義」に基づく参政権の要求には国政のみならず自治政における平等な選挙権（公民権制の廃止）が含まれていたという先の推論を裏付けるといえよう。

この後、前節の航跡で見たように、大山は無産政党運動に深くコミットし、一九二六（昭元）年一二月には労働農民党の中央執行委員長に就任した。以降、大山の地方自治あるいは地方行政への言及はほとんど見られない。そもそも日本労農党、社会民衆党、日本農民党の無産三党は、その政策において地方自治・地方行政の改革を掲げているのに対し、労働農民党の政策にはそれが全くないのである（著作集七―二八一～二九二頁）。それだけでなく、やはり前節で見たように、労働農民党も代表を議会に送り込むが、それは「決して、ブルジョア議会に何事かを期待しているからではなく、我々の有力なる闘士をして、議会の演壇から、議会外の無産大衆に向って、戦闘的アジテーションを敢行せるためだ。したがってそれは、あくまで、議会外の大衆闘争の大尖端の議会への延長」なのであるとしていた。このように議会を暴露・宣伝の場とする大衆的日常政治闘争は、衆議院はいうに及ばず府県会・市町村会でも展開されるが、特に選挙戦は「大衆への宣伝煽動を通じての政治教育のすばらしき効果的場面としてとらへる。……（中略）……かくしてのみ、選挙の際にとくに張り切ってゐる大衆の政治的関心は、無産階級的政治意識にまで高められるのだ」と呼号する（全集三―八〇～八一頁）。これは大山の主張というより党組織の声といえるが、かかる大衆的日常政治闘争至上主義からすれば、地方自治に関する政策など不要であったといえよう。

しかしながら、そうした中、一九二七（昭二）年に入り、普選制下での初の府県会議員選挙が迫ると、労働農民党は選挙対策全国協議会を設置し、党の政策の他に選挙戦の一般方針を決定した。それは、一切の闘争を「政治的自由獲得闘争」に合流・集中せしめるため、「地方自治体に於ける闘争をブルジョア政府の専制支配に対する一闘争として展開」するとした。かくして、「府県自治体を中央の専制的支配から解放し、その徹底的民主化と自主化を計ること――これが今回の闘争の中心目標である」とされる（全集三―八二～八三頁）。この徹底的民主化と自主化とは、知事の公選化の他、内務大臣の監督権縮小、知事の権限縮小、府県議会の権限強化や地租・行政警察権の市町村委譲、公共施設の市町村公営化などの要求であった[51]。そして、労働農民党が弾圧された後の一九二九（昭四）年、合法政党として結成された新労農党の地方自治に関する政策は、「地方自治体の完全なる自主化、府県知事、市町村長其他一切の自治体公職の直接選挙」を掲げていた[52]。この限りでは、前記した政研で作成した政治綱領案の中の政策そのものといえる。だから、大山においては、政治的実践にのめり込めばのめり込むほど戦闘的言辞は高まれど内実は政研以降、自治政に関してはほとんど進展がなかったといえる。

そもそも、「労農党時代の大山の文章は、教条主義的な時局批判や煽動が大半を占めていた[53]」とされる。そうだとしても、彼が無産政党運動に乗り出し、その一つの党のリーダーになったことからすれば、恐らく終章で考察する大山の後輩で同じ早大の教授の高橋清吾による地方自治（自治政）における政党政治の不可避・必然論を当然視していただろう。この地点から顧みれば、大山の初期の都市自治論は、セピア色の写真かあたかも蜃気楼であったかのようになるのである。

（1）幸徳秋水『社会主義神髄』、大河内一男編集・解説『現代日本思想体系15・社会主義』筑摩書房、一九六三年所収、二〇五～二一二頁によれば、イリーがいう四要件《エレメント》とは、次のようである。第一は、物質的生産機関すなわち土地・資本の公有化で、第二は、生産の公共的経営、第三は、社会的収入の公正な分配、第四は、社会的収入の大半の私有化、である。

（2）S・ウエッブ&B・ウエッブ、岡本秀昭訳『大英社会主義社会の構成』木鐸社、一九七九年、二三〇～二三一頁。

（3）S・ウエッブ&W・ウエッブ、同前訳書、二二〇～二二四頁。

（4）奥井復太郎「『都市問題』一考察」『三田学会雑誌』第二四巻第二号、一九三〇（昭五）年、同著、日本都市学会編『都市の精神・生活論的分析』日本放送出版協会、一九七五年、三三三頁。

（5）関一著、神戸都市問題研究所編『都市政策の理論と実際（地方自治古典叢書1）』学陽書房、一九八八年、六五～七〇頁、あわせ吉田雅彦『現代地方自治全集24・外国の地方制度』ぎょうせい、一九七七年、二七八～二九五頁、J・F・ツィンマーマン、神戸地方自治研究会訳『アメリカの地方自治―州と地方団体』勁草書房、一九八六年、一五四～一五九頁、を参照。

（6）有泉貞夫『星亨』朝日新聞社、一九八三年、二七一～二七三頁、鈴木武史『星亨―藩閥政治を揺るがした男』中公新書、一九八八年、一四八～一五一頁。

（7）吉山眞棹「東京市の疑獄と市政浄化運動」『都市問題』第七巻第四号、一九二八（昭三）年一〇月、二五七～二六〇頁。

（8）大山の年譜は、北沢新次郎・末川博・平野義太郎監修『大山郁夫伝』中央公論社、一九五六年もあるが、より詳細なそれは、正田健一郎・他編『大山郁夫著作集・第七巻』岩波書店、一九八八年の黒川みどり編の年譜があるので、それによる。なお、『大山郁夫伝』からの直接・間接の引用は、煩雑さを避けるために、本文中に（伝―引用頁）として略記する。
（9）松本三之介『近代日本の政治と人間』創文社、一九六六年、一七五～一七六頁。なお、北沢・末川・平野監修、同前書の年譜も五期に分けている。
（10）黒川みどり『共同性の復権―大山郁夫研究』信山社、二〇〇〇年、六～七頁の注（1）。
（11）藤原保信『大山郁夫と大正デモクラシー―思想史的考察』みすず書房、一九八九年、一一～一五頁。
（12）太田雅夫『大正デモクラシーの研究』新泉社、一九七五年、一二五頁。
（13）この状況については、黒川、前掲書、一〇～二一頁、を参照。
（14）太田、前掲書、一二五頁。
（15）堀真清「大山郁夫―民衆政治家の偉大と悲劇」、宮本盛太郎・河原宏・堀真清『近代日本の思想(3)』有斐閣、一九七八年、一五八～一六〇頁、あわせ堀真清『大山郁夫と日本デモクラシーの系譜―国家学から社会の政治学へ』岩波書店、二〇一一年、五一～五二頁、黒川、前掲書、二七～二九頁。
（16）正田健一郎・他編『大山郁夫著作集・第二巻』岩波書店、一九八八年、四六～四八頁。以下、同著作集からの引用は、本文中に（著作集一～七―引用頁）として略記する。
（17）詳しくは、黒川、前掲書、四七～五七頁。
（18）黒川、同前書、九〇～一〇〇頁。
（19）大宅壮一「大山郁夫論」、『大宅壮一全集・第六巻』蒼洋社、一九八一年、三五一頁と三五五頁。

(20) 同旨は、大山郁夫「嵐に立つ―日本に於ける無産階級政治闘争の一記録」『大山郁夫全集・第三巻』中央公論社、一九四八年、一〇～一三頁。以下、同論稿からの引用は、本文中に（全集三―引用頁）と略記する。
(21) 正田健一郎「解題」（著作集七―二九七～三〇一頁）。この「解題」によれば、「レーニンの定義に従うと、大山はマルクス主義的ではあるが、マルクス主義者ではない」ことを明らかにしている。あわせ、黒川、前掲書、二六〇頁。
(22) あわせ、堀、前掲書、一三九～一四〇頁。なお、吉野作造は、大山のこの対応を批判した。三谷太一郎・他編『吉野作造選集4・大戦後の国内政治』岩波書店、一九九六年、一八七～一九七頁。
(23) 黒川、前掲書、二七五頁。
(24) あわせ、社会文庫編『無産政党史史料―戦前・後期』柏書房。一九六五年、二〇五～二〇六頁、二一六～二一八頁。
(25) あわせ、社会文庫編、同前書、二二八～二三一頁。
(26) こうした無産政党の離合集散については、拙著『日本地方自治の群像・第五巻』成文堂、二〇一四年、第一章の図-1（七二頁）や六七～七五頁、九〇～九一頁、を参照されたい。そして、中間派の日本労農党、日本大衆党、全国大衆党、全国労農大衆党について、詳しくは、増島宏・高橋彦博・大野節子『無産政党の研究』法政大学出版局、一九六九年、を参照されたい。
(27) 黒川、前掲書、三二九～三三四頁。
(28) 堀、前掲書、二三六～二三八頁、黒川、同前書、三五二～三五四頁。
(29) 帰国後における大山の言動について、詳しくは、黒川、同前書、第六章、を参照。

(30) 斎藤真「チャールズ・E・メリアム小伝」、C・E・メリアム、斎藤真・有賀弘訳『政治権力(上)―その構造と技術』東京大学出版会、一九七三年、を参照。
(31) C・E・メリアム、和田宗春訳『シカゴ―大都市政治の臨床的観察』聖学院大学出版会、二〇〇六年、二四二～二四三頁。
(32) 内田満『アメリカ政治学への視座―早稲田政治学の形成過程』三嶺書房、一九九二年、一三五～一三六頁。
(33) 松本、前掲書、一七七頁。
(34) 筆者は、本書の第二巻第一章の八頁で民主主義の小学校論者をアレクシス・ド・トクビィルとしたが、彼よりもJ・ブライス卿の方が一般的である。
(35) タマニー政治による腐敗については、C・E・メリアム、前掲訳書のシカゴの他、さしあたり羽仁五郎『都市』岩波新書、一九四九年、の「ニウ・ヨオク市」(二〇一～二五六頁)を参照。
(36) 黒川、前掲書、三一～三二頁。
(37) 吉野作造「民本主義の意義を説いて再び憲政有終の美を済すの途を論ず」、三谷太一郎・他編『吉野作造選集2・デモクラシーと政治改革』岩波書店、一九九六年、一〇三～一一一頁。
(38) 吉野作造「民本主義と軍国主義の両立」、太田雅夫編『資料　大正デモクラシー論争史・下巻』新泉社、一九七一年所収。
(39) 太田、前掲書、一三六頁。
(40) 武田清子『日本リベラリズムの稜線』岩波書店、一九八七年、一四七～一五六頁。なお、大山郁夫「先生の追憶」、浮田和民先生追懐録編纂委員会編『浮田和民先生追懐録(伝記叢書218)』大空社、一九九六年、八六〜八九頁、も参照。
(41) 藤原、前掲書、五三〜五七頁。
(42) 松本三之介「政治と知識人」、橋川文三・松本三之介編『近代日本政治思想史Ⅱ』有斐閣、一九七〇年、一六六〜一六八頁。
(43) 山川均「沙上に建てられたデモクラシー」、田中勝之・山崎耕一郎編『山川均全集・第一巻』勁草書房、二〇〇三年、三二九頁、三三三頁。
(44) 黒川、前掲書、一七六〜一七九頁。
(45) 大内兵衛・他編『長谷川如是閑選集・第二巻』栗田出版会、一九六九年、六五頁、六九〜七〇頁。
(46) 蠟山政道『日本における近代政治学の発達』ぺりかん社、一九六八年、一二五〜一二六頁。
(47) 藤原、前掲書、六六〜六七頁。
(48) 黒川、前掲書、八四頁。
(49) 藤原、前掲書、四〇頁。
(50) 堀、前掲書、一一七〜一一八頁。
(51) この選挙における労農党の他、社会民衆党、日本労農党、日本農民党の政策については、吉川末次郎「府県議選に対する無産政党の政綱」『都市問題』第五巻第三号、一九二七（昭二）年九月、一五七〜一六五頁、を参照されたい
(52) 荘原達「日本無産政党」、蠟山政道編著『無産政党論（現代政治学全集・第十一巻）』日本評論社、一九三〇（昭五）年、四六四〜四六七頁、を参照。
(53) 黒川、前掲書、三四四頁。

第三章　自由主義者の地方自治観と政党政治不要・排除論
——吉野作造と田沢義鋪——

第一節　吉野作造の民本主義と地方自治再論

吉野作造については、本書シリーズの第二巻「第一章　民本主義と地方自治——吉野作造と山川均、桐生悠々」において、彼の民本主義論と地方自治の関係について考察し、第五巻「第一章　明治社会主義と社会民主党から社会民衆党へ——安部磯雄と亡命前の片山潜」において、吉野もまた地方自治（自治政）における政党（政治）排除論者であることを瞥見した。しかし、彼の地方自治論や政党（政治）排除論については、『吉野作造選集』（岩波書店）のみでは捉え切れない文献・読み込み不足があった。そこで、改めて吉野の民本主義論を押さえつつ、文献の補充を行い彼の地方自治論と政党（政治）排除論を再考察してみようとすることが本章の狙いである。

民本主義者の吉野は、社会民主主義にも通じる自由主義者であることには異論のないところであろう。これに対し、本章が主役の群像として設定した田沢義鋪《よしとも》は、本書の第一巻「第三章　井上円了と新渡戸稲造」の中で後述する天幕《テント》講習会の主宰者として顔をのぞかせている。その彼を自由主義者とすることには、やはり後述する労使「協調会」官僚の一人として内務省地方局長だった添田敬一郎らとともに〈新官僚〉と位置づけられていることや[1]、彼の天皇観や国体観などからして異論のあるところかもしれない。しかし、彼の思想の中には、「リベラリズムを内包させた『国民主義』の可能性」が健在していたとも評されているので[2]、ひとまず国民主義的自由主義者として位置づけ、そのことを以下の考察で明らかにすることにしたい。そうして青年団には始まり青年団運動に終わったといってよい田沢の歩みを追い、彼の地方自治観とそこにおける政党政治排除論や政治改革運動、選挙粛正運動なども検討することにしたい。

ところで、吉野の生涯については、前記した本書の第一巻で既述したところであるので、それに譲ることにするが、彼は地方自治を正面に据えて論じておらず、やはり既述したように時評などの端々からそれをうかがう外ないのである。そこでまず、彼の民本主義論の理論的骨格を再整理しながら、次に時評などの端々にうかがえる彼の地方自治観をそれに繋げて行くことにしたい。その場合、彼はまた、地方自治（自治政）における政党（政治）排除論者であった点からして、有権者（国民・市民）と政党との関係——彼の政党政治論——が大きなポイントになることは自明といってよいであろう。

さて、吉野は、民本主義論の冒頭において、「憲政のよく行はる、と否とは、一つには制度並びに其運用の問題であるが、一つには又実に国民一般の智徳の問題である。蓋し憲政は国民の智徳が相当に成育したという基礎の上に建設せらるべき政治組織である」[3]とした。このように、吉野は憲政の基礎を国民の智徳（智識道徳）に置きながら、その上に築かれる政治組織＝制度に関し、憲法は「人民権利の保障」と、そのための「三権分立主義」、「民選議院制度」を規定しなければならないとした（選集二―一四～一八頁）。そうして〈法律上の主権の所在〉と〈政治上の国権の運用〉とを区別しながら、本書の第二巻第一章で見たように、民本主義は次の二つの内容を有するとした。一つは、政権運用の目的（政治の目的）が一般民衆の（福利の）ためにあること、もう一つは、政権運用の方針の決定（政策の決定）が一般民衆の意嚮に依拠しなければならないことである（選集二―三五頁）。

しかしながら、二年後にはそれを修正し、民本主義は全く異なった二つの観念、すなわち政権運用の目的（政治の方針）と政権運用の方法を示すとした（選集二―一〇三頁）。そして、前者の政治の方針としては、民本主義とは対抗的な国家主義もありえるがゆえ、民本主義は政権運用の目的にとって「相対的の原則」であるが、後者の政権運用の方法としての民本主義は参政権の賦与ないしは獲得における民意の尊重であるがゆえ、「絶対的の原則」であるとした（選集二―一〇九～一一五頁）[4]。この修正の背後には、理論的には大山郁夫による市民的自由《シビル・リバティー》と政治的自由《ポリチカル・リバティー》の区別などの他、一九一四（大三）年の第一次世界大戦を契機にした国家主義の台頭がある（選集一―「国家中心主義個人中心主義二思潮の対立・衝突・調和」）ように思われるが、いずれにしろ民本主義の核心は政権運用の方法にあり、人民主権的民主主義と区別される代議（議会）制民主主義の政治における民意の尊重を意味するのである。

かくして、吉野は、いうまでもなく代理と代表を区別し、代議（議会）政治は少数の代表者（政治の専門家＝選良《エリート》）による民意尊重の政治であることを幾度も医師と病人との関係の比喩をもって説明する。すなわち、専門家としての医師は、病人に質すことにより苦痛の所在を認知し診察することによって処置を施すが、それが有効適切であるか否かは病人によって判断されるというのである（選集一―三四九～三五一頁、選集二―一七五～一七九頁、二六九頁）。この比喩は、また次の二面的関係を含意する。病人が専門家としての医師の処置を判断するように多数者たる民衆が少数の代表者《エリート》を監督すること、その意味で「多数者は形式的関係に於ては何処までも政権活動の基礎、政界の支配者でなければならぬ。然しながら彼は内面に於て実に精神的指導者を要する。即ち賢明なる少数の識見能力の示教を仰がなければならぬのである。……（中略）……此関係を政治的に見れば、多数の意嚮が国家を支配するのであるけれども、之を精神的に見れば、少数の賢者が国を指導するのである。故に民本主義であると共に、又貴族主義であるとも言へる。平民政治であると共に、一面又英雄政治であるとも言へる。すなわち政治的民本主義は精神的英雄主義と渾然相融和するところに憲政の花は見事に咲き誇るのである」（選集二―五二頁、また選集三―三三〜三四頁）。こうして見ると、民本主義は、今日的な市民の直接参加民主主義に対する政治家によるエリート（均衡主義的）民主主義を意味していることが分かる。

ただ、吉野は、あくまで有権者（国民・民衆）が主位で、有権者が選挙し監督する代議士・政党は客位であることが最も重要だと強調する。そして、この主客の関係は、代議士・政党からなる議会と政府との関係においてもそうであるという。すなわち、代議士・政党からなる議会が主位で、それが形成し監督する政府は客位である――かくして政党内閣・責任内閣となる――ことだ。だから、この主客の関係の逆転こそが、代議士・政党が有権者を操縦したり、政府が議会から超然化するなどの憲政の一切の弊害をもたらすのだという（選集三―六六〜六七頁、八一〜八七頁）。大山も、有権者（国民・民衆）の輿論政治と代議士・政党との共同責任論として同様の論を展開している[5]。とはいえ、代議政治においては、有権者や政府との正当な主客関係にある代議士・政党による政権獲得が必然化する（選集三―二〇九〜二一〇頁）。そこで、有権者（国民・民衆）と代議士・政党との関係に焦点を当てながら、吉野の地方自治（自治政）論に迫って行くことにしよう。

まず第一に、吉野は、既述のごとく憲政の基礎は国民の智徳にありとしていたが、彼が東京帝大講師に就いた直後に雑誌『新人』に発表した初の本格的な政論においては、「臣民の智徳発達の程度頗る低き結果は既に十有五年の政治史上に顕然明白たり」。「故に一般民衆を教育して之に憲政の運用に必要なる知識と道徳とを授くること先ず第一の急務なり」（選集一―一二頁、一六頁、あわせ選集二―五～六頁）としていた。しかしながら、普通選挙制度（以下、普選制）の施行がアジェンダ化する頃から――婦人参政権については、理論上拒む理由はないが、政界の現実からすると時期尚早だとする（詳しくは、講話―「普通選挙と婦人参政権」）――論調が変化する。「予輩の観る所では、若し我国民に民本政治の成功に不適当なる点ありとせば、そは彼の智徳の低きが為にあらずして、寧ろ自治生活の訓練の不足せり所に在ると考へる。少くも智徳の程度に於て、我国の民衆は欧米先進国に比し、決して大なる遜色あるものではない。故に此点に於てならば、我国憲政の前途は左程悲観するに及ぶまいと思ふ。要は唯自治生活の訓練如何にある」（選集三―二七〇頁）とするに至る。この変調は、吉野のなかで民本主義論が形成され始めていたことによるといえるが、また後述するように、世間一般の政治教育論とは異なる政治教育論――智徳の〈注入〉ではなく〈訓練〉――の展開をもたらすことになる。

だが、第二に、吉野が有権者（国民・民衆）の智徳水準以上に至る所で重視し強調するのは、人格的に独立した有権者自身の〈良心の自由〉なのである。「選挙に於て最も貴むべきは良心の極度の自由である」（講話―六六頁）。「憲政の発達が政争を公明正大ならしめたと云ふのは……国民一般の良心に訴え其の多数の信望を博することに依り決せられると云ふを意味する……（中略）……其の多数は一々皆な良心の主体であり、是否の判断はその良心の自由に依てなされたのだと云ふ条件の下に、一つの大なる道徳的意義を有する」のである。というのも、「憲政の人類発達史上に於ける最も重大なる意義は、政治をして始めて道徳と一致せしめた点にある」からである（講話―二六九〜二七〇頁）。かくして、有権者に対して選挙道徳が説かれる。

第三に、それでは〈良心の自由〉の主体としての有権者（国民・民衆）は、何をどのような規準で選挙するべきなのか。吉野は、代議制度を合理的ならしめる条件を三点あげる。第一条件は、代議士・政党に対する監督で、第二条件は、人格第一主義である。すなわち、「政治上に於ける少数の専門家即ち政治家とそれに信頼を捧げる選挙民との人格関係といふことが常に顧慮《こりょ》されなければならない。従って一切の政戦はどこまでも人物如何の問題によって判断さるべきである。人物に次いで始めて政策如何が問題とされなければならない。若しこれが逆で政策第一本位でゆくとすれば、現在の地方等にあっては、千軍万場を往来した輸入候補が横行することになる」。そうして、選挙とは、このように信頼に足るべき人物の選択であることから、小選挙区制が最も適合的であるとされる。第三条件は、小選挙区制（地域代表主義）に伴う地縁主義の欠点を補うために、職能代表主義を加味することも考えねばならないことである（選集二―二七一〜二七四頁、あわせ選集三―二〇一〜二〇二頁、三〇九頁）。こうして、有権者（国民・民衆）は、〈良心の自由〉に従って第一義的には人格的に信頼できる人物を選挙するべきとされるわけだから、両者の関係は道徳的紐帯となるわけである。だから、「吉野の民本主義論が、終始、倫理的・人格主義的陰影をともない、またそれを理論構成の重要な要素としていた」ことが、彼の特色であるとみなされるわけである。[6]

しかしながら、選挙区選挙制を批判する美濃部達吉に言わしめれば、現行の選挙制度（大選挙区制）には、次の三点の根本的欠陥があるという。[7] 第一点は、選挙に巨額の費用を要すること――それが政党を腐敗せしめる根本的原因になっている――である。第二点は、選挙結果が正確に国民の意向を反映しないことである。というのも、「議会の政争に於いては、政党が総てであって各個の議員は唯政党の一員としてのみ存在の意義を有するに止るのである。然るに現在の選挙制度は、政党の存在を無視し、選挙競争の主体として唯各個の候補者を認むるのみで、政党が其の争の主体であることを認めず、選挙人をして政党に投票せしめずして各個の候補者に投票せしめて居る。其の結果、投票の多くは政党に対する信頼の如何よりも、個人的の友誼、尊敬、情実等専ら個人的関係に依って決せらるる傾が有り、随ってその選挙の結果は、決して各政党に対する国民の信頼の程度を現はすものとはなり得ないことを免れぬ」。「それであるから、現在の如き政党を無視した選挙制度の下に於いては、小選挙区制度であらうが、大選挙区制度であらうが、それは五十歩百歩の差で、向れにしても、それに依って正確に国民の意向を選挙の結果に反映することは、不可能である」。第三点は、民衆が政党を監視し、それが悪政を行って民心を失ったならば、その結果が直ちに選挙に現れなければならぬが、第一点と第二点の問題点、それに解散以外は四年に一度の選挙にしかならないことが、政党に対する民衆の有効な監督を困難にしていることである。こうして美濃部は、吉野の否定する政党主体——したがって有権者（国民）は政綱・政策を選択することになる——の比例代表制を提唱し、吉野の人格第一主義に基づく小選挙区制の問題点を明らかにしている。

第四は、有権者（国民・民衆）に求められる選挙道徳である。一つは、「一票が一票としては甚だ無力のやうに見えるけれども、然し之が実に国家の運命に関はる重大なる価値あるものである」がゆえ、買収などにより左右されるには「余りに神聖なものである」ことを自覚することである。二つには、「投票は国家の為めにするものであって、地方の利益の為めにするものではないといふ事である。地方的利益のみを着眼して選挙するのは、往々にして国家全体の利益を犠牲にするの結果を生ずるの恐がある」。三つに、「選挙は我々の特権であって候補者から頼まれてするものではない。我々が自ら進んで適当なる候補者を国家に推薦するのである」ことを理解することだ。そうして、〈良心の自由〉に基づいて候補者（人物）の選択を可能にする思想・言論の自由が求められる他に、普選制に向けてかかる選挙道徳の徹底化を図るべきで、その中でも第三点目が最も肝要であるとする（選集二—六七〜六九頁、あわせ選集三—二〇一頁）。

ここで筆者は、むしろ第二点目に注目したい。大山郁夫も、前章で見たように部分は全体に従属すべきであり、それゆえ地方的分立を嫌忌していたが、吉野も国政選挙において地方的利害を国家的利害に混入させてはならぬし、地方的利害は地方自治（自治政）に委ねれば良いと考えていることが、この第二点目にうかがえるからである。

第五は、有権者（国民・民衆）と代議士からなる政党との関係である。吉野は、前巻の第一章で見たように、無産政党に対する政党観を自らの自由主義的政党観と、労働農民党に走った大山のような階級主義的政党観に二区分し、それまで主張してきた自由主義的政党観の原則を四点にまとめた。第一点は、政党は専門家である政治家の仕事であり、一般民衆は本来これに加入（直接関係）すべきものではないこと。第二点は、一般民衆は常に〈良心の自由〉なる判断をもって政党の行動を監督・批判すべきもので、政党との特殊な腐れ縁を結んではならないこと。第三点に、政党はいわゆる地盤を持つと堕落しやすいので、政党はなによりも善事を競い、道徳的信望を収めるよう一般民衆に働きかけるべきこと。第四点は、一般民衆が政党の誘惑に応ぜず、常に自由独立の超然的態度を維持する時、各政党は始めて善事を行うようになること、である（選集二―二〇二頁、無産―七九～八〇頁、また選集二―一九〇頁、無産―六頁、六三頁、選集一〇―一六二～一六三頁）。この上で、代議士・政党には、「民衆と共に動き、而かも民衆より一歩先に進むといふ」（選集二―一三三頁）リーダーシップが求められるのである。

それでは、かかる関係の下で各政党が「善事を競い」合うとは、どのようなことか。政党は、いうまでもなく政権獲得を目標とする。「立憲政治の運用に於て、政争は避くべからざるものであり、又事実必要のものである」（選集三―二〇九頁）。しかしながら、「政治は政権を握ることを以て盡くるのではない。更に進んで社会民衆の利福の為に㈠政策を按じ㈡之を実行し㈢而して相当の効果を実地に挙げしめねばならぬ。之を総称して仮りに『政治的価値の社会的実現』と云っておく。之を政治の第一義的の仕事とし、而して之を可能ならしむる為の手段として『政権の獲得』が必要だといふことになる」（無産―一四三頁、このリーダーシップについては、また無産―一四五～一四六頁）のである。これが、政党が「善事を競い」合うということなのであるが、また政党には責任政治が求められることを指摘しているといえる。ところが、既成政党は、本来〈手段〉であるはずの政権獲得を〈自己目的〉化してきたがゆえに党利党略に走り、吉野も論評する松島遊郭移転事件（運用―三二五～三四一頁）[8]など、数々の腐敗事件を引き起こしてきたのである。こうして吉野は、徹底して既成政党を批判するのだが、それはともかく、この政党政治論を媒介に彼の地方自治（自治政）論に入ろう。

そこで、まず第一に押さえられなければならないことは、国政と自治政の位相論である。普選制実施が確実になり出すと、「中央政界の政党が公然積極的に力強く地方議会の選挙に干渉し出した」[9]。吉野は、「政治は事柄の性質上本来専門家の仕事たるべきものである。特殊の素養と長き経験を必要とする専門的の仕事なのである。この点において一国の政治は地方自治とは大にその性質を異にする。地方自治でも少し人口の多い処では行政の担当を専門家に頼む。況んや一国の複雑なる政治をや」（無産―四九頁）とする。筆者は、この位相論を前巻の第一章でこう解した。すなわち、吉野にあっては、政治は本来プロ（専門家）である政治家（代議士）の仕事であり、したがって国政には政党活動が必然的に伴うが、地方自治（自治政）はその仕事の性質上「政治」よりも「行政」（＝実務）であるがゆえに、自治政においてはアマチュア（素人）の市民政治家（地方議員）でもよく、したがって必ずしも政党活動を必要としないとみなされているとした。そして、このように地方自治（自治政）は、「政治」よりも「行政」（＝実務）であることを論拠づけていたのが、前第二章で群像化し考察した都市社会主義者の安部磯雄や片山潜、初期の大山郁夫であった。かかる位相論の解釈は、吉野の次の言説によっても裏付けられると思う。

　吉野は、一方において、「政治の段々専門化するに連れ、或る理由から、特に狭い範囲に国民自身の常識に委し得べき領域を画して、自治制といふものを布いてみた。その自治制に於てさへ、最近は段々特殊の専門家に托する様になってゐるではないか。亜米利加《アメリカ》などでは、営利会社の経営を一専務取締役に托すると同じ様に、市政を一マネージャーに托するを便とする風が段々流《は》行《や》って居るとか。自治制にして猶且つ斯の如し。国政処理の専門的事項たる所以は之を推しても益々明白であらう」（選集二―一九五頁）とする。ここにいう「或る理由」は明白ではないが、前章でも述べた後段の市支配人《シティ・マネージャー》制への言及からすると、自治制は優れて狭い範囲の地域生活の条件――安部らが論拠とした市民の共同生活条件（インフラとサービス）の建設・供給――を具備するための「行政」（＝実務）制度として設けられたと解しているとみられる。

他方において、また吉野は、こう主張する。「国家の経綸—従って中央政界の問題に専ら没頭すべき筈の政党が地方の自治制に干与するの不可なるは云ふ迄もないが、殊に彼等が党勢拡張乃至地盤の擁護開拓の目的の為に地方政治を紛乱して顧ざるに至っては、之れ立憲政治の本義に悖る一大罪悪と云はなければならない」。「政党は天下国家の問題を以て争ふべきもの、地方政治の問題は原則として地方公民の自治に委し、直接政党の干与すべき者ではない。若し夫れ地方の公民に至っては自ら中央政界の舞台に乗り出さん［と］するものにあらざる限り、各政党の理義の争に対し公平なる批判者たるべくして、争の当事者たるべきものではない。即ち彼等は今日の場合甲党を是と思はば甲に賛し、乙党を是と思はば乙に賛し、賛否の票決に於て毎に全然自由の立場に立って居なければならない」。要するに、地方の公民に求められるのは、相撲における「忠実なる行司の役目」なのである（選集三—二八六〜二八九頁）。

このように吉野においては、政党は国家の統治策に専念すべきで、地方自治（自治政）に関与すべきではないのであり、かくして有権者（地方公民）は絶対に直接党争の当事者になってはならず、統治策をめぐる各政党の主義・主張に対する行司であればよいのである。だから、前述したように、政党が地方的利害をもって地盤を形成し、党勢の拡張を図っている現状からしても、政党は地方自治（自治政）に不要であるばかりでなく、絶対排除されなければならない。そのためには、有権者（地方公民）の政治に対するムシリ、タカリ、ユスリをもたらす地盤の解体こそ——普選制の実施はその一因となるであろうとする——が、政党改革、政界革新の「一番根本な一番有力な手段」であるとするのである（選集四—二八〜三〇頁、五六〜五七頁）。もっとも、こうした地方自治（自治政）と政党との関係については、最終的には後述のように大きく変化する。

以上のような国政と自治政の位相論を踏まえ、本書の第二巻第一章で考察した地方長官（知事）の公選論や政友会の地方分権論などに対する批判を再見・補説しよう。吉野は、政論には「純粋な理想的標準から現状を勝手に論評」する「超越的政論」と、「与へられたる政界の実勢を基とし之を如何に運転すべきやを説く」「実際的政論」の二派あるが、自分は後者の立場に立つとする（選集四—一〇〇頁）。そして、地方自治（自治政）に関する時評においては、その二派は改めて理想論としての「超越的政論」は「根本論」と、運用論的立場としての「実際的政論」は「実際的見地」として二区分され、後者の見地から以下のように論評される。

第一は、地方長官（知事）の公選論批判である。政友会が憲政会から政権を奪還するために、地方分権化と地租の地方委譲を唱え出し、政権の座についた政友会の田中義一内閣は、一九二七（昭和二）年にその政策を推進するために行政制度審議会を設置した。そして、同審議会が、我が国初の道州制案とされる州庁設置案を提起したことにより、知事公選の是非論が巻き起こった[10]。そうした中、吉野は、まさに知事「公選の是非得失は……根本論から判断せらるべきものではなくして、全然実際的見地より解決せらるべき問題である」とする。ここにいう「根本論」とは、地方自治

（自治政）における民意尊重（民本主義）論を意味するといえる。というのも、吉野は、自らの民本主義（代議政治）論からして、既に「府県会なども設けられてある今日、知事の公選まで行かなければ民主々義が通らぬとする理窟のないことは明ら」であるとするからである。だから、公選論の是非は、「実際的見地」すなわち「公選の実際の結果」から判断されるべきだというのである。

そうすると、もし公選化した場合には、次の二点の病理の亢進が危惧されるという。「第一は地方行政に就いては民衆は、国政に於けると同じく、施政監督の実を握て居ぬ。彼等は依然府県会議員等の操縦に甘んじて居る。故に所謂府県知事の公選は、民意を重からしむる結果とならずして其実府県会議員の専恣横暴を甚しからしむるに止まるだろう。第二に今日でも府県知事は議員の我儘に苦しめられて居る。従って府県知事としての仕事の大部分は今や民衆の福利の増進よりも議員との空疎煩瑣な折衝の方に費されて居る。若し公選となったら此弊更に一層甚しくなるだろう」というのである（以上、選集四―一二〇～一二二頁、講話―一七六～一七九頁）。

知事公選はむしろ「議員の専恣横暴」を拡大するだろうという指摘からして、吉野がいう公選とは、府県公民の直接公選――それは「根本論」として彼の民本主義論と相容れないといえる――ではなく、市町村長のような議員による推薦・選挙という間接公選を意味しているといえる。そのことは、以下の市町村「首長を公選に採る制度」としていることから明白である。それはともかく、「実際的見地」からすれば、かかる弊害がともなう公選より現行の地方長官（知事）の官選官吏の方がまだ益しであるというのである。この見解の背後にあるのは、府県会という民意の反映・尊重を可能とする機関がありながら、問題はそれを正常に機能せしめない既成政党・代議士の地盤の弊害という既述の、そして以下にみる批判であろう。

第二に、それでは、市町村長を推薦・選挙（間接公選）する市制・町村制はどのように捉えられているのか。吉野は、まず強いて地方長官（知事）の公選化を図るというならば、地方行政組織に関して次の二点の改革を求めることから、市制・町村制に接近《アプローチ》している。第一点は、府県庁は地方自治の機関であるとともに中央政府の出張所のようなものだが、「町村役場の如き基礎的自治機関に向て今日の制度は余りに中央よりの委任事務が多過ぎる。だから役場は村の寄合相談所ではなくなって、矢張り厳めしい公の役所といった様なものになってしまった。是れ自治制の根本をみだるのみならず、首長を公選に採る制度とは絶対に両立せぬものである」。第二点に、首長を「公選の採る以上その権限は極度に拡張せらるべきである」。現行の府県制のように官選の地方長官（知事）なら議会「議員をして監督せしめるに相当の理由もあるが、公選である以上は、一定の任期が即ち唯一の監督であって、任期中は其の施設に絶対の自由を有せしむること」が必要で、それにはアメリカの市支配人《シティ・マネージャー》制のようにすべきであるが、「こゝまで行かなくとも、責任ある首長に相当自由手腕を振ふ余地を与へなくては業績の挙るものでない」、とする（選集四―一二二頁、講話―一八〇～一八一頁、傍点は引用者）。

吉野は、ここにおいて政友会の地方分権論よりも一歩も二歩も踏み込んだ大幅な国の委任事務（特に機関委任事務）からの解放――いわゆる団体自治の拡充――を提唱し、それこそが首長による手腕の発揮――市支配人制にみられるような専門化への対応と能率的な行政の展開――を可能にするという論脈において始めて政友会の地租委譲論が生きて来るとみなしているのである（選集四―一三五〜一三六頁、観方―一九三〜一九五頁）。その意味で、理論的には徹底した分権化による市町村（団体）自治の確立を説いているといえる。

そうであるがゆえに、吉野は、理論化がお粗末な政友会の地租委譲論が党利党略に終わることを危惧する。そして、後日、その危惧は的中したとみなす。すなわち、地租委譲を熱望し、その実施に暗躍しているのは、国民の一握りにすぎない「地方有志家と称する階級にして、選挙の際には政党の走狗となりて盛に政界の腐敗を助け、平時はその代償として種々の利権を政党幹部に迫る徒輩であろう。而して此と彼との醜汚なる野合が当今政界腐敗の一大根源なることは実に人の知る所」である。とはいえ、地租の地方委譲を公約として実行しようとする政友会のみならず、それに対抗して義務教育費中教員俸給の全額国庫負担を掲げる憲政会（↓民政党）についても、「之に依て一様の利害を感ずる特殊階級が或は政友会或は民政党にそれぞ〻、腐れ縁を繋いで居るまでの話で、之が即ち政党の地盤なるものだ。而してこの地盤の意に反することが出来ぬと云ふ所に既成政党の悲哀がある」。それゆえ、「之からの政党は国民大多数の筋に活きねば本当は嘘なのだ」

として暗に無産政党に期待を寄せるのである（運用―一一六～一一八頁）。

第三に、しかしながら吉野は、徹底的な地方分権化による市町村（団体）自治の確立という制度改革は「既に時機を失っした」とみなす。維新後の廃藩置県により、中央集権の基礎が築かれた（選集四―一二三～一二四頁、講話―一八三～一八四頁）。「だから、若しも今日政友会が主張するように、地方分権制を文化的に実現しようとするならば、それは既に時機を失っした憾みがある。今から十年乃至二十年以前であれば、或は独逸《ドイツ》、英吉利《イギリス》のやうに、その目的を達したかも知れない。そして、現行に於けるやうな強大な中央集権が出現しなかったかもしれぬ。当今にあっては、たとへ地租を地方へ委譲するとも、中央集権の過大さを掣肘する方便にはならない」（選集二―二七五頁）とする。このことは、実は、政友会において地方分権化論の一環として公民権の拡大と等級選挙制の廃止が議論されたことに対する批判と結びついていた。

実は、「今から十年乃至二十年以前」――一八八八（明二一）年の市制・町村制の制定頃を含意していると推量するが、一八九九（明三二）年の府県制改正（府県の自治団体化）頃かもしれぬが――に、地方分権制を図るべきだったのだ。しかしながら、今日的には「地方制度改革の必要は未だ余り国民に感じられて居ないという事である。日本国民は国会議員の選挙には可なり熱中して居るが、地方制度は余り興味を惹いて居ないのである。西洋では地方の自治大に発達して遂に自ら議会政治に及ぶのであるから、実は政友会の云ふ如く、先ず地方政治に於て訓練した後に中央政治に普通選挙を行はうなど、いふ事は、我国には通用しないのである。我国では寧ろ中央政治に普通選挙を訓練して而ろ後に地方政治に及ぼした方が本当の順序だらうと思ふ[11]」とする。この国政における普選先行実施論も、かの「実際的見地」からの主張であった。というのも、後日、吉野は、かかる普選先行実施論は「理論上この順序が正しいといふのではない、我国の民情が政治的興味に於ても所謂中央集権的であるの実情に基いての議論であったのだ」（観方―三三二頁）としているからである。そして、この主張の意図は、普選の実施に真摯に取り組まず、分権化が必要だのとお茶を濁している政友会に対する先の批判――地租の地方委譲は「中央集権の過大さを掣肘する方便にならない」とした――であったのである。

最後に、地方自治（自治政）における既成政党・議員の横暴などに対する吉野の対処・改善策などを見てみよう。「根本論」としては、吉野が批判して止まない地盤の解体であろう。というのも、「政治の堕落は政党の怠慢に始まる。政党の怠慢を促す最大の――殆ど唯一の――原因は安全なる地盤を有することである。故に民衆が甘じて政党の地盤となることは、取りも直さず政党の悪を助け併せて自ら傷く結果を招くに外ならない」（選集二―一九〇頁、無産―六四頁）からである。だから、民衆に入党など絶対差し控えるよう諭す。しかしながら、既に形成された地盤を解体させることは容易ではない。そこで吉野が、「根本的の対策」として挙げるのは、一つに「民衆の道徳的覚醒」であり、もう一つに選挙罰則を厳しくする「制度の改廃」である（講話―六一～六四頁）が、吉野にとっては前者こそが普選制実施に向けた次のような政治教育のあるべき姿なのである。

第一に、一般に政治教育は、有権者（国民・民衆）の政治的知識や能力の向上を図ることにあると考えられているが、吉野はそれを二点にわたって批判する。一つに、政治教育の対象は有権者（国民・民衆）よりも寧ろ腐敗を生み出している政治家にあり、もう一つは、政治的知識や能力の向上を図ることではないことである。吉野にとって、「政治教育の要諦は智識の伝達ではない、特殊なる習性の訓練」なのである。その「特殊なる習性」とは、既述したように〈良心の自由〉に従って優良で信頼に足る人物を選挙することなのである。そうした選挙行動は、幼童間でも行われるゆえに、政治教育の適任者は母親といってよいが、母親にすべて任せるわけにも行かないので、「幼年期の習性訓練を専門の仕事とする特別の階級である」小学校教員に着目する（選集四―一〇七～一一二頁、あわせ講話―七一～七七頁）。こうして、幼年期から〈良心の自由〉に従って選挙するという「誠実なる習性」が〈訓練〉され、また有権者になってからもその覚醒が求められるのである。かくして、「政党運動は自分の信じる所を以て人に強ゐんとする実行運動ある。之に反して政治教育運動は一時の所信に執せず、常に一層よりよき立場を求めんとする用意を怠らぬ様にと世人を警醒する道徳運動である」（選集四―一四五頁、無産―一四一頁）とされる。

第二に、東京市政の改革、市会議員の横暴を牽制する方法として、市長と市民の直結論の提唱である。「即ち市長が其提案に自信あり市会議員の反対に理由なしと認めなば、之を堂々と市民に訴へて、市民をして議員を牽制せしめればい、のだ。之を外にして自治制の許に於ける協働の目的を完全に至り達する途はない。事は面倒だが成功は確実疑がない。……（中略）……兎に角、公然市民に訴え、市民を覚醒して議員を牽制せしむる外に窮通の道はなからうと思ふ」（選集四―一五～一六頁）とする。この直結論は、否認していた市長の直接公選論に通じるといえる。さらにまた、普選制実施後には、さらなる変化が生じる。すなわち、「民衆に権利を認めた以上うまく監督して呉れる筈と安心したのは根本の謬りである。人民は案外に呑気なのだ。……（中略）……茲に此際真に覚醒して貰ひたいものがあるとすれば、それは民衆一般ではなく我々識者階級でなければならぬ」。彼らは、「一は公人としての立場の積極的表示を常に怠らぬことであり、二は民衆に対する教育的使命に敏感なこと」に覚醒し、大いに政治教育へ乗り出して欲しいとするに至るのである（運用―三九五～三九六頁）

第三は、やはり普選制実施後になると、政党の東京市制（自治政）への侵蝕についても大きく論調が変化し始めたことである。すなわち、「政党本来の使命から観て、それが地方行政に手を伸ばすは必ずしも好ましからず、且実際政党の地方行政に進出するは、概して政戦に之を利用せんとするの悪動機に出づるの事実に鑑み、市民の常識的立場として一応は之を拒否すべきものと考へては居る。併し斯う云ふ不良の魂膽に基くものでないことの明なる限り、政党の市政侵蝕はそれ自身特に忌むべきものではない筈である。政党は国政の担任に一身を捧げんとする人達の組織する団体である以上、之に属するものが必要に応じて市政に手を染めんとするは亦頗る自然でもある。それにも拘らず、政党の市政侵蝕と聞いた丈けで吾人が直に眉をひそめるのは、それ程に今日の政党がひとしく皆市政の料理に誠意を有たぬを知って居るからである」（運用―三九一頁）。

このように、〈理論上〉、正当な政党活動であるならば、それが必要に応じて地方自治（自治政）に関与することは自然なことで、否定されるべきではないとされる。したがって、従来の政党の使命（役割）論からする国政と自治政の位相論は、ここにおいて崩れたといえる。むしろ政党政治論からすれば、地方自治（自治政）における政党（政治）の受容は、理論的に自然であったといってよいであろう。とすれば、まず求められることは、終章で見るような市政（自治政）における政党の現状の〈合理化〉から政党政治の本性としての責任政治であろう。しかしながら、吉野は、前述したように、国政レベルでの政党による政権獲得は有効な政策の立案・実施という〈目的〉に対する〈手段〉であって、その意味で政党には責任政治が求められるとしていたにもかかわらず、その責任政治論が地方自治（自治政）にまで明確に延長されているとはいえない。

だが、ともかく〈理論上〉、地方自治（自治政）における政党政治を受容したにもかかわらず、吉野が政党の市政侵蝕を忌避するのは、私利私欲のために市政を壟断しても屁とも思わぬ醜類が闊歩しているからであった。しかも、「今日の所謂醜類は何れも皆一面に於ては一種の手腕家であり、夫れ〲政党の為に遂には従来多大の貢献を為して居る。或る意味では、政党が党勢拡張の上に彼等の小才を利用したが為に遂に彼等の醜行も寛過せざるを得なかったのだとも云へる」。そこで、彼等に対する「応急策」としては、市民の中の識者が「公開的抗議」を行うこと、すなわち責任上「之等醜類の処分に関し勇敢に政党幹部に迫る」ことを行うべきとする（運用―三九九頁）。しかし、こうしたことが実際に行われたか否かは、寡聞にして不明である。つまり、実効的な提唱とはいえなかったのではないかということである。

第四に、現行の選挙区制（地縁代表主義）の欠点を補正するものとして職能代表主義を考慮する必要があるとしていた点である。それについては、改めて「孰れにしても大都市に在ては地縁代表主義のみではもう駄目だ。職能代表を以て之に代へるか、少くとも大に之を加味する必要がある」（観方―二〇四頁）とする。すなわち、「従来とは全く違った系統から市会議員を送るの新制を按出することである。市会議員に職能代表主義を加味すべしとは……清新分子を送るの応急手段としても之は大に攻究する必要ありと私は考へて居る。……例えば教員組合、商工会議所、労働組合、俸給生活者組合等より送らるる議員が従来の議員と相対立して市政を議する様になったら、市会の面目は必ずや大に一新せらるるであらうと考へる」（運用―三九九頁）のである。しかしながら、吉野は、確かに「労働組合の自治的訓練」とか「プチ・ブルジョアジーの自治連合」などのようなことも提唱している（観方―二〇八頁）が、これら職能団体を母体に議員を選出することは、その母体が選挙地盤化することになるのではないか。言いかえれば、それは、独立した人格の基における〈良心の自由〉な発動を阻害するという自家撞着に陥るのではないかということである。

吉野は、市民の意思を組織化する必要を認める。にもかかわらず、大都市における選挙では、市民の意思を組織化する方法がほとんど無いことを嘆く（観方―二〇五頁）。とすれば、逆にどうして地盤が（選挙）政治的諸悪の根源として非難されるべきなのだろうか。というのも、国政であろうが自治政であろうが、候補者個人に投票する選挙区選挙制においては、それが地盤であろうがなかろうが、何等かの選挙組織が必要であり、自然に、つまり必然的にかかる組織を生み出すであろうからだ。そうだとすれば、非難されるべきは、根本的には美濃部が指摘していた政党を無視した選挙区選挙制にあるといえるのではなかろうか。

締めに、同じ自由主義者の長谷川如是閑による吉野追悼文の一部を引用しておこう。「大正年代に於ける日本のデモクラットの政治的役割は、現実の政治形態に即して、その発展過程を刺衝することにあった。……（中略）……吉野氏等のデモクラットは先ずその現実政治の『意識』を判然させる事から始めなければならなかったのだ。明治年代の社会主義者のやうに、現実政治から遊離してゐるのを覚悟の上で、先ず『観念形態』としてのプロレタリア政治主義を把握するといふやうな仕事は、大正デモクラットのそれではなかった。吉野氏等にとっては、政治の『観念』よりは、政治の現実がその関心であった。一言何かいっても、それが現実政治に反響しなければならないといふ責任を感じてゐたのであった」[12]。そのことが、「超越的政論」よりも「実際的政論」

を、「根本論」よりも「実際的見地」からの時評を展開せしめたといえる。だが、それは逆に、現実に逆襲され、現実を受容せざるをえない側面を有していたように思える。

第二節　青年団運動の〈父〉・田沢義鋪の歩み

社会教育分野の研究者や実践家ならともかく、今日、行政学や地方自治分野の研究者たちが、田沢義鋪《よしとも》について見聞したりしたことのある者は殆どいないのではなかろうか。筆者も、当初は知らなかった。田沢に初めて接したのは、本書シリーズの第一巻第三章で青年の修養のために天幕《テント》講習会を展開した人物としてであり、また第三巻で農本主義者の山崎延吉を群像化した際、「青年団復活の大恩人たる山本滝之助」[13]を通じてさらに一歩田沢に接近した。そうして、やはり本書の前巻において市川房枝がコミットした選挙粛正運動を調べるうちに田沢と再会し、彼が選挙粛正運動のみならず政治改革のために政治教育運動を展開したり、地方自治を重視し、それに関し積極的に言及していることを見ることになった。それらは、青年団運動をベースにしたものであった。そこでまず、その生涯を青年団運動に捧げたといっても過言ではない――田沢自身が山本瀧之助を「日本の青年運動の母」（選集―一〇一〇頁）としているので、田沢を青年団運動の〈父〉とした[14]――田沢の歩みをたどり、次節において彼の地方自治論と政党（政治）の排除論や政治教育論、選挙粛正運動などを考察することにしたい。

田沢義鋪は、一八八五（明一八）年に佐賀県鹿島村高津原（現鹿島市）に父義陳と母みすの長男として生まれた[15]。一八八九（明二二）年、四歳の時、学齢前だが黙認のまま鹿島小学校に入学し、旧藩主鍋島直彬の世子直縄の学友に選ばれたことにより、旧藩主より薫陶感化を受けた。一八九六（明二九）年に県立佐賀中学に入学したが、この年に山本瀧之助が一般に青年を意味していた「都会の青年」に対置した『田舎青年』[16]を出版していた。四年生の時、ボートで島原半島の回漕を試みたものの、途中で失敗する事件を起こして一年留年するが、一九〇一（明三四）年に一六歳で熊本の第五高等学校に入学した。直ちにボート部に入って正選手となったが、ボートレースの優勝祝賀会で厳禁の飲酒をしたため退学に処せられた。しかし、先輩の田中鉄三郎や級友で生涯の親友となる後藤文夫（内務官僚から後に農相や内相を歴任する）などの処分取消運動が実り、翌年九月に復学した（小伝一一七～一二〇頁）。

一九〇五（明三八）年に後藤とともに東京帝大法科大学政治学科に入学した。同窓には、後藤の他、内務官僚となる堀切善次郎、丸山鶴吉らがいた。卒業前に田沢は日露戦争後の朝鮮・満州視察旅行を行い、本書の第四巻第一章で考察した大連で彼が見たものは、戦勝を笠に着た日本人の傲慢さであり、中国人の苦人《クーリー》に対する非人道的な扱いであった。それは、田沢に一大衝撃を与えた。日本民族の一員として抱いていた自信が完全に打ち砕かれ、田沢はひたすら恥、恐れ、悲しみ、憤った。この体験が、後の道義国家創成論の動機になったという（小伝―二八～二九頁）。一九〇九（明四二）年七月に卒業し、一一月に高等文官（高文）試験に合格した。何故に官界を選択したのかは不明だが、前年、親友の後藤が高文試験以前の青田刈りで内務省に入省していたことが影響していたのかもしれない。[17]

翌一九一〇（明四三）年に田沢は内務属に採用され、静岡県に配属された。そして、四ヵ月後には安倍郡の郡長に任じられた。田沢、数えで二六歳。こうした学士郡長は、実質的に内務省への入省明治四一年組から始まったという（使命―三六〇～三六一頁、小伝―五四頁）。そうして「当時、東京帝大出身の内務官僚で府県庁に勤務した青年官吏のうち、半数くらいは知事の配慮で地方自治体の実情に通じるため郡長に任命されたようであるが、田沢が二六歳の若さで郡長になったことは、同地方では異例のことで珍しがられたようである」という。[18] しかし、「当時の郡長といえば、たいてい五十前後の人で、一般になんの政治理想もなく、たゞ郡会議員や町村長などを、うまく操縦さえしておれば、一かどの敏腕家として、自他共にゆるしたものであった。……（中略）……毎日の仕事といえば、お座なりな形式的事務か、然らずんば低劣なかけ引であった」（小伝―三七～三八頁）とされる。[19] そのため、田沢は、焦燥感に囚われ始め、眼を役所の外に向け出した。そして、田沢は、そこに教育的に全く見捨てられている働く青年たちの群れを発見したのであった。当時の学制においては、一二歳で尋常小学校を卒業し、（旧制）中学校と高等女学校へ進学した者には高等教育への道が開かれていたが、それ以外の小学校卒業者は働くか二～三年制の高等小学校や実業学校・実業補習学校（徒弟学校）で打ち止めであった。[20] この状況を目の当たりすることによって、田沢は補習教育運動と青年団運動に開眼することになったのである。彼の活動を見る前に、青年団について簡単にふれておこう。

田沢の研究によれば、青年団の起源は、幕藩体制期の若連中（若衆組、若者仲間）にあり、それは地域生活における社交娯楽と警備の役割を担っていた（使命―二八七～二八八頁）。ところが、明治になると従来の年中行事が廃れ、警備も警察・消防制度に移ることにより、若連中は「時勢からおいてけぼりを喰」い、混乱頽廃することになった。そのため、「せっかく新しい（尋常）小学校において、新時代の精神を教えても、卒業後は……（頽廃）混乱せる若衆組の生活をするよりほかに仕方がない。それでは学校教育の苦心は、ほとんど破壊されてしまう」。このことが、当初、青年会といった青年団の復活の底部にあった（使命―二九四～二九五頁、括弧内は引用者の補充）。

こうした状況の中で、山本瀧之助は、若連中の刷新・青年会の組織化に取り組み始めた。そして、彼は、前記した著書『田舎青年』が陸羯《くが》南の主宰する新聞『日本』に推奨されたことを機会に、一八九九（明三二）年、同紙で全国の青年会の連絡を図る「『日本』青年会」の設立提唱した。と同時に、『田舎青年』とほぼ同旨で立身出世の野望に燃えながら、その道が閉ざされている少数の特志青年の悲憤を代弁する「逆境青年」――それは一九〇四（明三七）年に『地方青年』として出版された――を脱稿した。しかし、山本は、この頃から単に若連中の弊害の指摘と改革だけでなく、若連中を再編した青年会の活用に考えを転じ始めていた。(21)

ところで、一八八八（明二一）年の市制・町村制を施行するために実施された〈明治の大合併〉後、新たな行政村単位での青年団の結成を促したのは一八九四（明二七）年の日清戦争と続く一九〇四（明三七）年の日露戦争であったという。というのも、軍隊生活は、農村（田舎）青年に近代生活を体験させるとともに、画一的な集団生活は閉鎖的な旧自然村の部落意識に一定の風穴を開けたからである。(22)そして、特に国運を賭けた日露戦争は、山本をして「地方青年」は国家に貢献する役割をはたすべきと主張せしめ、政府当局への急速な接近を取らしめた。一九〇五（明三八）年四月、山本は、本巻第一章で群像化した内務省府県課長職にあった井上友一と広島で面談し、その結果は芳川顕正内相の地方巡察報告に反映された。それを受け、内務省は、九月に知事に地方青年会の向上発達の督励を通牒した。

さらに文部省は、同年八月の第五回全国連合教育会に対し補習教育発達のための簡易・有効な方法について諮問した。それに対する答申は、地方青年団を指導・善用すべしとしたが、それは実は同教育会における山本の講演を基礎にしたものであった。そして、文部省は、一〇月に通俗教育（社会教育）に関する調査委員会が大臣に地方青年団の調査を建議したことを受けて、一二月に知事に対して通俗教育のために青年団を誘掖指導し、青年団の設置なき地方ではそれを設置すべきという通牒を発したのである（使命―二九八〜三〇一頁）[23]こうして日露戦後、青年団の創設が急増するが、それは通俗教育（社会教育）のみならず、第一章で考察した井上らが主導した地方改良運動にも市町村の末端補助団体として活用されたのである。

さて、安倍郡の郡長に就いた田沢にもどろう。田沢は、まず補習学校回りに精を出し、実業補習教育には普通教育と実業教育に加え、「健全な国民、善良なる公民、すなわち常識あり信念ある立派な公人を作」（実業―二五九頁）るための公民教育が必要だとした（実業―二五五頁）。そして、青年を教化して町村の改善を行うため、「工業に工業試験場あり、地方自治の振興に自治試験場なかるべからずという意気込みであった」（使命―三六二〜三六七頁、小伝―四三〜四九頁）。ただ、彼によれば、「この時期の青年団の欠点といえば、青年自身の気分に基づく、青年自身の自発的行動、すなわち運動、体育、遊戯、娯楽等の方面が閑却され、同時に団体的規律訓練の方面などが比較的に軽んぜられた」（使命―三〇二頁）ことにあったという。かくして、田沢が「最も必要と認め、特に力点を置いたのは、地域集団としての青年自らの自治生活であった」（小伝―四〇頁）。

しかしながら、山本の『田舎青年』が追求する若連中の改革、すなわち青年会の結成は、農村の若者を人間らしい青年たらしめようとする「下から」の運動であったとみなすのに対し、田沢については次の見方がある。彼の青年団運動は、あくまで「上から」青年を指導して向上させようとするものであった。田沢自身気がつかず、意図しないまでも、彼の背後には内務省、文部省の地方改良運動や報徳会運動の一環としての青年団育成方針があり、それが後光のように田沢を背後から支える権力であった。それが、田沢の意図し創意にみちた自由主義的気迫をもってしても軍国主義化に抵抗するような自主的な力を農村青年の懐に育成しえなかった一因ではないかという見方である。(24) 確かに田沢は、青年団を地方改良運動などに協力するよう指導した。とはいえ、「下から」の運動を展開したとされる山本は、既述したように日露戦争を契機に急速に政府当局（権力）へ接近し、青年団の全国組織化を目指したのに対し、田沢は全国組織化は画一化と統制化をもたらすとしてそれに消極的で、自主的な地域集団としての青年団の自治生活を重視したという捉え方もある。(25) 後者の側面が強かったればこそ、戦後、鶴見俊輔は「田沢の仕事は、サークル運動の開拓者として新しい評価を必要としている」としたのであろう。(26)

田沢が、そうしたサークル運動的な考えの実現に踏み出した一歩が、一九一四（大三）年三月に静岡市郊外の千代田村蓮永寺で一週間にわたって実施した日本初の青年宿泊講習会（二五名参加、講義と実地見学）であり（使命―五五～六八頁）、続く八月の清水市三保における天幕講習会――この方式は修養団の講習会に取り入れられた――であった（使命―三七二～三七三頁、小伝―七五～七八頁）。ただ、九月には安倍川の大洪水の後始末に奔走中、田沢は県産業課長に任じられ、さらに翌一九一五（大五）年には内務省明治神宮造営局総務課長に任じられた。そのため、蓮沼門三の修養団主催による福島県檜原湖畔での第一回天幕講習会と、それ以降毎年の講習会には指導者として東京から参加した。こうして田沢は、修養団と深い関係を有することになった[27]。

こうした中、一九一五（大四）年九月、青年団は新たな状況を迎えることになった。というのも、政府が、内務・文部両大臣名で青年団に関する最初の訓令を発したからである。その訓令は、附属の通牒で、(1)青年団員の資格は二十歳以下とする、(2)小学校長と市町村長を指導者とする、(3)組織単位を市町村区域にする、などとしていた。実は、この訓令・通牒は、田中義一陸軍中将（後の政友会総裁・首相）の画策によって発せられたものであった。田中の狙いは、青年団を軍事教練に利用するため、政府の「完全な被指導団体たらしめ、その規格を統一することによって全国統制」を図ろうとすることにあった。だから、年齢が二十歳以下とされ、それ以上は在郷軍人会の指導に置いたのである。この訓令は、一九二〇（大九）年の訓令によって緩和されるのであるが、青年団を一挙に激増させつつ、各地に混乱や在来青年団と訓令青年団の対立を生み出したりしたのである（使命―三〇三〜三〇六頁）[28]。

そうして一九〇六（明三九）年に設立された報徳社（直後に中央報徳会と改称）の青年部が、一九一六（大五）年に青年団中央部として独立して全国青年団の中央機関となるが、田沢はその商議員になった。さらに田沢は、一九一九（大八）年に明治神宮造営の奉仕に青年団を動員することに成功した（使命―三〇八〜三一一頁、三七六〜三七七頁、小伝―八二〜九一頁）。このことが、全国青年団の醸金による一九二二（大一一）年の財団法人・日本青年館の設立（田沢は近衛文麿や後藤文夫らとともに理事に就任）と一九二五（大一四）年の大日本連合青年団結成の契機となった。

ところで、田沢は、一九一九（大八）年にヨーロッパへの遊学を命じられたが、母の発病のためにそれを辞退した。[29]そして、翌一九二〇（大九）年には、まさに労使協調を推進するために設立された協調会の常務理事に渋沢栄一らの要請によって就任し、官界を去った。修養団のスポンサーであった渋沢が、修養団活動における田沢の力能に着目したことにあった。翌一九二一（大一〇）年二月、協調会主催による第一回労務者講習会が国士舘で開催された。それは、渋沢が主張する家父長的な〈温情主義〉に代る〈交情主義〉の労使協調講習、言いかえれば労使対等な〈人格主義〉に基づく人間的修養によって労使対立を超越しようとするものであった。そして、開催は協調会だが、実施的な実施主体は修養団であった（小伝―一〇三～一一三頁、選集―三八五～三八九頁）。[30]

一九二三（大一二）年九月一日、関東大震災の発生。それは、田沢に「生涯の一分水嶺」（小伝―一二九頁）となる転機をもたらした。彼は、協調会館に罹災者一〇〇〇人を収容する陣頭の指揮をとりながら、協調会の雑誌に「天災避け難く人禍免るべし」という論稿を発表した。それでは、党弊を憂慮するとともに、朝鮮人襲撃事件――大学卒業年の旅行における大連の光景がフラッシュ・バックのように映しだされたのであろう――に「流言蜚語による被煽動性と他民族に対する慈愛の欠乏」という「国民性の二大欠陥」が露呈されたことを深く戒慎すべきだとしながら、「天災はすでに来てしまった。泣いてもわめいても仕方がない。この上はたゞ人禍の混乱をさけて、さらによりよき社会の建設に猛進するの一事あるのみだ」。そして、「震災の復興の大事こそ、従来の各種の行詰りを打開して、大正維新の大策を断行しうる唯一の機会であろう」としたのであった（想片―四〇～五五頁）。時に、田沢三八歳であった。

かくして田沢は、政界刷新のための政治教育運動を展開することを決意し、一九二四（大一三）年一月、自宅に新政社を興し、雑誌『新政』を発刊した。同月末には、第二次護憲運動の最中、清浦奎吾内閣が衆議院を解散した。田沢は、『新政』第二号の巻頭論文で選挙粛正組織の結成を提唱する一方、五月にはかって指導した静岡県安倍郡の青年たちにより静岡三区からの出馬要請を受け、理想選挙を実施するとの約束の下に立候補した。結果は、僅差で次点に終わった（政戦―二三〇～二四三頁、小伝―一四四～一五一頁）。八月には、協調会の常務理事を辞任する。この背後には、国本社の平沼騏一郎[31]が修養団長に就いたことによる修養観の相違などがあったようだ[32]。一〇月には日本青年館の理事を辞任し、かつて静岡県知事として上司であり、今や内務次官となっていた湯浅倉平の懇請により中村是公東京市長の下で助役に就任する一方、新政社主催の第一回政治教育講習会を芝増上寺で開催した。さらに、田沢は、大日本連合青年団の創立準備委員長になっていたのだが、一一月の創立大会で元内務省の警察官僚であった丸山鶴吉らとともに理事に選任された。

一九二五（大一四）年三月、〈新（革新）官僚〉の中心人物の一人とされる後藤文夫や丸山鶴吉、堀切善次郎らの内務省（ＯＢ）官僚を中心とした各省官僚、近衛文麿らの貴・衆両院議員、新聞社幹部、大学教授らによる「新日本同盟」が発足した。それは、時代状況の閉塞・行詰まりを打開しようとする――大正維新そして昭和維新を求める――政治研究団体であった。後藤は親友であり、丸山や堀切は大学同窓であるばかりでなく、田沢自身も大正維新を希求していたがゆえに、内務省ＯＢとして参加した。ただ、同じ官僚的発想といっても、「司法省―国本社―政友会」系に対し、この「新日本同盟」は「内務省地方局―青年団運動・中央報徳会―民政党」系で、前者のような観念的国体論をふりかざすのではなく、一定の合理的思考により革新（維新）を図ろうとする進歩性を有していたとされる(33)。

また一九二五（大一四）年四月には、大日本連合青年団の発団式が名古屋で開催された。その際、田沢は、青年団を軍事教練の実施機関にしようという建議に強く反対し、それを阻止した。田沢にとって、我が国青年団の特色は、(1)自然に発達した団体で、(2)自治的団体であり、(3)地方的単位のもとに国家的（全国的）連絡を有し、(4)青年期の社会生活の団体で、(5)目的とする修養は一般的である、というものであった（使命―三一一頁）。だから、「青年団の不当なる利用と、誤れる指導意見の乱発に注意と警戒を促し」たのである（使命―二八〇頁）。しかも、田沢は、青年団を町内会・部落会的な包括的な年齢階層集団――多様な階級・階層を包括する集団――として捉えていたがゆえ、政党・政派や社会運動に関与することを強く戒めていた（使命―三二六～三三〇頁、小論―一一四〜一一七頁）。それは、〈否政治的〉スタンスではなく、〈非政治的〉スタンスを求めるものであったが、実際には〈政治化〉し、さらには〈反政治化〉（否政治化）する青年団もみられた[34]。

こうして田沢は、一九二六（大一五）年に日本青年館と大日本連合青年団の常任理事に就き、再び青年団運動に力を注ぐことになった。もっとも、同年の東京市議選において「後藤（新平）閥の打破」を旗印にした反市長派閥が勝利したことにより、田沢は中村市長とともに助役を辞任した（小伝―一九七〜一九八頁）[35]。そして、一九二七（昭二）年に入ると、次年度における普選制下の初の総選挙が迫ってきたことから、田沢は、「新日本同盟」を背景に同志の丸山らと健全新党の結成を図るための三党（政友会、民政党、政友本党）拒否同盟を提唱し、彼自身も出馬の意向を示したが失敗に終わった（小伝―二〇一〜二〇四頁）。そのため、田沢は、かつて理想選挙を闘った安倍郡の青年たちと「黎明会」を結成するとともに、自宅に「選挙粛正同盟」を立ち上げた。後藤文夫や丸山鶴吉らが理事となり、会員は情実・黄金選挙を撲滅するため、「投票は請託依頼によらず自己の信念によって行う、自己の投票する候補者に選挙費用（金四十銭あるいはそれ以上）を負担する」誓約とその実行を推進することにした（小論―一四〇〜一四四頁）。こうして田沢の以後の活動は、主として青年団運動の指導と選挙粛正運動に注がれて行くのである。

まず青年団運動に関しては、第一に、一九二九（昭四）年に「壮年団期成同盟会」を結成し、その組織化を呼びかけたことである。それは、二五歳までという青年団員――一九二〇（大九）年の内務・文部大臣訓令により、従来の二〇歳までが緩和されていた――の資格喪失後における「精神空虚を救わんがため、青年団の延長として」四〇歳までの少壮を組織し、⑴郷土における共同生活の充実、⑵経済生活の安定と振興、⑶地方自治の根底的培養、⑷政治生活の合理化と道徳化、⑸国民精神の作興、を目的にするというものであった（小論―一五七～一六〇頁）。その組織化は遅々として進まなかったが、日本ファシズムが台頭する頃には壮年団中央協会の手によって続々と各地方に組織されていった。しかし、一九四〇（昭一五）年の大政翼賛会発足後は、翼賛壮年団へと転化され、元来の壮年団は解体された（小伝―二〇八～二一二頁）。第二は、一九三一（昭六）年に日本青年館の分館に青年団指導養成所（その後は青年団講習所）を開設し、七週間前後の合宿生活を通じて青年団運営の要諦を体得させようとしたことである。当初は、田沢自身が指導していたが、その後は教え子の下村湖人が所長となって指導した。それは、一九二六（大一五）年に軍部が文部省に強要した青年訓練所令を忌避するものであった。というのも、青年訓練所の対象は実業補習学校で学ぶ青年団員であったが、その教練につき陸軍現役将校が査閲することが出来るとしたからであった。(36)

次に、選挙粛正運動である。(37) 一九三〇（昭五）年の総選挙に際しては、前述した「黎明会」や「選挙粛正同盟会」の会員が選挙小読本、ポスター、パンフレットの頒布などによる粛正運動を展開した。そして、この総選挙で大勝した民政党の浜口雄幸内閣が、選挙革正審議会を設置したので、

「選挙粛正同盟会」はそれに対して連座制の制定と政治教育団体の創設を建議した（小論一一四四〜一一四七頁）。続いて、田沢は、政友会の犬養毅内閣おける法制審議会の臨時委員となり、連座法の制定、買収事犯の厳罰、政治教育の徹底などを強く主張した。しかしながら、民間ベースの粛正運動は、徐々に官庁ベースの運動へ転化し、田沢もその波に乗った。そうした転機をもたらしたのは、一九三四（昭九）年に成立した岡田啓介内閣にあって親友かつ盟友であった後藤文夫が内務大臣となり、翌一九三五（昭一〇）年五月に選挙粛正委員会令を公布したことにあった[38]。

それにより道府県には知事を会長とする選挙粛正委員会が、市町村には市町村長らを委員とする選挙粛正会が、そして中央には有力な民間一二団体が加盟し政府の資金援助を受ける半官半民の選挙粛正中央連盟が設置された[39]。連名の委員長には、元東京市長の永田秀次郎が就任し、田沢は堀切善次郎とともに常任理事に就いた。そうした田沢を中心に、一〇月の府県会議員選挙、続く翌一九三六（昭一一）年二月——二・二六事件直前——の総選挙に向けて第一次、第二次の選挙粛正運動が推進された[40]。それは、前巻で考察した市川房枝の粛正運動へのかかわりで評されていたように、「『自由公正な選挙の実現』を標榜しつつ、政党の腐敗矯正という課題を官僚管理するというかたちで押し進められた。端的にいえば、反政党的な契機を孕み、それは内務省の（選挙管理という）既得権益死守という課題と表裏一体のものであった[41]」。

選挙粛正運動が実際には政党嫌忌となったことは、一九三七（昭和一二）年初頭に選挙粛正中央連盟の理事長になった田沢が、「愛市連名」を結成し、丸山鶴吉を中心とする「市政革新同盟」と連携して東京市会議員選挙に優良候補を推薦する運動を強力に推進したことにも見られる。[42]そうした田沢は、選挙粛正は「昭和維新の試金石」であるとしていた（選集―九六一～九六五頁）。しかし、官庁ベースの選挙粛正運動は、結局、田沢の主観的な動機とは別に政党政治を否定する道を掃き清めることになったのである。その後、選挙粛正中央連盟は、衆議院選挙法の改正などを首相に具申したりするが、一九四二（昭一七）年に翼賛政治会の成立よって解散した。

ところで、道義国家を説く田沢は、帝国主義的あるいは軍国主義的な国家経営に早くから反対していた（道―八一頁）が、一九三一（昭六）年九月の満州事変後における議会政治への失望と不信、ファッショ化に対しても、次のような立場を鮮明にしていた。自分は、「いかに世上ごうごうとして、議会政治を非難し、独裁政治を謳歌するにいたっても、真に国民の幸福と国家の安泰とは、人類文化の現在の程度においては、議会政治によってのみ招来し得べきものと信ずるのであって、議会政治の否認、独裁政治の謳歌は、結局、左右両極の惨憺たる暴力闘争に国家と国民とを巻き込むものであることを警告せざるを得ない」（小論―一二四～一二五頁）。これは、自らがリベラリストたることを宣したものといえる。そうした田沢は、一九三三（昭八）年に貴族院議員に勅選された。そこで最後に、政治家としての田沢の言動――彼がまさにリベラリストであったことの証し――を簡単にたどってみよう。

一九三六（昭一一）年には、前記した二・二六事件が勃発したが、田沢は内務大臣であった後藤文夫と日本青年館で治安策を練り、後藤の参内を見とどけた上で何事もなかったかのように執務をとったという。そして、青年団に迷惑をかけたくないとして、大日本連合青年団の理事長を辞任した。事件後の岡田内閣総辞職を受けた広田弘毅内閣は、田沢に入閣の誘いをかけたが、田沢はそれを固辞した（小伝―二一九～二二五頁）。一九三四（昭一四）年四月、田沢は、一方で自ら願って東京青果商業組合淀橋支所の淀橋青果青年学校長に就任し、戦後に向けた「ひそかなる種まき」に着手していた（小伝―二三五～二三九頁）。また他方、前年に協調会時局対策委員となっていた田沢は、同年末の理事会において協調会を産業報告会に併合させることにも解散することにも強く反対し、あくまで社会政策の調査研究にあたる組織として存続すべきことを主張していた。そして、協調会の常務理事に復帰した後も、周囲になるべく邪魔にならないように配慮していたが、戦争には積極的に協力は出来ないとする立場を言明していた（小伝―二三三～二三四頁）。

一九四〇（昭一五）年一月に米内光政内閣が成立したが、二月には衆議院において斎藤隆夫による（43）かの反軍演説が行われた。その斎藤の除名問題で衆議院が揺れる中、田沢は貴族院本会議において、斎藤の懲罰への政府の関与いかんと文教政策の根本方針いかんという形で、次のような一種の戦争批判演説を行った（選集―二四三～二五二頁）。まず国民的性格としての美点・長所を挙げる反面、他者の批評を恐れ勢いに迎合する事大主義、理性的判断よりも直情的な行動に走るなどの短所・欠陥を指摘した。特に後者は、公的生活に現われており、国内政治においては、「立憲政治の正しい運用をゆがめ、地方自治の健全な発達を妨げ、国家社会百般の事項の円満なる進歩を妨げている」。そして、国際生活においても、優秀な国家・民族に対しては「全面的にこれに傾倒し、自主創造の大精神を忘れて模倣追随に流れてしまう」反面、欠点多く力の脆弱な国家・民族に対しては「その長所を無視してこれを軽んじ、みずから民族的反感の種を蒔く」傾向がある。率直にいって、我々は、「わが隣邦に対しかくのごとき過失を過去において断じて犯さなかったと断言しうるでありましょうか。また現に大陸の現地においてこの種の遺憾が絶対にないと保証しうるでありましょうか」。この点を反省しなければならないとして、暗に中国大陸への軍事的侵略を批判したのである。そうして一九四二（昭一七）年、翼賛選挙後に翼賛政治会が成立し、田沢も入会の勧誘を受けたが、「小生感ずるところあり」として入会を断ったのであった。

さらに、一九四四（昭一九）年三月、四国善通寺における青年団の地方指導者講習会で、田沢は敗戦を公言し、戦後の祖国再建の覚悟と心構えを説いたのであるが、その講演中に脳出血で倒れたのである（小伝—二四一〜二四三頁）。そのため、同地で療養を続けたが、一一月に再度発作を起こし逝去した。享年五九歳。そして、空襲警報が鳴りわたり、爆撃が行われる中で東京多摩墓地に埋葬された。葬儀委員長は、親友で盟友の後藤文夫であった。一九五二（昭二七）年には、その後藤や丸山鶴吉らによって財団法人・田沢義鋪記念会が設立された。

以上のような田沢の歩みに対して、次のような評価が見られる。彼は、大正・昭和維新を口にしていたが、「維新というよりも立憲主義の擁護とその拡充こそがその根本精神であった。その意味では大正・昭和期を通して軍部の威圧やマルクス主義の圧倒的風潮のいずれにも屈することのなかった強靭なリベラリストの系譜に数えてもよいし、明治の健全な進歩主義を継承した人間の一人とみなしてもよい。そのような立場からして、彼はマルクス主義に対して批判的であるとともに、右翼的革新思想に対しても同調することはなかった」(44)。確かに、左右両思潮に同調しなかった点では、田沢は〈強靭な〉リベラリストであった。それは、前述にもうかがえた。

しかしながら、田沢は、〈強靭な〉リベラリストでありながらも〈危うい〉リベラリストの道を、言いかえれば「リベラリズムの稜線」(45)を歩んだといえる。それを集中的に表現しているのが、積極的な選挙粛正運動の推進であった。田沢にとって、選挙粛正は選挙腐敗による議会政治の危機を克服する手段であった。その点で、進歩主義的であると同時に、日本ファシズムとは一線を画したといえる。しかしながら、当初の民間ベースの粛正運動が官庁ベースとなり、田沢も官庁ベースに乗り、それを主導して行った。こうした粛正運動は、むしろ議会政治を機能させる主導力としての政党を粛正・解体せしめることになった点では、日本ファシズムを間接的にサポートすることになったといえるからである(46)。

第三節　田沢義鋪の政治改革論と地方自治論

田沢は、郡長として青年たちに接し始めたころから、政治教育すなわち自治体を包摂する「国家組織人としての生活、国家という団体生活……このような公的生活に必要な知識を与え、徳操を涵養する……公民教育」（実業—二五八頁）の必要性を痛感していたようである。だから、地方改良運動において模範村とか優良村と称された町村に対しても、大部分の公民は自治の自覚や抱負もなく、二〜三の有力者にすべてを托し、有力者の消長によって一朝にして不良村となったりすると批判する（実業—二七八頁）。そして、前節で見たように、関東大震災という天災の後に人災としての国家危機が襲ってくることを危惧し、政治改革のための政治教育運動に乗り出すことを決心すると同時に、一九二四（大一三）年には総選挙に出馬し理想選挙を実行したのであった。その時の「立候補の理由と政見」（以下、特注以外、選集—二三二〜二三八頁による）に、田沢の政治改革構想（国民主義）の骨格が描かれているといってよい。

田沢は、「政治の粛正」すなわち政治改革とは「国民政治の確立」と「道徳政治の実現」にありとする。国民政治とは、「皇室を中心とせる国民全体によって、国民全体のために行わるる政治」、すなわち国民主義の政治である。言いかえれば、明治維新後、我が国は絶対にして万古不易の国体の下、立憲政体をとることになり、「陛下と負担を分つ、即ち国家運営の責任を国民が分担したのである。これによって見るも、立憲政治の下の国民は、国家の政治活動に奉仕するだけの責務があるのである」（講話─五五～五六頁、傍点は引用者）。あるいは、国家の主権（統治権）が天皇にあることはいうまでもないが、「天皇は国家の最高にして神聖なる機関であらせられるのです。……（中絡）……その天皇の統治権の一方法として、立憲政治が行われるのです。すなわち、天皇が、国民に対して、この国をよくしこの国民の幸福を計るために、国民が意見を出して健全なる世論を作れ、天皇は御自分一人の御意見によらせられる前に、先ず国民の世論に従って政治をしようと仰せられるのです」（通俗─二〇五～二〇六頁、傍点は引用者）とする。このように天皇制下における世論にしたがった国民政治とは、世論を国政に反映する政党・議会政治を意味するといってよいが、後述するように、それはまた階級協調ないしは超階級政治を意味するのである。

ここで田沢が、主権の所在とその運用を区分した吉野作造の民本主義論と同様の論を展開していることは自明であろう。かくして、「国民政治の確立」という政治改革は、形式・内容の二側面において次を求めるとする。その形式面においては、「議会の改造」すなわち「参政権の国民化」としての普通平等選挙制（以下、普選制）の即時実施と貴族院の改革である。内容面においては、「政治実績の国民化」すなわち「社会政策の実行」である。特に後者が必要なのは、労働対資本、無産者対有産者の問題を中心とする社会問題にどう対処するかが、世界各国の最重要課題になっているからだ。そこで、「社会政策とは現在における社会組織の根幹を覆すことなく、合理的の手段によってこの欠陥と弊害とを除去し、その境遇を改善し、その地位を向上せしめ、その福祉を増進するの政策に外ならないが、これに反対するのが「頑冥固陋の保守思想」と「狂暴詭激なる急進破壊の論者」という二つの危険思想であるとする。かくして田沢は、ちょうど吉野が民本主義は過激主義とは相容れないが立憲主義に根拠をもつ社会主義とは両立するとした（選集二―一五二頁）ように、自由主義から社会民主主義に足を踏み入れているといってよい。

次の「政治の粛正」、すなわち政治改革としての「道徳政治の実現」とは、国民政治のいわば運用面における政治腐敗を撲滅し、「道徳と政治の一致、理想と現実の調和」（講話―六三頁）を図ることである。具体的には、「学校、港湾道路、鉄道の如き、国家ならびに自治体の当然の行政にして反対党を威嚇して自党の勢威を拡張する」利益誘導などの党弊の浸潤、選挙における買収、多大な選挙資金を得るための汚職・疑獄事件、さらには日常茶飯事となっているといってよい政府官憲に依る選挙干渉などなどの腐敗を撲滅することである。かくして、「政治の粛正は、選挙の改善に出発せざるべからず」。そのことは、田沢に政治に対する有権者（国民）と政党の在り方、両者の関係の在り方いかんを求める。田沢は、既成政党に対して絶対無所属の態度をとるとしながら、その点を次のように明らかにする。

第一に、真の政党とは、国家にとっての重大問題をめぐる、今日的にいえば前記した社会問題をめぐる政策によって競合・対立する政治団体である。ところが、既存の政党は、個人の勢力を中心として利害と感情をもって烏合する政客の集団、すなわち朋党にすぎないとする。第二に、政党はあたかも「訴訟の当事者」のようなもので、国民は「常に公正にして自由なる立場を保留し」、選挙によって政党の政策に判決を下す「裁判官」のようなものだとする（あわせ選集―九三八頁）。かくして第三に、国民は一党一派に属して政党の地盤を形成するようなことを行ってはならず、既成政党が形成している地盤から解放されねばならないとする。第一点は、政党を国政レベルの政治団体として地方自治（自治政）から排除することにおいて、吉野と共通する。

しかし、第二点、三点に関しては、吉野と次のような異同がみられる。田沢においては、「選挙は各選挙人の理性の判断により、良心の命に従って、極めて公正に行われなければならぬ」（講話―四一頁）し、その上で議員「各人各位が、自己の良心に基づいて行動することを前提とするから、多数決は即ち多数の正とし、利益なりとするものを現わし得るものであるという点に」、立憲政治が是認される根本的理由があるのだ（講話―一二六頁）。このことにおいては、根底において吉野の民本主義論が主張する「政治と道徳の一致」――もっとも田沢のそれは国際正義と社会正義を体現する「道義国家」に収斂されよう（道の国―八七～八八頁）――と軌を一にするといえよう。だが、選挙規準に関しては、田沢は吉野と袂を分つ。吉野も、有権者（国民）は政党の地盤から解放され自己の〈良心の自由〉に基づいて選挙すべきであり、有権者（国民）を相撲における行司に喩えていたが、有権者（国民）の選挙規準を人格第一主義としたことから、選挙対象を第一義的には人物とし、政策を第二義的としていた。ところが、田沢は、選挙規準を政党間の政策に置く点で異なる。この相違点は、あるべき選挙制度として、吉野がそれを小選挙区制とするのに対して田沢は次のような比例代表制とする相違となる。

田沢は、一九三一（昭六）年の満州事変後におけるファッショ化を阻止するには、現状の議会政治に見られる二つの欠陥を是正する必要があるとする。その欠陥の「一つは、国策の発見、ならびにその遂行に関する議会政治の無能力の暴露であり、他の一つは、議会政治の是認せられる唯一の思想的根拠——民意の正しい表現を裏切るところの選挙の不公正である」（小論—一二五頁）。そこで田沢は、この欠陥を克服し、本来の政党政治を回復するための緊急かつ根本的な三つの制度改革案を提案する（以下、小論—一二五〜一三一頁）。

第一は、比例代表制の採用であるが、それは美濃部達吉の全国一選挙区・政党投票制ではなくブロック選挙区・候補者投票制である。田沢が提唱するこの比例代表制は、左右の議会否認勢力を議会に誘致するだけでなく、農村や商工界などに関するある程度特殊な政策を有する小政党を輩出させ、議会内に政策尊重の気風をもたらすであろうとする。そして、従来のような政策を喪失した絶対多数党よりも、「内閣は二三の政党の合従連衡によってブロックを作ってこれを組織する。強い政策の主張者が、相互に協定したものこそ、むしろその限度において最も有力に政策が遂行される」であろうとする。第二は、現状の政党の政務調査会は、基礎的な調査機関や調査資料も有せず、省庁官僚から材料をもらってきてお茶を濁すという極めて貧弱なものにすぎない。それゆえ、議会内に重大国策審議委員会を設置し（半数は各党議員で、残り半数は各省庁官僚と民間の専門家）、それを活用すべきことである。第三は、イギリスで買収を絶滅することに成功した徹底的な連座法制をこの比例代表制に導入することである。

ただ、田沢は、こうした制度改革以前に、「政治の粛正」すなわち政治改革に対して、また次のような改革論を表明していた。立憲政体における議会政治は政党政治によって作動するがゆえに、求められるのは「既成政党の破壊ではなくて、その革新であり改善である」ことだ。そして、その方法は、一つに、真面目な人物が入党し、内部改革を行うことであり、もう一つは、国民に対する政治教育によって立憲精神を培い、国民の政党観を根本的に改めることである。ところが、前者は、これまでミイラ取りがミイラになって悉く失敗に終わってきた。その最大の要因は、党議（拘束）制にあるといってよい。元来、「政党対立の合理的根拠は、その国、その時代における最も重大なる問題に対する意見の相違である」。したがって、重大な国家政策について意見を同じくする同志が糾合し、その政策実施を図るために政党が結成される。ところが、実際は、「国会から市町村会に至るまで、議会は政党のくだらぬ駆引党略の競技場と化し、あるいはさらに喧噪混乱の闘争場となって……（中略）……議員は自己の良心に基づいて行動するというよりも、党略のために定められた党議に、その一言一行を束縛され」ているのである。これは、「既成政党の罪悪」といってよいとする（講話―二五〜三二頁）。

ここに見られる田沢の政党観は、いうまでもなく党規律が緩やかで自律的議員の集団としての院内（議員）政党という古典的――吉野のタイプ化によれば自由主義的――政党観であるといえる。それはともかく、党利党略的な党議（拘束）制が、既成政党の内部改革を殆ど困難にしていると絶望視される。とすれば、もう一つの方法である国民の政治教育に改革の成否が賭けられるわけである。しかしながら、田沢は、政治教育と同時に、政党の外部改革ともいうべき政界の再編を構想し、具現化しようとしていたことにも注目したい。

田沢は、普選制の成立が迫っているとみなしながら、将来の政界を展望していた。彼によれば、前記したように、本来の政党は重大な国家的課題に関して意見を同じくする議員の政策的同志の結集体でなければならない。そして、世界各国における現下の最重大課題は社会問題であるがゆえに、それが将来の政界再編をもたらすであろうと捉えていた。その先例をヨーロッパ諸国に見るならば、イギリスの「三党対立」型とドイツの「五党対立」型があるが、我が国は「三党対立の定石による」であろうと捉える。すなわち、「普選による選挙が一回二回と行なわれるごとに、保守党にもあらず、労働党にもあらざる自由主義者の一団が、必ず増加するであろうと信ずる。……（中略）……おそらく知識階級の人々をその中心として、かくの如き政党が遠からず後に、生れ出るであろうと思う」としていた（講話―三二〜三八頁、あわせ通俗―二一六〜二二〇頁）。そうして普選制実施が確実になると、前節で述べたように、田沢は「新日本同盟」を背景に同志たちと新自由主義、すなわち「社会化せられたる自由主義」による（選集―一〇四二〜一〇四四頁）健全新党の結成を図ろうとしたのである。それは、頓挫したが、まさに政界を「三党対立の定石」にならしめようとしたものであったといえる。[48]しかしながら、それが頓挫したがゆえに、田沢は青年団運動の指導とともに、政治改革の最後の、最終的方法としての政治教育運動、とりわけ選挙粛正運動にエネルギーを傾注せざるをえなくなったのである。

田沢が、政治教育に着手することを決心し、一九二四（大一三）年初頭に自宅に新政社を設立したのは、「社会教育としての政治教育は、結局国民の相互教育でなければならぬ……相互に注意しあい、励ましあって、立憲的人格の完成に努力し、政治知識の普及と政治道徳の向上をはかって、政界革新の原動力となる」ためであった。そのための教育の場としては、家庭、学校、青年団などがあろう。しかし、地方的事情を考慮し、かつ老青壮年代を架橋するための「国民の相互教育」という観点から、教育方法として「各地方において教育家篤志家等の指導により、自覚した少壮者の一団を中堅とする政治教育団体を作る」べきであるとする。そして、かかる政治教育団体は、日常的には会員相互の政治研究活動と講演・講習などの一般的教育活動を行う他、選挙に際しては既に提唱している「選挙粛正同盟」の事業を実施するべきであるとしたのであった（講話―六一〜

六二頁)。こうして見ると、田沢の民間団体による政治教育運動は、青年団運動が「青年相互の集団的修養」とされた(使命―三五六～三五九頁)[49]ように、まさに相互教育による「立憲的人格の完成」を目指す政治的〈修養〉運動であったともみなしうるのである。

そこで注目したいことは、田沢は、かかる政治的〈修養〉により、立憲制下の国民に対して次のような立憲的精神の発揚を求めていることだ(講話―五五～六一頁)。その第一は、国家奉仕という政治的責務の自覚であり、第二は、相互の自由の尊重である。そうして、その自由の尊重は、さらに次の四点の要求を必須にするという。第一点は、人格的自由の要求、すなわち政治生活の主体としての人格の承認である。ただ、婦人公民権を肯定しつつ(小論―一六〇～一六三頁)も、市川房枝には選挙粛正運動に婦選の要求を持ち込まないよう選挙粛正中央連盟の理事として釘をさしていた[50]。第二点は、政治的人格者としての活動(言論、出版、集会、結社など)の自由である。第三点は、自分たちの地方のことは、自分たちに任せて欲しいという地方自治の要求である。もっとも、地方「自治制度といっても、国家の一部である以上、中央の行政のために幾多の束縛と干渉は、監督の名において行われるのであるが、その程度については、なるべく地方自治の範囲を拡充することが、自由尊重の当然の結果である」とする。第四点は、国家政治より生ずる政治上の強制・規制を最小限にする要求であるが、社会的要求のために個人の自由がある程度までに制約されるのは当然であるとする。

田沢が、自由主義者《リベラリスト》であることを象徴する言説であるが、自由の尊重のなかに地方自治の要求を含め、かつ分権論者であることが特異といえる。そこで、政治教育運動の一環としての選挙粛正運動とその帰着点については前節で考察したので、眼を田沢の地方自治論に転じよう。ただ、彼の地方自治論、とりわけ国政・自治政の位相論に入る前に、やはり注目したいのは彼の道義国家論における国民性の陶冶論である（以下、道の国―一〇七～一一一頁）。というのも、そこで田沢は、自由主義《リベラリスト》の立場から地方自治を阻害する弊風を指摘し、その改造を提言しているからである。

田沢は、まず皇室中心の家族国家制による国民の共同感情、共通感激性などが長所であるとしつつ、他面、重大な短所・欠陥として「自由創造の精神に乏しく、したがって模倣追随を事とし、雷同附和に陥りやすい」国民性を指摘する。殊に「外にありては欧州文明に対し、内にありては地方の中央に対する、この二つの相関的模倣追随の傾向」は、「国民病」ですらあるとする。そうして、郡長時代の体験を踏まえ、地方の中央に対する模倣追随の病状――それは、戦前から今日に至るまで多くの研究者などから指摘されてきた我が国の地方自治に関する診断結果と同様であるといってもよい――を次のように指摘する。

第一に、中央政府・府県・郡・市町村を貫く模倣追随とは、下級が上級に命令・指導や法規（規則・例規など）を求めることだが、それは多様性を異常とみなす「統一の迷信」によるものであり、反面では「責任回避」、すなわち「自己の責任である義務の遂行に当って、詳細な規定に束縛せられるを便宜とし、当然とし、自己の自由手腕に委せられるを不便とする」弊風をもたらしているとする。第二に、その根底には「中央官省に職を奉ずるものは、法規の制定をもって自己の誇るべき功績なりと考え、府県の処分に委してさしつかえなきものを自己の権限に収め、これが取締の法令を制定せんとし、地方庁もまたその例にならい、官吏は常識と手心と、功罪ともにしょって立つの責任観念を失い、ただ法規類聚の取扱者となり了とする」「法規万能の思想」がある。かくして、第三に、「法規の当然の性質として有している画一性、抽象的の規定とのゆえに、地方独特の施設が容易に起らない。どこに行っても、大同小異、到るところ中央都市の模倣であり、政府の官吏の指導する範囲を出でぬ施設」(＝施策・事業)となることだ。第四に、「民間の真面目な篤志家といわれる人々の間に、相変らず権力依頼の牢固たる習癖」が存在し、それが思想問題に関しては政府官憲への取締要求の態度となっている。しかしながら、危険思想や行動の取締はともかく、人間の内面にまで強権的に介入しようとするのは誤りであって、「思想に属する限りにおいては、むしろ政府の強権をもってこれを圧迫することなく、民間の識者が、あるいはペンを取り、あるいは壇上に立ちて論戦を支える」ことこそが「国民の気魄」たるべしとする。

その他、対外的模倣や雷同附和の国民病を指摘しつつ、そうした国民病を改造するには、政治面ではなによりも「言論、集会、結社の自由を、もっと広い範囲において国民に与」え、国体、風俗以外の事項については、「いっさいの取締を解放して、国民をして、各その意見を闘わしたる方針を取るべき」とする。次いで、「法規の制定を最少限度に止めて、法規万能の弊を矯《た》め、地方自治体の権限を大ならしめ、できるだけ地方分権の方法によらねばならぬ」。そして、政治のみならず、「教育といわず、経済といわず、すべての方面において不必要なる統一、束縛を撤廃し、国民をして、各その個性に基き、自由にその天分を全うせしめ、自己の尊厳に目覚めて、附和雷同の陋習《ろうしゅう》を脱せしめなければならぬ」とする。

このように、田沢は、徹底的なリベラリストの相貌を示すと同時に、徹底的な分権論者でもあったことが分かる。しかしながら、田沢は、早くから政党が「国政の運用に関しては、政治の勢いとして必要であるが、地方自治体においては断じて政党に左右せらるべきものではない」（実業――二六四頁）という国政・自治政の位相論者、自治政からの政党（政治）排除論者であった。そこでまず、その理由・論拠などを見てみよう。

第一に、国政には政党政治が必須であるが、自治政にはそれが不要であるとする論拠である。それは、「一国の政治には、実に重大な問題が多い。その政策の決定……（中略）……が困難である。そこで万機は公論に決す。立憲治下にありては、国民の多数の意見によって、その政策を決定するより外に仕方がない。……（中略）……ところが、一面市町村の政治は、われわれの実生活と直結している関係上、利害は密接であるが、国政の如く政策の決定困難なるものはない。国民の生命財産に関すること、一国の外交軍備に関すること、財政経済の大方針に関すること、総てにおいて、比べものにならぬと言ってよろしい。相当に世故にたけた、常識あり経験ある人々が真面目に市町村のためを思って相談するならば、事は熟議懇談の間に決すべきである。勿論意見の相違もあり得るであろうが、それは程度の問題であるか、あるいは全く個人的の理由であって、和衷協同、自ら結論を合致し得べきものである。従って政策を立てて争い、その争いは市町村民の賛否によって決せられねばならぬという如き事態は起らないのを常態とする」からだとされる（小論―一三四頁、同旨は小論―一九八～一九九頁、通俗―二二五～二二六頁）。こうした論拠は、前章における安部磯雄や大山郁夫らの国政と自治政における事務事業の相違論と同旨であるといってよい。だが、田沢においては、彼ら識者の見解を受けているのではなく、一八八九（明二二）年末における山県有朋の地方自治（自治政）に政党政治は不要とした地方長官訓示(51)を受け、それは「今日においても、そのまま通用すべき政論」としている（小論―一三七～一三八頁）。彼が、かつて内務官僚であったことが、このように言明させているといえる。

第二は、地方自治（自治政）の特性である。まず位相論を受け、自治体の「行政において、道路、治水、学校、その他各般の問題が、党勢拡張の具に供せられ、反対党圧迫の道具に用いられつつある現状は……これ全く中央の政党が、その地盤の涵養のため、すなわち帰するところ政権争奪のため（政策実現のためとはいえぬ）地方の自治権を蹂躙しつつあるものといわねばならぬ」（小論―一三八頁）という「自治行政の政党化」に対する激しい批判となる一方、近年識者から提唱されている「自治行政の実務化」が理想だとする。すなわち、「一国の政治の如く、演説したり議論したりせずに、あたかも商店会社の如く、実務としてこれに当るべきである。即ち市町村長は社長であり、店主であり、助役収入役は支配人であり重役であり、市町村会議員は株主の代表であり、市町村会は株主総会であって、市町村民が株主である。もし、重役会議や株主総会で、党を立てて互いに争い、議論でもって反対派を圧服せんとする如き会社商店があったならば、それは必ず利益を挙げ得ない会社商店であるに相違ない。市町村政もまたそのとおりである」とする（講話—二五頁、三九〜四〇頁）。ここにおいては、山県の訓示の継承というより、まさに安部や大山らの都市自治体＝株式会社論の援用となっている。このことは、当時、自治体＝株式会社論がいかに流布し、多くの論者に受入れられていたかを示すものといえよう。

第三に、田沢の特色としては、以上から国政と自治政における選挙規準の相違が説かれることである。すなわち、国政選挙（衆議院議員選挙）では、既述したところであるが、吉野作造と異なり「国民は政党の政綱政策を見て去就を決するのである。自分の賛成している政策を掲げている政党の候補者の中で、人格識見才能のすぐれた人に投票する」（講話—四〇頁）のである。つまり、「人格は衆議院議員選挙の消極的排除の標準として必要であって、積極的選定の標準は、どこまでも政策でなければならぬ。消極的排除の標準というと何かというに、人格劣等なものは、政策のいかんにかかわらず代議士に当選せしむべきでないというのである」（小論—一三三頁、あわせ通俗—一九七〜一九九頁)。これに対し、市町村会議員や「市町村長の選挙とか、助役収入役の選挙とかは主として適任者の推薦と考えてよいであろう。選挙人の意見を代表するというよりも、その人の人格才能を、選挙人が認めてこれをその職の適任者なりと推薦する」(講話—三九頁、あわせ通俗—一九七〜一九九頁)ようなものであるとする。要するに、「かくの如き市町村政治と国の政治との性質上の相違から、当然選挙の意義が異ってこなければならぬ。すなわち国政にあっては政党本位、自治体にあっては人物本位である」(小論—一三四頁)べきだというのである。

もっとも、「今日の実情を見れば、府県会議員の選挙は、国政に関する政党の興亡に関する重大事と考えられている。朝野各党とも、府県会議員の選挙は、衆議院議員の総選挙につぐ精力をもって努力している。……このために……国の政党に対して民意の向背をきめる機会と考えられている。……(中略)……ということを否認するものではない。しかしそれはどこまでも副産物であり、副作用である。府県会議員の選挙の性質は、どこまでも、府県という自治団体の議員選挙である。従って人物本位であって、政党本位であるべきではない。従ってまた政党に対する投票であってはならぬ。いわんや国の政治によって成立している中央政党に対する投票であってはならぬ」(小論—一三五〜一三六頁)とする。

しかしながら、第四に、地方自治(自治政)と政党との関係については、例外を認めつつ、綻びを見せ始める。その第一点目の例外は、「地方自治体において行われるべき政策に関し、意見を同じうし、これが実現をはからんとする地方政党、すなわちその自治団体限りの政党が、理論上立派に成り立ち得るのである。だがこれは前に述べたとおり、国政と違って、地方自治の内容は、むしろ政策の決定に困難を感ずるのでなく、人物いかんによって影響を受けることが多いのである。従って、真の地方政党は、理論上存在し得るとしても、実際において存在する余地がないといってよろしい」。もっとも、ニューヨークにおけるタマニー政治の腐敗を改革しようとした運動は、一つの立派な地方政党といえるが、それは「特殊な場合、臨時の出来事であって、その目的を達して市政が革政されれば、もはや存在の理由を喪失する」のであるとする（小論―一三七頁）。しかしながら、地方的争点をめぐる政策決定が人物（議員個人）に左右されるというのは、自治政における人物本位主義という選挙規準に基づく牽強付会であるといえる。

例外の第二点目として、無産政党の場合は、既成政党と異なり、次の二つの点において地方自治へのコミットが許容されるというのである。一つは、「無産政党は、（国政レベルにおける）政綱政策の決定（をめぐる争い）もさることながら、先ず無産階級の政治的進出に全力を尽くさなければならぬ。この意味において、無産政党が、地方議会の選挙に当って候補者を立てその当選に努力するのは、当然のこととして是認せられなければならぬ。だがこの意味における政党運動は、無産階級が他の階級と同じ比率でその代表者を地方議会に送り、同一程度の発言権を得るに至るならば、その政党的行動は消滅すべきだといわねばならぬ。地主と小作人と、資本家と、労働者と、椅子を並べて市町村の議事に当り、和衷協同、市町村民全体の幸福をはかるべきである」とする。

もう一つは、共産主義・革命を主張する無産政党は論外だが、穏健な社会主義を主張する無産政党の場合には、それより「論理的必然的に割り出される国の政策もあろうし、地方団体の政策もあり得るであろう。こういう場合には、無産政党は一面において国の政治に関する中央政党であるが、同時に合理的な地方政党ということが出来る」。しかしながら、「無産政党が国政において社会主義を中心として争うことがあっても、地方自治団体は、町村の共同生活の機関として、党争に煩わされることなく、真の共同社会実現のため協力しなければ成らぬと思う」とする（以上、小論―一三八～一三九頁、括弧内は引用者の補充。あわせ通俗―二〇〇～二〇一頁）。まさに、この論理を導出しているのは、都市ないしは市町村は生活共同体であるという捉え方である。

しかしながら、この無産政党例外論が、奇妙であることは自明であろう。第一に、まず無産階級の政治的進出のために無産政党が地方議会選挙に党派的候補を擁立し、議席確保を図ることが許容されるなら、理論的には既成政党においてもその階級的基盤から党派的候補の擁立・議席確保が許容されなければならないであろう。次いで、無産政党が一定の議席を獲得したならば――既成政党は既に一定の党派的議席が確保されていることが前提にされているが――政党的行動を廃棄すべきとすることは、地方自治（自治政）における政党政治の排除ではなく、実は生活共同体論から政党間の階級的協調政治を主張することに他ならないといえる。そうでなければ、田沢の政党政治排除論は、地方自治（自治政）にとり議会（代議制）が不必要で、単に行政に対する諮問機関がありさえすればよいということになりかねない。

第二に、無産政党には、社会主義の観点からする国政上の政綱・政策の他に自治体政策もありうるとするならば、同様に理論的には既成政党においても保守主義や自由主義の観点からする自治体政策がありえ、その限りで既成政党も合理的な地方政党たりえるといわなければならない。田沢も、既成政党が感情・利害によらず、政党本来の主義・主張による政治団体に改良されるならば、恐らくそのことを肯首するであろう。それに、無産政党は、地方自治（自治政）においては党争に煩わされるべきではないが、国政においては社会主義の立場から党争が許容されるがごときである。それは、田沢の許容する社会主義が穏健なそれ、すなわち社会民主主義であり、立憲政治を否定するものではないからである。かくして、田沢の立憲政治論は、世論と選挙に立脚する政党間の階級的協調政治であるといえる。言いかえれば、天皇・皇室（国体）を背景にした超階級政治、すなわち彼が一九二四（大一三）年に理想選挙を実践すべく出馬した総選挙での政見として掲げた「国民政治の確立」であったといえる。このことは、既に指摘したところである。

このように田沢の地方自治（自治政）における政党政治の不要・排除論は、綻びを見せ始めるが、戦時体制化に入ると、彼はまた地方自治（自治政）に関する次のような二点の提唱を行う。第一点は、日本的地方自治の精神としての「小国家主義」なるものであり、第二点は、それに連結した町村振興組織としての「参謀本部と前衛部隊」なるものの創設である。

第一点に、田沢は、地方自治の精神に関し、イギリスの場合は「公民自治」（住民自治）に、ドイツの場合は「団体自治」にありとみなしつつ、特にヨーロッパ人は先ず自分自身を、次いで個人と密接する公共の市町村を、最後に国家のことを考える思考様式にあるとする。これに対して、日本人は、自然的欲求として何よりも先ず国家のためを考える。この純日本的精神を基礎に、「固有の自治思想」を発達させてこなかった我が国における日本的自治精神を創造したいというのである。そこで、「自治の本質には、団体自治と公民自治のほかに、自治もまた国家の行政の一態様だと言う点が存するのを忘れてはならぬ」。そうすると、「市町村は国家の縮図であり、雛形であり、一部分である。すなわち小国家である」といえる。だから、何よりも先ず国家のためを考える純日本的精神を市町村において活かすことが、日本的自治精神としての「小国家主義」なのである。敷衍すれば、「小国家主義」とは、戦争のような非常時には国民は一身を捨てて国家に殉ずるように、平時においても「われわれの住んでいる町や村を立派にすること」へ挺身することであるようだ（小論―一四七〜一五二頁）。このような意味において「小国家主義」は、次の町村振興と連接するわけである。

第二点の町村振興の組織論は、次の背景から提唱されたといえる。一九二九（昭四）年の世界大恐慌の最中における浜口雄幸内閣の金解禁が、翌年には昭和恐慌をもたらし、一九三二（昭七）年には経済不況の深刻化のために、五・一五事件後の斎藤実内閣下の内務省が国民自力更生運動を開始し、田沢の盟友である後藤文夫の農林大臣が経済更生部を設置して経済更生計画の策定に乗り出したことである。しかし、田沢にとって、町村の振興が「ただ単に中央政府の政策にのみ依拠してこれを達成するの困難なること、すなわち地方民衆の共同の努力による自治的振興でなければならぬこと、改めていうをまたぬ」（自治—一六四頁）ところであった。そこで田沢は、かつて地方改良運動におき井上友一が示したという町村の各種機関の三系統、すなわち行政系統（役場、町村議会、区長、衛生組合など）、産業系統（産業組合、農会、商工会、各種同業組合など）、教育系統（小学校、補習学校、青年団、女子青年団、主婦会、在郷軍人会など）[52]を想起し、町村振興の「参謀本部」としての綜合統制機関の設置と「前衛部隊」としての中堅少壮者（壮年団）の結成を提唱した。そして、後に一九三七（昭一二）年、それに部落町内の「協同体の確立」を加えて「自治三則」としたのである（小論—一五五頁、自治—一六五頁）。最後に、それらを追ってみよう。

まず、「参謀本部」としての綜合統制機関とは、三系統の機関の責任代表者や専門家などを糾合した機関で、内部に特別委員会を設けて調査研究を行い、総会の議を経て「町村の最高方針」を決定する「町村与論の最高調整所であり、また精錬所である。かくして決せられた方針に従って役場は予算を編成し、農会はその事業の項目を定め、学校は教育の内容を決定し、青年団はこれに合致する修養の施設を行う」ものとする（小論—一五五〜一五六頁）。その名称は、村治・町政研究会、自治統制委員会など各地方ごと自由であってよい。しかしながら、そうすると「中には、町村会の権限と衝突するようなおそれはないかと心配する人もあるが、町村会に提出するような案を、この会で出すのではない。もっと根本的な、もっと総合的なものが、この会で成案・決定され、特別委員会をもってその実行を督励せしめる」というのである。田沢は、前述した重大国策審議委員会のようなものをイメージしているようである（自治—一六七～一六八頁）が、いずれにしろ三系統の機関を調整し統制しようというのであるから、超権力的機関になるわけである。反面では、それは、いかに縦割りに悩まされ続けてきたかをあぶり出し、戦時体制下の地域振興においてはもはやそれが許されないものになっていることを示すものといえる。

壮年団については、前節において、青年団員の資格を失う二五歳以上の少壮者の精神的空虚感を危惧し、青年団の延長として結成すべきことを提唱していたことを見た。しかし、ここでは、単なる精神的〈修養〉ばかりではなく、地方的人材育成という役割が強調される。というのも、人材や資力などが都市へ集中し、地方が空疎化しているからだという。そこで、「人材育成の苗圃」として壮年団を結成するが、二五歳から四〇歳ぐらいまでの少壮者をすべて網羅する必要はない。そうではなく、「団体生活のもとに引き続いて修養に努めようと考うる壮年者、ことに家業に精励するとともに郷土の振興を念とする壮年者が、同志相集ればよろしいのである」（自治—一八一頁）。そうして、彼等を「町村産業の建て直し、生活改善等の町村振興の根本方針を第一線に立って実行する」（小論―一五七頁）「前衛部隊」たらしむるべきだというのである。

後に付加された部落町内の「協同体の確立」は、農村部のみならず都市部にも求められる。特に財力なき地方の農民が、資本主義経済の中で個々人の生活を維持・発展させるには、相互に協力しあう必要がある。それを個々人の自覚に待つのは、百年河清を待つようなものだから、綜合統制機関の下での「農民全体の協力というのも、結局は部落共同の伝統を活用するのが最も功を奏する捷径である」。他方、都市部における町内の協同生活は、神社祭紀、町内警備・衛生の他に社会教育、選挙粛正、経済更生、生活改善などの事業実施によるより一層の充実が求められる。それだけではなく、将来、町内会が市政の重要な役割を担う時機が到来するだろうと予測する。そこで注目されることは、この「自治三則」が提示された一九三七（昭一二）年時点において町内会の法制化を提唱し、私見では住民が町内会の評議員を選挙し、市会議員の一部を町内会評議員の互選――一種の複選制――にしたらどうかとしていることである（自治―一五三〜一七六頁）。

ところで、内務省地方局が、一九三八（昭一三）年に地方制度調査会に提出し協議された農村自治制度改正要綱には、「町村と町村内の各種団体等との関係を調整し綜合団体としての町村の機能を発揚せしむる方策を講ずること」や、「町村の下に適当なる形に於て部落を認め一面町村活動の補助機構として之を活用すると共に他面部落固有の活動の健全なる発展を図ること」などの文言が見られる。[53] これは、田沢が提唱した綜合統制機関設置案の影響を受けたものかは不明だが、いずれにせよ一九三一（昭六）年の満州事変以降のファッショ化の進行の下で諸機関の調整・統制が強く求められ出していたことを示すものといえよう。そうした意味で、田沢が「自治三則」の一則として綜合統制機関の設置を提唱したことは、彼の日本的自治精神としての「小国家主義」が調整的よりも統制的な「小国家主義」に転化したことを示すといえる。

最後に、田沢を全体的に評すれば、彼は独自な政治理論（思想）家であるよりも、青年（壮年）団運動をベースに政治教育運動を推進した実践家であったといえる。そうであるがゆえに、また田沢は階級協調的な「国民主義」的自由主義の立場から青年（壮年）たちに国政や地方自治（自治政）の在り方を通俗化して理解せしめる啓蒙家・教育家であったといえよう。

（1）高橋彦博『戦間期日本の社会研究センター――大原社研と協調会』柏書房、二〇〇一年、二六三頁の図。

（2）武田清子『日本リベラリズムの稜線』岩波書店、一九八七年、二四五頁。

（3）三谷太一郎・他編『吉野作造選集2・デモクラシーと政治改革』岩波書店、一九九六年、五頁。以下、『吉野作造選集』からの引用は、本文中に（選集・巻数―引用頁）として略記するが、同『選集』に収録されず、地方自治に関する時評などがそれなりに収録されている別途の復刻版著書、および無産政党に関する復刻版著書については、本文中に次のように略記する。『現代政治講話』（文化生活研究会、大五年）、みすず書房、一九八八年は（講話―引用頁）、『古い政治の新しい観方』（文化生活研究会、昭二年）、みすず書房、一九八八年は（観方―引用頁）、『現代憲政の運用』（一元社、昭五年）、みすず書房、一九八八年は（運用―引用頁）、『日本無産政党論、附学生の思想犯』（一元社、昭四年）、みすず書房、一九八八年は（政党論―引用頁）。

（4）大山郁夫「デモクラシーの政治哲学的意義」、正田健一郎・他編『大山郁夫選集・第一巻』岩波書店、一九八七年、一〇～二〇頁。

（5）大山郁夫「輿論政治の将来」、同前書・第一巻、三四七～三四八頁。

（6）松本三之介「政治と知識人」、橋川文三・松本三之介編『近代日本政治思想史Ⅱ』有斐閣、一九七〇年、一六七頁。

（7）美濃部達吉『現代憲政評論―選挙革政論其の他』岩波書店、一九三〇（昭五）年、一一～一五頁。

（8）大島美津子「松島遊郭移転事件―利権をめぐる政党の腐敗事件」、我妻栄編集代表『日本政治裁判史録、昭和・前』第一法規出版、一九七〇年、を参照。

（9）小倉庫次「東京市会議員改選と市政刷新運動」『都市問題』第二巻第六号、一九二六（大一五）年六月、一二一頁。なお、同論文によれば、この時の市政刷新運動において、阪谷芳郎らを発起人に結成された「理想選挙協議会」は、市政改造のため「第一流の人物を候補者として推薦する」ことにし、神田区には吉野と岩波茂雄を推薦している。また吉野自身は、安部磯雄らと「市政革新同盟」を結成し、市民教育のために各所で講演会を開催している。

（10）拙著『日本広域行政の研究―理論・歴史・実態』成文堂、二〇〇六年、五二～五三頁。

（11）吉野作造「小題小言四則」『中央公論』第三九三号、一九二一（大一〇）年、一〇六頁。

（12）鶴見俊輔・他編『長谷川如是閑集・第一巻』岩波書店、一九八九年、一〇九～一一〇頁。

(13) 田沢義鋪「青年団の使命」、後藤文夫編集代表『田沢義鋪選集』田沢義鋪記念会、一九六七年、二八二頁。なお、同『選集』に収録された田沢の主要な論文・著作からの引用は、本文中に次のように略記し、それ以外は単に（選集—引用頁）と略記する。すなわち、大正八年の「実業補習学校と公民教育」は（実業—引用頁）、大正一五年の「政治教育講話」は（講話—引用頁）、昭和三年の「道の国日本の完成」は（道の国—引用頁）、昭和五年の「青年団の使命」は（使命—引用頁）、昭和七年の「政治教育小論」は（小論—引用頁）、昭和一二年の「自治三則」は（自治—引用頁）、昭和一二年の「通俗政治教育問答」は（通俗—引用頁）、とする。また、田沢義鋪『想片』田沢議鋪記念会、一九四九年は、やはり（想片—引用頁）として本文中に略記する。

(14) もっとも、「青年団の父」ではなく「青年の父」という表現も見られる。永杉喜輔著、萩原元昭・村山輝吉編『かくれた青年指導者たち、永杉喜輔著作集9』国土社、一九七四年、一二七頁の表題。

(15) 以下、田沢の生涯については、筆者も中学時代に読んだ『次郎物語』の著者で、田沢の直弟子といってよい下村湖人が執筆した丸山鶴吉編集代表『田沢義鋪』田沢義鋪記念会、一九四九年と、前記『田沢義鋪選集』の年譜により、前著からの引用は（小伝—引用頁）として本文中に略記する。

(16) 山本瀧之助「田舎青年」、松本三之介編集・解説『明治思想集Ⅱ』筑摩書房、一九七七年、に所収。あわせ多仁照廣『山本瀧之助の生涯と社会教育実践』不二出版、二〇一一年、五五～五八頁、を参照。

(17) 水谷三公『日本の近代13・官僚の風貌』中央公論社、一九九九年、一四二～一四四頁。

(18) 武田、前掲書、一八五頁、あわせ橋川文三『昭和維新試論』講談社学術文庫、二〇一三年、一七六～一七八頁。

(19) 一九二三（大一二）年の郡制廃止前後の郡の状況については、「郡長は語る」、大霞会編『内務省外史』

地方財務協会、一九七七年、参照されたい。これによると、有資格者（法学士）郡長を生み出したのは、一九一三（大二）年と一九一六（大五）年に内務次官となった水野錬太郎らしい。
(20) 森秀夫『日本教育制度史』学術図書、一九八四年、一五一頁の一九〇八（明四一）年の学制図を参照。
(21) 永杉、前掲書、六二〜六七頁、あわせ多仁、前掲書、七五〜八九頁、も参照。
(22) 永杉、同前書、七一〜七二頁。
(23) 多仁、前掲書、九〇〜九七頁。
(24) 武田、前掲書、二四〇〜二四一頁。
(25) 永杉、前掲書、九三頁、一八三頁。
(26) 鶴見俊輔「戦後日本の思想状況」、岩波講座『現代思想Ⅺ・現代日本の思想』岩波書店、一九五七年、七六〜七七頁。
(27) 木下順「日本社会政策史の探求㊤—地方改良、修養団、協調会」『国学院経済学』第四四巻第一号、一九九六年一月、二〇〜二三頁。なお、修養団それ自体については、修養団編集部編『修養団三十年史』修養園、一九三六（昭一一）年、を参照。
(28) 永杉、前掲書、八二〜八六頁。
(29) 木下、前掲論文、前掲誌、二六〜二九頁、より詳しくは、高橋、前掲書、分析Ⅵ〜Ⅶ、を参照されたい。
(30) その〈人格主義〉による人間的修養について詳しくは、木下、同前論文、同前誌、二九〜三七頁。
(31) 橋川、前掲書、一一章（平沼騏一郎と国本社）、を参照。
(32) 木下、前掲論文、前掲誌、四六〜五六頁、を参照。

(33) 橋川、前掲書、一九〇～一九二頁、また水谷、前掲書、二三六～二三七頁。なお、田沢にとっては第五高等学校以来、生涯の親友であり、かつ盟友となる後藤文夫の生涯については、中村宗悦『後藤文夫―人格の統制から国家社会の統制へ』日本経済評論社、二〇〇八年、がある。
(34) 鹿野政直『大正デモクラシーの底流・〝土俗〟的精神への回帰』日本放送出版協会、一九七三年、の「青年団運動の思想」を参照されたい。
(35) 櫻井良樹『帝都東京の近代政治史―市政運営と地域政治』日本経済評論社、二〇〇三年、二二四頁。
(36) 永杉、前掲書、九七～一〇一頁。
(37) 選挙粛正運動は、第一に、選挙制度の一部を構成し、第二に、社会教育活動の一種として天皇制の教化政策の一部であり、さらに第三に、天皇制権力の組織活動の一つであった、ともされている。杣政夫「選挙粛正運動の思想と役割㈠」『都市問題』第五〇巻第八号、一九五九年八月、六〇頁。なお、政治倫理化運動を展開した後藤新平と、選挙粛正運動を展開した田沢との対比については、杣、同論文㈡、『都市問題』第五〇第九号、一九五九年九月、を参照。
(38) 杣、同前論文㈢、『都市問題』第五〇巻第一〇号、一九五九年一〇月、五六～五七頁。
(39) 一二団体とは、帝国教育会、東京市政調査会、都市研究会、中央教化団体連合会、中央報徳会、大日本連合婦人会、壮年団期成同盟、社会教育協会、社会教育会、選挙革正同盟会、全国町村長会、政治教育会、である。杣、前掲論文㈡、前掲誌、七八頁の注(26)。
(40) 杣、前掲論文㈢、前掲誌、五九～六二頁。
(41) 菅原和子『市川房枝と婦人参政権獲得運動―模索と葛藤の政治史』世織書房、二〇〇二年、二七八頁、括弧内は引用者の補充。

(42) 詳しくは、源川真希『近代日本の地域政治の構造―大正デモクラシーの崩壊と普選体制の確立』日本経済評論社、二〇〇一年、「第六章　選挙粛正と都市政治―一九三七年東京市会議員選挙における『愛市運動』」、を参照。
(43) 斎藤隆夫『回顧七十年』中公文庫、一九八七年、を参照されたい。
(44) 橋川、前掲書、一八七頁。
(45) 武田、前掲書、の書名『日本リベラリズムの稜線』を借用。
(46) ほぼ同様の捉え方は、河島真「戦間期内務官僚の政党政治構想」『日本史研究』第三九二号、一九九五年四月、一一二頁。
(47) 美濃部、前掲書、「選挙革正論・本論」を参照。
(48) 河島、前掲論文、前掲誌、九六～一〇一頁は、田沢の「三党対立の定石」を「三党鼎立型政党政治構想」と捉え、それを求める理由の一つに国家による公共政策の合理的な実現を図るために行政権力の自立化を想定し前提にしていたとしつつ、それは主として政党政治を排する地方行政の舞台で実現されるべきものと考えられていたとしている。しかし、後述するように、田沢は「三党対立の定石」以前に、国政・自治政の位相論、地方自治（自治政）からの政党政治排除論を主張しているので、彼の「三党鼎立型政党政治構想」が地方自治（自治政）から政党政治を排するものではないといえる。
(49) また、筒井清忠『日本型「教養」の運命―歴史社会学的考察』岩波書店、一九九五年、七～一八頁。
(50) 拙著『日本地方自治の群像・第五巻』成文堂、二〇一四年、一六七頁、市川房枝『市川房枝自伝・戦前編』新宿書房、一九七四年、三七三～三七四頁。
(51) 田沢は、山県内務大臣の地方長官会議における訓示としているが、正しくは内務大臣を兼任していた山県総理大臣の訓示である。訓示の全文については、山中永之佑監修『近代日本地方自治立法資料集成2（明治中期編）』弘文堂、一九九四年、五五一〜五五二頁。

(52) 恐らく、井上が、地方自治は学校、家庭、産業の三者が共に手を携えて同一の軌道を進むことが求められるとしたことを指していると思われる。井上友一『自治要義』博文館、一九〇九（明四二）年、六頁。

(53) 源川、前掲書、二四八頁の表8-2。

第四章　自由主義者・長谷川如是閑の国家論と都市自治論

第一節　問題機制と如是閑の明治・大正・昭和

戦闘的自由主義者として知られる長谷川如是閑について、大宅壮一はこのように評している。「如是閑は、近代日本が生んだ一つの大きな智的モニュメントであり、思想のピラミッドであり、文化の博物館である。百科辞典のような思想家であり、類いまれなる文明批評家であり、偉大なジャーナリストである。かれの頭の中に入りこんでゆけば、何でもないものはない」(1)。これにつけ加えれば、『如是閑・文芸全集』(文芸社)が刊行されていることが示すように、彼は社会派の小説家・戯曲作家でもあった(2)。まさに、彼の「頭の中に入りこんでゆけば、何でもないものはない」がゆえに、国家論の他に社会論、憲政論、政党論、無産運動論、労働組合論、資本主義(私有財産制)論、社会主義論、国際政治論、アジア(朝鮮、満州、中国)論、教育(学問の自由、大学自治、学制問題)論、歴史論、道徳(性、風俗)論、女性(フェミニズム)論、家族制度論、芸術(文学、演劇、映画）論、マスコミ論、ファシズム論、日本文化論などなど、「当時において考えられうるかぎりの人間社会に生起するあらゆる問題」を論じたのである。(3)

こうした巨人を、何故に群像化することにしたのか。それは、このきわめて広範で多様な評論リストにはみられない都市自治論に関し、如是閑が特に昭和期に入って頻繁に論じているからである。しかしながら、これまでの如是閑研究においては、それについてほとんど考察されてこなかった。その一因は、如是閑は生涯一〇〇冊以上の著書と三〇〇〇余の評論などを執筆しているのだが、それらの一部を選択・編集した著作集も彼の都市自治に関する論文など――その大部分は『都市問題』誌に発表されている(5)――が、ほとんど収録されていないことにあろう。だが、如是閑を群像化したのは、単に彼の都市自治論に関する研究が見られないことだけにあるのではなく、本巻の問題機制《プロブレマティーク》にかかわるからである。すなわち、如是閑は、「自治体は本来管理行為によって管理さるべきもので、政治行為によって支配さるべきものではないから、市政は全く政党政治から超越するのが当然のことである」（八・二一―二二頁）としているからだ。

如是閑のかかる言説に触れた時、これは山県有朋と同様の思想ではないか――もっとも、後述のように全く同様ではなく相違面を有するのだが――といささかの驚きとともに、当然、この地方自治（自治政）における政党政治不要・排除という超然主義をもたらしている理論はいかなるものなのかが課題化されることになった。これが、本章の問題機制である。とはいえ、こうした言説は、おそらく検閲をかわすために独特の術語《テクニカルワード》を多用しているためといえる晦渋な彼の社会論、国家論、政治論を〈読む〉（読み解く）ことを必須にしている。しかし、それに立ち入る前に、明治・大正・昭和の三時代にわたるこの巨人の足跡をたどって見ることにする。

さて、長谷川如是閑は、国会開設運動が始まった一八七五（明八）年、父山本徳治郎と母たけの次男として江戸東京の下町である深川扇町に生まれた。(6) 本名は、山本万次郎。家は、祖父の代まで徳川家に仕える大工の棟梁であったが、父の代になって材木商へ転じていた。イギリス流の憲政を志向していた大隈重信が藩閥政府から追放される政変が起った一八八一（明一四）年、深川万年町の公立明治小学校初等科に入学した。一八八三（明一六）年に父は材木商をたたみ、浅草奥山（浅草公園）に花屋敷を開業した。その翌年、如是閑は、兄とともにシェークスピアの訳書や『小説神髄』の作者である坪内逍遥の家塾に入る一方、本郷区の本郷小学校中等科へ入学した。その翌年一八八五（明一八）年に名付け親であった祖母の長谷川多美の養子となり、長谷川姓になった。さらに一八八六（明一九）年には、福沢諭吉らとともに明六社の同人であり、S・スマイルズの『西国立志編』の訳者としても高名であった中村政直（敬宇）の同人社に入学し、初めて英語を学ぶが、怠けて落第し、神田区の共立学校（現開成中学）へ転校した。

ところで、本書第一巻の「第一章　井上円了と新渡戸稲造」において一八八一（明一一）年、哲学館（現東洋大学）の創設者である円了が、三宅雪嶺、志賀重昴、杉浦重剛（ともに東京英語学校系）

らとともに正教社を創設したことをみた。それは、当時の政府の鹿鳴館外交、欧化主義を批判し、日本人の国民性の自覚とその歴史・伝統・文化の独自性を主張する国粋主義《ナショナリズム》・日本主義を啓蒙しようとするものであり、そのため陸羯南《くが》が社長で雪嶺が主筆の雑誌『日本人』と新聞『日本』を発行した(7)。如是閑は、その『日本人』や『日本』の他に、歴史に興味を抱いていたことから史学会の『史学雑誌』などを初号から「論語の素読でもするような気持ちで、解らぬなりに読ん」でいたという（自叙伝―一四五～一四八頁）。

そうして、この頃、如是閑は、「第一流の新聞記者を遠の方から眺めて、ああいう人々のようになって見たいと思った。……その人々というのは、福沢諭吉、陸羯南、三宅雪嶺、徳富蘇峰、志賀重昂のような人たちで、専門の学者ではなく、ジャーナリストとしてその見識の底に、深い思想、学問の造詣を根拠としてもっている人たちだと私は思っていた。私はその頃、その人たちを呼ぶのに『文明批評家』という言葉を造語して、自分もその文明批評家になりたいと思っていたのだった」（自叙伝―二八六頁）という(8)。ただ、如是閑は、一〇歳頃から胃腸病と結核のために療養生活を余儀なくされ、医者からは「三十まで生きられれば儲けものだといわれ」（自叙伝―九頁）る一方、父の花屋敷の事業が失敗して破産したことから、病のみならず貧の生活に入った。しかし、深刻というよりも、楽天的に安閑とした日々を送っていたようだ。

そうした中、一八八九（明二二）年、プロシャ憲法をお手本にした大日本帝国憲法が発布された。

如是閑によれば、明治一〇年代に入るとドイツ化への転換が始まったという(履歴書―二六五〜二六六頁)。しかし、「父が明治十年代の初めの英米流の私学説の頭で、法律学をやるには、やはり私学を選ぶべきだと考えた」(自叙伝―一三八頁)ことと、父が創設者の一人と懇意だったことから、一八八九(明二二)年に仏法の明治法律学校(現明治大学)の予科に入学させられた。そこで仏法勉学のためにフランス語の個人教授を探したが見つからなかったので、一年程して英法の東京法学院(現中央大学)の予科に転じた。当時、大学生だった若槻礼次郎が英語講師をしていた。ところが、その予科が廃止されるというので、杉浦重剛が校長をしていた東京英語学校に転じた。その英語学校も神田の大火で焼失したため、東京法学院の英語法律科へ入学した。にもかかわらず、翌年には病状が思わしくないので休学し、一八九六(明二九)年に邦語法律科の二年生へ編入学し、一八九八(明三一)年に卒業したのである。入学から卒業まで六年かかったわけである。時に如是閑、数え年(以下、同)で二四歳。

当時の私学の学生の年齢は、一〇から二〇代、社会人とばらばらであったが、東京法学院もそうであった。しかし、「いずれも法律そのものを、世に出た後の自分の足場にしようとする覚悟をもって」勉学に励んでいたが、如是閑は再び材木商にもどった父への手前上目標としていた「弁護士を目標としないで、(内心では)新聞記者を目標として勉強していた。以前からの図書館通いを相変らずつづけて、学校は半日だったので、半日は(上野の)帝国図書館で暮した」という(自叙伝―一七一～一七三頁、括弧内は引用者)。そうした生活のためか、一八九四(明二七)年に日清戦争が勃発するものの、それに「深い関心もっていたような覚えは全くない」という(自叙伝―一八二～一八四頁)。それに、この東京法学院時代、如是閑は、新進作家の後藤宙外が出していた『新著月刊』という文学雑誌に「ふたすじの道」という短編小説(選集・補巻に収録)を投稿・採用され、初めて雑誌に掲載されたが、それだけでなく新聞『日本』などにも多々投稿・採用されていた。

東京法学院を卒業した後も研究科に残り、意思自由説ではなく環境説を重視するイタリアのE・フェルリやC・ロンブローソなどの犯罪社会学への関心から刑事学を専攻する一方、新聞・雑誌への投稿を続けた。後に如是閑は、「考えて見ると、私を時代批判の態度に導いたのは、多分私の犯罪研究だったろう」という(自叙伝―二五六頁)。また「前から愛読していた、ハーバード・スペンサーが自分の社会学を完成するために、ついに何の職業にもつかず、その上一生独身で終わったことなどを考え」、そうした生活を夢見ていたようでもある。そうした中、多くの投稿により、名前が新聞『日本』の編集長であった古島一念(一雄)に知られるところとなり、ひとかどの政論家の仲間入りすることへの不安・逡巡もあったが、ついに社友の正岡子規が没した翌年の一九〇二(明三五)年に日本新聞社に入社したのである(履歴書―二八二～二八三頁)。この東京法学院時代から日本新聞社への入社までに、注目すべきことが二点ある。

第一点は、如是閑が、療養生活と学業生活の中で「ありとあらゆる書物を乱読」したとされていることである。[9] このことが、如是閑をして百科全書派的知識人《エンサイクロペディスト》たらしめたといえよう。第二点は、如是閑によれば、「煩悶時代」と呼ばれた明治二〇年代における青年たちは三つの典型《タイプ》に分かれたという。一つは、維新後の日本に、すなわち封建性を清算した近代国家の歴史の歩み――近代的な民主的国家主義――に生きようとするタイプで、二つは、既に世界的に進行していた歴史に順応し、政治的解放から社会的解放を求める――前者の「国家的」に対して「国際的」な――タイプ、三つは、茫漠たる懐疑性に囚われて低迷するタイプ、である。そうして、如是閑自身は、第一のタイプであったという。それを、如是閑はこう回顧する。「アングロ・サクソン文明への明治前半期の教養は、少年の、私の魂に喰い入ってしまっていたが、明治三十年代の日本の歴史は、明治人とその性格を、その型における、民主主義者で同時に国家主義者として育て上げた、近代的『国家人』を中心としたそれであった。私たちは、その型で次の世代を引きつぐべく育てられている子供だった」と（自叙伝―二〇四～二〇六頁）。ここには、明治一〇年代以降の急激なドイツ化にもかかわらずイギリス学（思想）が如是閑の「魂に喰い入ってしまっていた」――そうしてそれは生涯かわらなかった――ことと、前述した三宅雪嶺らの政教社の国粋主義《ナショナリズム》・日本主義に共鳴しつつ、それを民主的に発展せしめようとしていたこと[10]――それは後述する『我等』創刊の辞である「『大阪朝日』から『我等』へ」（選集一に収録）において――が示されている。

ともかく、日本新聞社への入社により、ジャーナリスト如是閑が誕生した。彼は新聞『日本』

のコラム欄などを担当したが、この日本新聞社時代は三年程と短かった。というのも、一九〇六（明三九）年に社長の陸が結核の悪化で引退し、銀行家の伊藤欽亮が社長になったことから編集方針をめぐり古島や雪嶺と対立、伊藤が両者を排除したために、如是閑を含めてほぼ全員が同盟退社したからである。翌年、雪嶺は、主宰する雑誌『日本人』に『日本』を併合して『日本及日本人』を発行するが、如是閑もそれに移った。[11] この時代、如是閑は、陸や雪嶺に接した——特に陸羯南にはその人柄のみならず、彼の思想に共鳴したようだ——他、安藤正純（鉄腸）、河東碧悟堂、丸山真男の父である丸山幹治（侃堂）、千葉亀雄（江東）などの錚々たる同僚と記者生活を送ったことは、如是閑にとって「貴重な財産」になったとされる。[12] なお、この頃から、如是閑という雅号を——あまりに忙しいので、少し閑居すべしという忠告を受入れ——使用し始めた。

　ところで、ジャーナリズム界は、明治中期頃から従来の政党政派的な立場を鮮明にし、ルビなしの「大《おお》新聞」、「論説新聞」から商業的な「小《こ》新聞」、「ふりがな新聞」へ変化し始めていた。『日本』は前者の生き残りであったが、その『日本』から大阪朝日新聞社（いわゆる大朝）へ転じていた鳥居赫雄（素川）の勧誘により、如是閑は一九〇八（明四一）年に大朝へ入社した。[13] その大朝は「小新聞」化していたが、「大新聞」的性格も残していた。如是閑は、翌年に東京朝日新聞社に入社していた夏目漱石も注目した連載小説『額の男』を出版し、ロンドンの日英博覧会に特派員として派遣された。帰国後は、社説や「天声人語」などを執筆し始めた。ところが、大朝内部では、『日本』グループの流れを汲む自由主義的な鳥居派と反自由主義・保守主義の西村天囚派の内訌が深まり、一九一四（大三）年、ついに社長の村山龍平はそれに決着をつけ、鳥居編集部長、如是閑の社会課長（後に部長）体制をとった。この体制は、京都帝大教授の佐々木惣一や河上肇らを社友とし、本巻第二章で見たように早大教授を辞任した大山郁夫や櫛田民蔵を論説記者として受入れるなどし、第一次世界大戦後の政府政策の批判と前期大正デモクラシーを先導した。

こうした大朝の活動は、政府にとって眼の上のたん瘤であった。そこに、一九一八（大七）年、米騒動が発生した。時の寺内正毅内閣は、報道規制を図った。そのため、八月に寺内内閣弾劾関西新聞記者大会が開催され、それを大朝夕刊は「白虹日を貫く」という記事にした。これに対し、官憲は朝憲紊乱、不敬罪に当るとした。このいわゆる白虹事件⒁を餌食にした寺内内閣は、朝日新聞の発行停止・大朝潰しを図ろうとした。社長の村山は、暴漢に襲われた。社の存立が危うくなったので、社長の村山が退陣し、鳥居と如是閑が退社することになったが、それに連袂した調査部長の花田大五郎、通信部長の丸山幹治、外報部長の稲原勝治、それに大山、櫛田らの論説記者らも退社したのである。こうして如是閑の大朝時代は、一一年ほどで終りを告げたのである。

大朝を退社した如是閑には、三つの選択肢があっただろうとされる。第一は、自分たちの理念に基づく新聞の創刊であり、第二は、大新聞社に入り込んで論陣を張ることであり、第三は、新しい自由主義的雑誌の発刊によって思う存分の啓蒙活動を行うことである。しかし、第一の道は鳥居との確執と鳥居による「大正日々新聞」発行の挫折で閉ざされ、第二の道は商業化した新聞ではきわめて困難である。かくして、如是閑は第三の道を選択し、一九一九（大八）年に大山郁夫らとともに我等社を起こし、広告なしの雑誌『我等』を創刊した。如是閑四五歳。この年には、『社会問題研究』（河上肇）、『社会主義研究』（堺利彦、山川均）、『改造』（山本実彦）、『解放』（福田徳三顧問）、『労働運動』（大杉栄、和田久太郎）といった急進的・社会主義的な立場の雑誌が発行された。それらとともに、『我等』は、いうまでもなく戦闘的な自由主義の立場から後期大正デモクラシーを深める論陣を張った。[15]その創刊号において、如是閑は前記した論文「『大阪朝日』より『我等』へ」を発表した。それは、大朝時代の立場の継承と政府や右翼の絶対的・排外主義的な「国家主義《ナショナリズム》」との闘いを宣するものであったが、次のような特徴を有していた。

第一に、英雄が歴史を創るのではなく、「溝のぼうふらのような」「無数の凡人ども」こそが歴史を創るという民衆史観ともいうべき持論（自叙伝─九～一〇頁）が表明される。すなわち、「一滴の水が、大海の水量を組成する分子であることを信じ得ると同じ意味に於て、肉眼で認められない我等の存在も、歴史の総括的肯定の範囲を占めてゐることを信じ得るのである」（選集一─三四八頁）。第二に、徹底した自由主義の表明である。「我等はお互に、違った考へ方をする反対者同士の思索に敬意を払はねばならぬ。学術、政治、社会、文芸、あらゆる方面に於て、自由討議が、人類の精神的向上の必然の条件でなければならないのはその故である」。かくして、この言論の自由の規制や暴力的圧迫に対して断固闘うが、それは暴力の対置ではなくあくまで言論をもってであるとした（選集一―三四九〜三五〇頁）。こうして如是閑は、「行易不行難」（行うは易く、行わざるは難し）をモットーに「時代遅れ」、「傍観者」などと言われながら、かつ抵抗「運動」への勧誘を一切断り、言論戦に徹することになったのである（選集七―二二四頁、二三二〜二三四頁、集一―三六二〜三六三頁）。第三は、理論的に政府や右翼の絶対主義的な「国家主義《ナショナリズム》」に対し、既に見たもう一つの真性な「国家主義《ナショナリズム》」を対置したことである。すなわち、前者は、国家の安寧と国民生活の平和にとって極めて危険であり、国際的な孤立を招くものであるのに対し、国民の民意尊重と生活向上を充足させるために性急な運動によってではなく、「先ず憲政を完備せしめて、これによって人民多数の要求を貫徹せしむるといふ秩序的方法を建立したならば、わが国家の安泰について敢て憂慮する要はないのである。この意味において、我等は最も安全な国家主義者であることを自信する」（選集一―三六七頁）としたのである。

　こうして如是閑は、『我等』を拠点に後期大正デモクラシーを牽引する。それは、『我等』創刊の翌一九二〇（大九）年に言論・思想の自由を弾圧する森戸事件に対し、新聞・雑誌の中でいわば唯一正面から立ち向かったことに示される。[16] 事件は、東京帝大経済学部教授会が森戸辰男助教授の論文「クロポトキンの社会思想の研究」を掲載した雑誌『経済学研究』を文部省の要請で回収するとともに森戸助教授を休職処分にしたことと、森戸とともに編集・発行人名義の大内兵衛助教授が起訴されたものであった。その森戸も、如是閑が大朝時代に交友し始めた櫛田民蔵、河上肇とともに『我等』の同人となった。そうして如是閑は、一九二一（大一〇）年から翌年にかけて『我等』などに発表した論文を編した『現代国家批判』と『現代社会批判』を刊行した。この両著書は、『我等』などを拠点に戦闘的な状況批判を展開した――吉野作造が立ち上げた「黎明会」は、大山郁夫は学者だからと会員に入れ、如是閑は学者にあらずとして入会を許さなかったが、実はその戦闘性を危惧したためであったという（集一―九八頁）――「如是閑の『批判』時代を象徴する著作」であった。(17)

しかしながら、ともに『我等』を創刊し、早大教授に復職していた盟友の大山との間に、この頃『我等』の在り方をめぐる方針の相違が顕現し始めた。如是閑は、既述したように「行易不行難」をモットーに社会「運動」には一切コミットしない立場をとっていたのに対し、大山はしだいに無産階級運動にのめり込み、『我等』もそうした運動の指針たるべきことを求めた。そのため、如是閑は、大山に退社を促した。そうした大山は、一九二七（昭二）年に如是閑の反対を押し切って労働農民党の中央執行委員長となり、早大教授を辞任し、『我等』とも離反した。それでも如是閑は、大山が衆議院選挙に出馬した際には「行易不行難」の禁を破り、大山の応援演説を行ったことなどについては本巻第二章の第二節で述べたところである。

一九三〇（昭五）年、『我等』は、東京帝大卒の旧新人会グループ（蠟山政道、波多野鼎、嘉治隆一など）を中心にした雑誌『社会思想』を吸収合併して『批判』と改題した[18]。そして、この『批判』に結集した若い力を借り、たびたび発禁処分を受けつつも頭をもたげ始めた日本ファシズムに抗することになるのである[19]。翌一九三一（昭六）年九月には満州事変が勃発したが、それに対し如是閑は「日本の二枚舌」を暴露した（集二―一六八〜一六九頁、選集一―二九〇〜二九一頁）。さらに翌一九三二（昭七）年、如是閑は、唯物論研究会のメンバーになる――如是閑は「世界を認識」し「批判」するための「科学」としてのマルクス主義に接近し、ファッショ化と闘うためにマルクス主義と「同伴」したが、決してマルクス主義者にはならなかったとされる[20]――一方、『日本ファシズム批判』（選集二に収録）を出版した。それは、発禁処分を受けたが、コミンテルンのファシズム規定（ブルジョア独裁の変種）と異なり、ファシズムをブルジョア階級の支配に抵抗する労働者階級とブルジョア階級との狭間における中間層の戦闘化として捉える画期的なものであった[21]。

一九三三（昭八）年に入ると、社会主義者の「一兵卒」を任じていた堺利彦と、病院行きを「別荘行き」と言っていた吉野作造（集一―九五頁、九九頁）が亡くなった。そうした中、如是閑自身が、共産党に資金援助を行っていた嫌疑で中野警察署に召還されたのである。その当日の深夜、如是閑は釈放されたが、その後、新聞で自分は「共産党の反対者」で「合理法主義者」であることを宣した。これを契機に、如是閑は一般に〈転向〉したとされるが[22]、翌一九三四（昭九）年には『批判』を無期休刊にした。『我等』創刊から一五年目、如是閑は六〇歳になっていた。そして、いつ頃からか不明だが、如是閑は彼を慕う後輩たちから「翁《おきな》」と呼ばれていたが、その後輩や友人たちが如是閑の還暦を祝して週末休養のための別荘を鎌倉に建設することにした[23]。

『我等』の事実上の廃刊後、如是閑は、読売新聞に「一日一題」というコラムの執筆を担当（集四に抄録）し、かつ主に『改造』、『中央公論』、『文芸春秋』などの雑誌において評論活動を続けながら〈日本回帰〉に至った。それは、如是閑に言わしめれば、「あたかも幼い自分の心の底に据えられていた巌石が、長い年月の波に掩われたあげく、再び日の目を見たようなもので……私としては自然の順序であった」（選集五―二八二頁）という。一九三七（昭一二）年には日中全面戦争に突入する盧溝橋事件が発生するが、やはり〈転向〉した林房雄の[24]「新日本文化の会」に参加した。翌一九三八（昭一三）年には国家総動員法が公布されたが、同年末に如是閑は『日本的性格』を出版し、続いて一九四二（昭一七）年に『続日本的性格』を出版した（ともに選集五に収録）。

如是閑の〈日本回帰〉は、この両著書に象徴されるとされるが、両著書は、「当時、官憲側が盛んに鼓吹していた『日本主義』とか『皇道精神』と『四つに組んで』、いわば『敵の土俵』にあがって批判を試みる作戦」であったと捉えられている[25]。いや、もっと複雑であった。すなわち、如是閑の〈転向〉は、実はファッショ化の進行と左翼陣営の崩壊の中で再び「一度時代遅れと冷眼視した『自由主義』に移行し」たもので、それと「歴史的な日本文化の再評価とも連動」し、それらが「相互に補完しあっていた」のだという。言いかえれば、「独自の理論化」をめざし、「右翼的な『日本精神』論に別種の『日本的性格』論を対置させた態度が、同時に他方では左翼的な公式論にたいして、日本の特殊性を対置させ」たものであるというのである。[26]さらには、『日本的性格』には「イギリス的性格」の影を見ながらも、そこに含まれていた批判・抵抗が『続日本的性格』では状況追随へと変転したという捉え方もある。[27]このように如是閑の〈日本回帰〉は、〈転向〉問題とからみ、一義的に捉え難いのである。

一九四五（昭二〇）年三月の東京大空襲に続く五月の空襲で、如是閑は中野区の家屋、家財と約四万冊に及ぶ蔵書のすべてを失った。如是閑、数えで七一歳、満で七〇歳。一九四六（昭二一）年、彼はアメリカの教育使節団に対する日本側の教育刷新委員になるとともに、貴族院議員に勅選された。翌一九四七（昭二二）年には日本芸術院会員になり、また憲法改正論議にもかかわり、一九四八（昭二三）年には文化勲章を受賞した。如是閑の執筆活動は衰えをみせることなく、日本再建への発言を積極的に展開した。そうした戦後における如是閑の言動については、従来ほとんど研究されてこなかった。しかしながら、戦後の言動も含めたところの近年出版された研究書――これまでの如是閑に関する先行研究をいわば根底的に批判するような刺戟的なものだ――によれば、戦後の言動は基本的に戦中の〈日本回帰〉の延長にあったとされている。[28]

それはともかく、一九五三（昭二八）年、友人や後輩が「翁」の喜寿を記念して小田原市に八旬荘を建設することにした。そして、一九五五（昭三〇）年に『私の常識哲学』を刊行し、翌一九五六（昭三一）年、八二歳にして日米知的交流日本委員会の委嘱により渡米し、各地で日本文化についての講演を行いながら、ロンドン、パリ、ローマを経由して帰国した。米寿、卒寿の祝いを受け、九五歳となった一九六九（昭四四）年一一月、小田原市民病院で眠るがごとく息をひきとった。少年時代に「三十まで生きられれば儲けものだといわれ」たにもかかわらず、このような長寿を全うしたのは、如是閑自身が編み出した健康法（履歴書―三〇一～三〇五頁）の賜物であったといえる。

第二節　如是閑の社会論と国家論、政治論

如是閑の都市自治論や地方自治（自治政）に対する超然主義、すなわち政党政治の不要・排除論については、彼の社会論や国家論を〈読み解く〉ことから明らかにされなければならないとした。それは、彼の主著、いや名著ともされている『現代国家批判』と『現代社会批判』を〈読み解く〉ことである。しかも、この両著の中に「彼の全思想があますところなく開陳されている。単なる政治学者でもなければ、社会学者でもない彼は、国家や社会の発生過程と現在におけるその構成を科学者の眼で見、生物学者の手で分析し、哲学者の頭で考え芸術家の心で描いたものである。したがって……彼の知識と教養はこれらの中に集大成され、彼の書くものすべてはここから放射

している」[29]とされることからすれば、なおさらである。そうした両著を〈読み解く〉には、一冊の著書をもってしても不足するというべきだが、とてもそれはかなわぬことゆえ、出来る限り彼の都市自治論や地方自治（自治政）における超然主義を照射するのに必要な限りでの〈読解〉とする。なお、冒頭で述べたように、特に両著には検閲回避のためか独特のカテゴリーが多用され、文章がかなり晦渋である。そのため、引用文中に括弧にて筆者なりの引用者補充などを多用する――ただし、以下では引用者の補充部分は＊で示す――ことにした。

さて、如是閑は、社会と国家を区別する。G・ヘーゲルに典型的にみられるように、「ドイツ流の哲学的国家観では、社会と国家とを混同して、国家の生活は、社会の生活の最も発達したあるいは最も完成した様式であるというふうに観るのである。これに反して、英国などの実験的国家観によれば、国家は社会に発生した色々の制度の一つであって、その（＊肯定的）価値（＊＝機能）は、一般の制度と同様に、その社会的価値（＊＝機能）に依拠しているのである」。この二つの国家観のうち、如是閑は後者の国家観に立ち、こう述べる。「社会が国家という完全体に進んでいるのではなく、国家が生活体の手段として存在しているのである。国家は、人類の社会機能の一形式であって、むろん全般的なものでなく、他のいろいろの制度と同じく一部的なものである。即ち大学が学問のための制度であるというごとく、国家も生活の目的のある限られた範囲を担任している機関なのである」（選集二―四五～四六頁）。これは政治学においては多元的国家論ないしは政治的多元主義論と称されるものだが、如是閑はこの言説をまた「自序」において「生活事実としての国家の観念」とし、それは「国家の神話学（Mythology）ではなくして、国家の博物学（Natural History）」を求めるものだとした（選集二―三六頁）。

それでは、如是閑は、社会をどう捉えるのか。「全体の社会は、異なった生活方向を持った沢山の集団の集まりから成り立っているのである。いいかえれば、異なった生活方向の生存競争が行われる舞台」（選集三―三二頁）と捉えられる。こうして進化論の観点から、社会は生存競争の舞台として捉えられるのだが、その多様な生活方向の生存競争の根底をなすのが、二つないしは四つの本能（衝動）に基づく個人・集団的な生命の維持・再生産という基底的な生活過程なのである。このような如是閑の思考方法の根底には、「生きる」、「生活する」という「人間にとって自然的な事実――いわば『動物的生活』――を道徳化する非政治的発想が横たわって」いるとされること[30]に注目したい。というのも、それは、都市自治論や地方自治（自治政）における超然主義にもかかわるからである。そこで、如是閑の思想の根底をなす基底的な生活過程の要点をもう少し敷衍してみよう。

第一は、二つないし四つの本能――如是閑は本能と衝動をほぼ同義的に使用している――である。とりわけ理論的な基軸となるのが、個人・集団的な生命の維持・再生産のための「平和的共働」である「互助」本能と、それだけでは生存・生活が困難になった場合の「戦争現象」を惹起させる「闘争」本能である。そして、後者の戦争＝闘争においても、「互助」本能は以下のように作用していると捉えられる。その意味で、「平和的互助が生物の生活の本質的常態である」とされるわけである。ただ、「生物の社会的本能である『互助』は、個体の生存のための『共働』であって、それが集団の保全のための闘争において犠牲的な行動となって現われる。而してそれ（＊＝闘争）は、その生物の個体の保存が、集団の保全によってのみ可能である性質から派生した働きなのである」。こうして「生物の進化には、この互助と闘争が並んで働いている」のである（選集二―四七～五〇頁）。もっとも、この「互助」と「闘争」本能の観念は、如是閑のみならず、当時の多くの大正知識人たちが「発見」した「社会」を理論的に構成して行くさいの有力な嚮導概念であったとされている(31)。

さらに如是閑は、この「互助」と「闘争」の本能（衝動）に「創造」と「所有」の本能（衝動）を加える。すなわち、「労働は社会的に生存する人間の生活そのものである」が、「質と量とにおいて無限的であるところの創造的衝動を、着々具体化させていく人間の動作が労働なのであるから、労働は、本質的には、純個人的である」。とはいえ、個人的な「創造本能（＊＝衝動）である労働を刺戟するのは社会的必要である」ゆえに、「労働は社会的必要と個人的衝動との交互作用なのである」（選集三―一四二～一四五頁）。他方、「人類の生存競争の原始的の常態において、その優勝は、まず『所有』（『占有』をも含む）に依拠したことは疑いない。……従って原始社会から今日に至るまで、人類間の闘争は、大抵『所有』を争うことであった」。ただ、「所有」の本能(衝動)は、「生存条件の手段としての、第二次的性質のものである」。というのも、「『所有すること』は(＊「二大生活条件」である)『生殖行為』や『栄養をとる』行為と違って、それ自身、何らの生活の享楽ではない。『所有』していても、快感を感ずる道理のないのが、『所有』の根本的状態」であるからだ。にもかかわらず、「人類社会において『所有』は『支配』に先住し、『支配』に拮抗し、しかしてついに『支配』を発生せしめる」のである(選集三―一五九〜一六一頁)。このように「所有」論が極めて重要になるのだが、「創造」本能の発現としての労働と「所有」本能は、人間の「二大生活条件」である「栄養」と「生殖」における「蒐集」と「生産」に連接しているので、改めてそこで考察することにする。

第二は、個人と集団との関係である。「人類が個人である前に、集団であったという事実は、人類をして個人の意志を自覚させる前に、集団の意志を自覚せしめたに相違ない」。しかし、社会進化における自我の自覚が個人を析出させ、「各人が、自己の棲息する有機的集団を通じて自我を実現せしめる」のである。すなわち、集団的な「社会生活においてのみ生きる個人が、その(＊＝集団的)社会生活を通じて自己を実現せしめ」ようとすることになったのである(選集三―一八〜二〇頁)。この集団・個人関係における「有機的」とは、集団が「個々の分子の機械的の総和ではなく、その総合から発生した別の生活方向をもって」個人を包摂していることであり、「かくして発生した集団の生活方向は……集団における個人々々の本能や衝動を規制する」、逆にいえば個々人の本能（衝動）は集団の生活方向に順応して働くのである（選集三―三一～三二頁）。

しかも、肉親、階級、精神、利害、境遇、地位などなどに応じた様々な集団形成において、「各個人は、その一つに専属することなく、一人で数個の食い違った集団に属しているのである」。多元主義論特有の集団の交差《クリス・クロス》である。しかるに、「社会の機械作用は、まるで物理の法則のように、執念深く、人間を機械化しようとしている」。ここにいう「機械化」とは、「一個の人間を、一個の集団に専属したものであるかのごとく見ること――ないし、彼自身そう意識すること」を意味する。そうして、この社会の機械作用により一個の人間（個人）をまるごと自らに専属化した「集団は、全く非人間的な、ただ、機械的にその集団的の生存に有利であるというのみの生活方向を持つことになる。その結果、その集団の人々（＊＝個々人）もまた、機械的に、その集団の目的に適うという意識状態に陥る」のである（選集三―三二～三四頁）。

この〈有機性〉と〈機械性〉は、分かりにくいが重要なキイワードである。〈有機性〉は集団生活における内部的な協同関係を意味しているが、そうした集団の社会的生存競争において〈機械作用〉が働きだす。それは、生存競争に打ち勝つために人間（集団内の個々人）を集団〈目的〉に対して〈手段化〉＝〈道具化〉する作用である。したがって、〈機械性〉とは、集団生活における外部的（相互敵対的）な圧迫・強制関係を意味する。そして、両者は対立的であるが、〈機械性〉は集団生活の内部に潜勢化された〈有機性〉の抵抗・反撃にあうのである（さしあたり選集三―九〇～九一頁）。重要なことは、この両者の関係が、社会の様々な「制度」のごときあらゆる集団・組織についてもいえるとされることである。すなわち、集団・組織という「有機体の生活状態は、合化と分解（＊生物学における同化と異化と同義）との動的進展（＊＝進化）であって、それ自体建設の作用と同様に破壊の作用を営んでいる」（選集二―二一〇頁、傍点は引用者、また二〇二～二〇三頁）ことに相応することである。この点については、後述の「統制」において再論するが、こうした集団・組織論が「制度」論となり、かつ様々な制度を社会を構成する一部――国家も集団の一形態――とする多元的国家論ないしは政治的多元主義論の背景をなしているのである。

第三は、基底的な生活過程における生命の維持・再生産である。如是閑は、それを前記した人間の「二大生活条件」である「栄養」と「生殖」として捉えるが、ここでは「生殖」[32]を除いて「栄養」についてのみ述べる。「栄養」は生命の維持・再生産の条件であるゆえに、生存資料（食糧）の獲得が必須となる。如是閑は、その獲得方法には「蒐集」と「生産（労働）」があるとする。したがって、蒐集群（集団）と生産群（集団）が形成される。そして、前者を基礎とする社会を生物学の用語を借りて「単成社会」（一元的社会）、両者が対立的関係にある社会を「複成社会」（二元的社会）とする。

もちろん「単成社会」においても、蒐集過程から生産過程へ進化するにつれ、経験豊富な老人や特殊能力を有する魔術者などが生産過程において叡智を働かせて支配者の地位に就いたりするが、それは「現代における生産管理と同じ支配状態」にすぎないのである。これに対して「複成社会」は、「所有」をめぐり蒐集群（集団）が生産群（集団）を軍事（武力）的に征服することによって成立する。それが、国家の発生とされる。そこでは、前者の支配（所有）階級と後者の被支配（無所有）階級に分化（二元化）するが、両者の対立関係からなる「複成社会」の「根本的性質は武力に原因した経済権力の関係である。武力が腕力的の圧迫に止ってゐる間は、二元社会の支配関係は決して成立しない。その武力が経済過程に於て権力関係を基礎とする組織（＊それには国家などを含む企業概念が当てられる。選集三―一六八頁）を完成せしめた時に、始めて二元社会の支配状態が確立する」のである（選集三―三一〇～三一四頁）[33]。かくして、「単成社会」（一元的社会）は、国家発生以前の社会を意味することになる。

ところで、「所有」をめぐる闘争本能（衝動）は、蒐集群（集団）をして武力的に生産群（集団）を征服せしめ、前者が後者の労働が生産する生存資料の所有者となる。しかし、その所有は、単に武力（軍事的）関係において確保されるのではなく、経済的権力関係において確立されなければならないとされていた。この経済的権力関係を基礎に政治（支配服従関係）が発生するとされるのだが、そこにおいては単なる「使用のための所有」とは別の「所有」が生み出されるという。すなわち、自己の生活の享楽のために所有物を消費するのが「使用のための所有」であるが、しかし、所有が後日の使用、近親・隣人のための使用などに拡大することによって「使用のためのでない使用」＝「所有のための所有」を惹起せしめるというのである。そうして「使用のための所有」を保護することは、「所有のための所有」をも保護することになる。そこから、「財産」が発生する。そのためイギリスの政治・社会学者であるL・T・ホブハウスは、「所有のための所有」の保護に基づく財産を他者に対する「権力のための財産」と呼んでいるが、こうして所有は支配に先住しつつ、ついに支配服従関係を、したがって政治を発生せしめるのである（選集三―一六一～一六三頁）(34)。そして、国家という制度が財産の所有を保護するのだが、近代国家はそれを私的所有権として保護することになったのである。

次に、都市自治論や地方自治（自治政）論にかかわる国家を含む制度論や権力関係を基盤にする政治・政党論に移ろう。如是閑は、「制度」概念を集団・組織・機関とほぼ同義化しながら、その成立・本質と消滅、疎外態についてこう述べる。「個人は制度において、その意識した生活の目的を実現しようとする。家族、寺院、組合、結社、学校、政党、軍隊、自治団、国家等は、自覚した人間が、その意志する目的を達せんための集団的組織」＝制度である。だから、「制度は生活の抽象的理想ではなく、生活の具体化の手段なのである」。あるいは、「制度は、人間が協同の目的を達成するために作った機関であって、しかも、それは祖先がある時期に万世不変の固形体として私たちに授けたものではなく、われわれ自身が、時々刻々形作って行きつつある機関なのである」。だが、ここに二つ留意が必要である。

一つに、制度は、本来的に個々人が生活上の協同目的を実現するために創成した社会的な集団・組織であるが、それを言いかえれば、制度は「互助」本能（衝動）による「共働」の集団・組織である。だから、そこにおける「互助の観念」によって、はじめて制度が成立し得る。そうした制度が個人の放恣を拘束するのは、「自由の禁制」ではなくして「自由の社会化なのである。社会化された自由のみが、個人に許された自由」であることだ。もう一つは、「制度は現在その中にある人がそれによって、自分たちの生活目的を実現せしむべく、常住に作り上げつつある機関なのである。この意義を失えば、制度はもはや、個人の生活目的を達する機関でなくなるから、その制度は社会から消滅して行く」か、さもなくば例えば軍事国家から専制国家へ、さらには民主国家へというように形態を変えるとされる（以上、選集二―六五～六七頁）。

ところで、制度は、そこで生活する個人を拘束する。しかし、それは、「自由の社会化」であった。ところが、生活上の協同目的を実現するはずの「制度は、その制度自らの目的を果たすためには、道徳的ないし法律的の強制を必要とする」に至るのである。というのも、家族、学校、国家など、「その制度に基づいて個人を拘束するものは、制度自体ではなく、普通の人間なのである。この人間は……いきおい自己（個人またはその集団）の利益に偏よることは脱がれない。で、制度が存在すると、きっとその制度によって、特に利益する一部のものを生」ぜしめるからである。特権階級の形成である。この特権階級は、制度を自己利益のために利用しようとして「制度を固定せしめようとする」が、そのことは非特権階級にとっては制度本来の目的に反するがゆえに、抗議や抵抗を行う。そこで特権階級は、道徳や法律などによる強制を行なうのである。こうして、「制度はその本来の有機的性質を失って一種の無機的固形物と変じ」――前述した〈有機性〉の潜勢化から〈機械性〉の優越化へ――「生活の創造作用を促せしめる機関たることから、生活を型式化する機関に変化」するのである。

そもそも家族、学校、国家などの制度は、「そのうちに生息する各員の生活事実であって、その生活それ自体を離れた別物である道理はない」にもかかわらず、生活事実から遊離すると「制度それ自体の超越的存在を高調するに至る」。その超越的存在は、生活事実のように欠陥や矛盾に満ちたものではなく、矛盾なき円満具足の「観念」（疎外態）なのである。そして、制度から特恵を受けている特権階級がその観念化を図るのであるが、そうして観念化された制度は、生活「事実を離れた理想の鉄則で、各人の現実の生活に対し、ますます強い拘束を加え」る一方、「制度の観念化が産んだ制度自体の意志目的を以って超越的存在たる自己を発展せしめる」のである（以上、選集二―六九〜七一頁、傍点は引用者）。

如是閑は、このようにして形成された「国家の神話学」に対して、既述のように「国家の博物学」を対置しつつ、「人間たることを、何ほどか犠牲にしなければ、国民であり得ないという目下

の国家状態」（選集二―三九頁）の現実を暴露し批判するのである。(35)

さて、如是閑においては、制度の一つとしての国家は、既述したように基底的生活過程が「互助」本能に基づく「平和的共働」だけで維持・再生産し得なくなった場合に、「闘争」本能により本来外部から自己を防御するための武力（軍事力）を発動して他集団を征服することによって発生すると捉えられていた。このようにして成立した征服国家の武力（軍事力）は、内部の反抗を抑圧することにも向けられる。かくして、「国家は、発生的には征服（＊＝闘争）本能の働きであり、構成的には、その征服が、社会の互助的平和生活の保証として役立ったために、国家なる制度として、保存され、維持され」てきたのである（選集三―五五〜五六頁、八四頁）。こうした征服国家論は、如是閑自身がL・グンプロヴィッツやF・オッペンハイマーの闘争説の影響を受けていることを明示している（選集三―二四三〜二四四頁）が、それはともかく、この征服国家の発生は、やはり既述にしたがえば単成（一元的）社会から複成（二元的）社会への転化といえる。したがって、蒐集集団と生産集団が分離・対立し、蒐集集団は単に生存資料としての植物の採集や動物の狩猟以上の他者の生産物を蒐集（収奪）し所有する支配階級になるわけである。

しかしながら、その所有は、単に武力（軍事的）関係において確保されるのではなく、経済的権力関係において確立されなければならなかった。かくして、「如何なる征服国家に於ても、軍事的行動が一先ず完成すれば、自から生産管理に移り、支配の能力は軍事能力から管理能力に転ずる。

……無論此の二元社会の管理は一元社会の管理の様に、生産の有機関係に依存する組織ではなく、支配階級を本位とした強制管理なのである」（集三―三一八〜三一九頁）。すなわち、「所有のための所有」という「支配階級を本位」とした権力（支配服従）関係としての「強制管理」で、それが政治である。かくして「政治はその（＊＝二元的社会）における経済的蓄積を支配階級の制度的完成（＊＝国家）に於て持ち来す組織である。通常それを権力関係と云ふ」（集三―三三三頁）のである。そして、複成（二元的）社会への転換によって形成された「文明の進むに従って、人類間における征服（＊＝闘争）本能と所有本能との比は逆になって……ついに近代産業革命の結果に発生した資本主義的（＊複成）社会においては、資本家階級、即ち最も豊富なる『所有』者の階級が、事実上の『支配』者たるに至った」（選集三―一六二頁、また選集三―一七三〜一七四頁や、選集二―二四三〜二四五頁）のであるとされる。

さて、権力（支配服従）関係の発生は、政治の発生であるが、如是閑においては、「政党の起源も支配関係の契機であるところの、権力の発動の一つの形式にすぎない。似かよった意志の傾向を持つ者が……互いに党派を作るということは、権力争奪の歴史が始まってから直ちに発生した」（選集三―二二七頁）とされる。ここにいう前近代的な党派（朋党）と近代的政党は、その形態・機能において基本的に同一視され、こう述べられる。それは、ともに「支配欲即ち権力欲の集団的の現われ」（選集二―二一四頁）であり、「支配階級意識の集団」（選集二―二一九頁）――朋党的な「似かよった意志」の結集は、これにしたがえば支配階級の利害・意識の凝縮といえる――であるという「この本質が動かされない限り、政党は、支配階級間の主権争奪機関たることを脱がれない」（選集二―二一九頁）のである。したがって、近代の政党政治も、「やはり、征服国家の政治の延長にほかならない。在来の国家権力をそのままにして置いて、それを奪い合う戦いの方法なのである」（選集二―二二八頁）。だから、近代政党も、支配階級間における国家権力の争奪――「政党政治の現在の特徴は、在来の国家権力を、在来の権力掌握者から奪って新しい権力者に移」（選集二―二三〇頁）す、いわゆる政権交代――の方法・手段として誕生したと捉えられる。

しかしながら、次の点に留意する必要がある。近代の政党は、社会的よりも個人的ないし階級的利害に従属するが、「この弊害を調節するには、利害の相反するものをして互いに争闘せしめるという手段」（手法）がとられる。この手段・手法が、ある政党が「一時的に政権を行い、それがまた弊害を生じた時には、相手方が代るという」政党政治なのである（選集二―二五五頁）。そして、立憲主義の下でかかる政党政治が展開されることになったが、立憲主義とはそもそも主権の制限、すなわち「中央国家の主権にたいする人民主権の侵入」であり、その「人民主権が一般的である時には議会制度の発達となり、地方的である時には地方自治団の発達となる」。そこで、前者における「政党は本来の形式としては、中央国家主権の維持者と、これに対する人民主権の主張者との二つに大別され……それが正則の政党発達の形式でなければならない。この正則の形式を備えた発生の歴史をもっているものは、世界中わずか英国の保守、自由の二大政党の対立あるのみといわれているが、しかし変則を極めているわが国の政党史といえども、全然この形式から離れたものではない」とされることだ（以上、選集二―二一五～二一六頁）。

このことと同時に、もう一つの重要な点は、かかる政党政治が、「デモクラシーへと進むというのは、むしろ私のいう政党自身の破壊作用に向って進むということなのである」（選集二―二一六頁）とされることだ。この破壊作用とは、前述したあらゆる集団・組織の進化をもたらす「合化と分解」（同化と異化）を意味しているのである。すなわち、イギリスの保守・自由の二大政党政治は、個人的・階級的「利害の相反するものをして互いに争闘せしめる」政党政治を展開してきたが、かの〈貴族のブルジョア化〉と〈ブルジョアの貴族化〉により階級的利害を根本的に共有する名望家政党となる。そうして両者は、対抗・対立の機能を喪失し、後述するように労働者による無産政党の組織化と政党政治への参入、あるいは既成政党の無産政党との連携化を生み出し、破壊＝解体への道を歩むようになったことである。

ところで、近代立憲国家における政権交代は、議会を構成する代表制度を通じて行われる。そこで議会政治は、政党なくして機能しないが、如是閑によれば、議会政治に「何故に政党が必要であるかといえば、集団の意志の決定手続きとして必要なのである。だから議会政治における政策の決定方法は、事実は議会の討議によらないで、政党の決定によっているのである」。その政党の決定にかかわる意志構成は、政治上の原則（主義）とその応用（政策）からなる政綱に示されているとされるが、「政綱は政党の手段であって目的ではない」のである。それは、実現すべき目的ではなく、実現を名目にする国家権力獲得の手段なのであり、実際上の政党の意志決定は領袖によって行われており（領袖専制）、しかも「領袖は階級的利害代表者である」とされる（以上、選集三―二三六～二三八頁）。他方、代表制度は「多数を代表したものの専制政治によって多数者の意志による政治」＝「多数者の独裁」を生み出すが、その独裁制は君主専制のように「永久に一定の人格に固着した権力によらず、多数者を背景とするものであるから……そこに専制者の転換が常におこなわれて、人民の多数の利害なり感情なりの変化に伴って、甲より乙へと、多数代表者が変って行くことによって、一般の意志が政治に現われ得る」仕組みになっている。繰り返しになるが、これが「政党政治の様式」とされる（選集三―二四〇頁）。

しかしながら、実際の立憲政治は、国家発生の本源（闘争＝征服本能から所有本能へ）からして、「矢張り在来のいろいろの政治組織と同じく、全く経済的絞取の制度の上に成り立っているので、政治集団は、政府にしろ政党にしろ、絞取する階級の本拠にほかならない」。かくして、「立憲政治における『多数』が、経済的絞取階級である間は、政治集団は、所有本能の満足の機関であることを免れないのであるから、その組織の下における政治は、必ず産業の支配者と結託する。……（中略）……そこで政治的支配階級と、産業的支配階級との渾一が起る」。これを、如是閑は、政治家そして国家の「商人化」とし（選集三―二四五～二四八頁）、それに対して「国家を個人の社会生活の保障者」へと転換せしめる「国家の社会化」を対置する（選集三―九二～九五頁）。そこにおいては、次の二点の注意が必要である。

第一は、近代の政党政治としての「政党主義は、（＊特権階級間におけるある特権階級によって）支配欲を圧迫されたことに対して、（＊他の特権階級が）支配権を回収しようとするのであり、（＊生産における有機的関係を基礎にする）労働運動は、生活欲を禁圧されたことことに対して、生活権を回復しようとするのである。そこから両者の妥協すべからざる根本的の差違を生ずる」のである。すなわち、「特権階級の支配権争奪による政治を排斥することにおいて……労働運動は本質上、政党否認であるべきはずである」。ところが、労働者が無産政党を組織して政党政治に参入したり、既成政党が労働運動や無産政党と連携する現象が生じている。ここに如是閑は、既述したあらゆる集団・組織に見られるとする「合化と分解」（同化と異化）を、すなわち政党政治の「建設」＝完成作用が頂点に達しようとしているその時、政党政治の「自壊」＝解体作用が働き出していることを見る（選集三―二二〇～二二二頁）。これが、如是閑のいう進化なのである。とはいえ、彼は、突然変異的進化（暴力革命）を次のように否認する。今や「われわれの生活の関係を権力に立脚する政治によって支配させないで、協同の生存に立脚する支配を持ちきたさなければならない。……この見地から議会制度を見ると、それまで全く過渡的の経過である。……（中略）……暴力なしに次の政治を持ちきたす可能性を持って居る政治は、即ちこの自壊作用を持った議会政治のほかにはない」（選集三―二三九頁）と捉えるからである。

この言説は、人間の生存競争における社会形態の進化と、そこにおける統制の進化にかかわる。[36]「統制」とは、人間の人間による強制的な「支配」の他に、単に社会生活を「管理」する行為も含むとしつつ、その「統制」を質的な相違から「有機的統制」（生産と生殖という基底的な生活過程に組込まれている自然的・社会的統制）と「機械的統制」（社会の一部である集団的＝制度的・国家的統制）とに区別する。前者は、基底的な生活過程の内部における「共働」の必要性から生み出され、内部に閉じ込められているが、後者は基底的な生活過程の外部に発生し、それゆえ対立・敵対的関係における外部的強制である。そして、社会形態は、前記した「単成社会」（一元的・前国家的社会）から「複成社会」（二元的・国家的社会）へと進化してきたが、前者においては「有機的統制」が「機械的統制」に優越・独立化しているのに対し、後者になると統制は軍事的征服（直接的な武力による支配）と政治的支配（制度や法などによって正当化された権力による支配）へ進化しつつ「有機的統制」が「機械的統制」に従属することになる。その上で、さらに政治的支配は、「国家の社会化」によって社会的な管理的統制へ進化・変転すると考えられている。[37]

このような進化論の特色の一つは、進化の原動力である「合化と分解」（同化と異化）、すなわちあらゆる制度（集団・組織）における「建設と自壊」の循環作用が制度生活の全過程で働いていると考えられていることである。二つは、「単成社会」（一元的・前国家的社会）においては政治（支配服従関係）が不在ないしは前政治的状態にあると考えられ、また社会主義的な将来社会に具現されるであろう管理的統制においては、政治（支配服従関係）の死滅が想定されているのである。三つには、「複成社会」（二元的・国家的社会）においても優越・独立化した「機械的統制下」でも「有機的統制」が潜勢的に存立し続けると考えられていることだ。その歴史的事例として、後述するように中国の歴代の王朝国家とは別に存続してきた自治的社会形態としての村落共同体があげられていることに留意しておこう。

そうして第二は、如是閑が『現代国家批判』において自治団体につき若干の言及を行っていることである。そこで先ず重要なことは、発生論的に自治団体と国家は本質的に相違するものとして捉えていることである。すなわち、「元来自治団（＊体、以下同）は、歴史的にみれば、国家が征服（＊＝闘争）本能に立脚する機関即ち軍事的集団であるに対し、人民の商工農業的立脚地を擁護するために起った人民自身の機関（＊＝集団）である。だから自治団（体）は、国家がもっているような征服（＊＝闘争）本能に基づく衝動は持っていない。それはあくまで平和的、言い換えれば経済的衝動のための集団である」（選集二―二五四頁）とする。

そうして如是閑は、既述した基底的な生活過程における「互助」（共働）と「闘争」（征服）本能をまた社会的本能とし、前者は〈社会性のノーマルな性質〉を、国家の発生をもたらす後者は〈社会性のアブノーマルな性質（国家性）〉を示すものだとしながら、「社会性」（「社会＝民族―種族―共産村落―ギルド―都市―コモンウエルス」）と「国家性」（「国家＝家族―武力国家―封建国家―民族国家―連邦国家―帝国―世界連名」）の発達は括弧内のような形態をとりながら、合致することがないとする（選集二―五三～五四頁、五七～五九頁）。この論脈からすれば、自治団体は〈社会性のノーマルな性質〉を示す「互助」（共働）本能により形成された平和的な経済的集団・組織（制度）だということになろう。しかし、経済的集団・組織（制度）であることは、生産物の所有をめぐる争い、したがって自治団体の支配（権力）の争いを免れることができず、経済的権力関係における国家権力の確立との直接的・間接的な関係が生ずるといえる。

その点について、如是閑は、「近代の社会組織においては、資本主義万能の組織を持ったために、この自治団（体）においても国家と同様に資本主義的階級制を把持し、無産者を除外し、商人（＊＝資本家）または地主農――（＝＊有産階級）――の便利のための支配を行っている」とする。しかも、そうした「自治団（体）の政治は、国家の政治に比べ一層悪」くなるという。というのも、「官僚的規律が自治団（体）において、国家よりも欠乏して」おり、また自主性の尊重ということから国家の監督も充分に行えないからである。かくして、「自治団（体）の商人化」は国家以上に進行するが、それは自治団体が「所有本能に根底する集団に化する」ことであるだから、自治団体の政治への参与者は、自治団体の枢機を掌握して商業的行為を行い「自己の所有本能の充足を計る」。

つまり、「自治団（体）の商人化は、国家の場合と違って、自治団（体）に戦争を起こさせることはできない。そこで商人（＊＝資本家／有産階級）は戦争の代りに自治団（体）をして盛んに土木事業を起こさせる。そうしてその事業の仲介者または当事者となって、商人的本能を満足せしめる」のであるとする（選集二―二五四～二五五頁）。この〈商人化〉こそが、如是閑は後述する都市自治ないしは自治政の腐敗・堕落の根源であるとみなすのである。

第三節　如是閑の都市自治論と政党政治不要論

前節の論述を踏まえて、如是閑の都市自治論や政党政治の不要論を考察することにしよう。彼が、自治体論や都市自治論に関し積極的な評論を行うようになった背景には、一九一八（大七）年に原敬内閣が誕生して政党内閣の時代に入ったことから、一九二〇年代（大正後期から昭和初期）に東京市政にも中央政党の影響力が強まるとともに、またぞろ腐敗の噴出があったといえる。[38]その評論と腐敗問題などへの対応策は、基本的に国家（政治）と都市・自治体（政治）の区別と連関から展開される。

さて、前節末尾でみた発生論的な国家と自治体の区別（相異）は、次のように再論される。まず、理論的に集団・組織（制度）の「社会的協同関係による統一」（＝管理的統制）と、「非協同的関係による統一」」（＝政治的支配）が区別される。そして、「国家は、都市、村落等の協同体が一つの関係状態に入り込むことによって成立」するのだが、それはこうだという。「一つの協同体は、その内部関係に於ては、協同体自体の生存に必須の条件たる生産的行動の連絡（＊＝有機的関係）がその統一を支配してゐるのであるが、かかる協同体も他の協同体との接触関係即ち外部関係に於ては、内部関係に於けるやうな生活利益の共同の指示をすて丶、利益の争奪に陥る……そこから多くの協同体の（＊外部的）関係に於ては、必ず一個々々に於ける内部関係とは全く異る非協同的統一が起る。即ち生活利益が共通に指示されずに、一方の利益は他方の不利益といふ敵対的状態に於ける統一が起る。政治はかような統一を支配する形式である。かかる形式によって統一された社会が国家である」（六・四—八〜九頁）というのである。

この協同体間における「接触関係」は、本書の第二巻でみたK・マルクスがいう共同体の終わるところ、すなわち他の共同体との接触における「交換」＝「商品」の誕生を想起させる。[39] しかし、それは「交換」＝「商品」の発生ではなく、前節でみたところの「闘争」本能による征服、すなわち国家の発生であることは自明である。またやはり前節の考察からして、「社会的協同関係」は典型的には「互助」本能による「共働」にみられるようなノン・ゼロ・サム的な有機的関係を、したがって内在的な有機的統一（＝管理的統制）を意味し、「非協同的関係」とは人間個々人を〈道具化〉あるいは〈目的〉に対して〈手段化〉する——それゆえゼロ・サム的な「一方の利益は他方の不利益といふ敵対的状態」を惹起する――機械的関係を意味し、したがって外在的で強制的な機械的統一（＝政治的支配）と同義であることも自明であろう。

「闘争」本能による征服国家の誕生において、征服者（支配者）は武力（軍事的）関係において所有を確保するが、それが確立すると武力は後背化し、所有のための強制は経済的な権力（支配服従）関係において発動され、ここに政治の発生が見られていた。しかし、本来、「都市村落等の自治協同体の統制は……一個々の内部関係による統一である。いいかへれば、社会的共同の生存を指示する生産的行動の有機的関係に基づく統一である。されば『自治』は明らかに『政治』と区別されるべきである。政治的統一は、生活利益（＊所有）の争奪関係が物理的（＊強制）に決定された統一であるが、都市、村落等の自治は、それが協同関係で決定されたものである。されば一つの協同体における統制権力（＊＝管理）と非協同関係を決定する政治的権力（＊＝支配）は、全くその機構（＊＝メカニズム）を異にする別個の統制作用である。前者は、社会的生存を指示する生活行動自体の内部的機構であり、後者は、生活行動を外部から強制する機構である。従って前者にとっては物理的強制力は基礎的条件ではないが、後者にはそれが必須である。（都市、村落等は原則として軍隊を持たない。）」（六・四―九頁、傍点は引用者）。このようにして、「自治」と「政治」は区別されるが、ここで重要なことは、前節で注意を促したところであるが、本源的に「自治」には「政治」（支配服従関係／強制）が不在であること、言いかえれば「自治」における統制は非政治的・非強制的な管理的統制であることを含意していることである。

しかしながら、如是閑は、歴史的な進化の現実においては「都市の政治化」の反面で「国家の協同体化」が進行してきたという。すなわち、「都市の政治化は、その協同体たる性質が減退して、その組織が階級化したところから生ずるもので……都市の統制をして、国家のそれと同じ特権階級の支配の機構たらしめ、都市的（＊協同）生活の破壊を招く。また他方において、国家が（＊例えば外敵に対して支配・被支配階級をともに保護する）協同体の性質を帯びるに至れば、その階級的支配の形式は、次第に全体的利益によって変化せしめられ、絶対的（＊＝政治的）の支配が協同組織に於ける管理（＊的統制）の形式に近づくに従って、政治組織の変革を生じ、（＊軍事的征服という）固有の国家的性質が緩和され、所謂市民国家（＊＝ポリス）のやうな中間的形態を呈するに至る」（六・四一一〇頁）のである。

このようにして近代国家においては、ついに都市（自治体）と国家の差異が消滅する。すなわち、近代国家における「都市は、（＊中世的な）割拠的の独立の存在ではなく、全国的支配の実権を握る商人（＊＝資本家）階級の生活本拠に過ぎない。そこでは伝統的の都市の性質――政治国家に対する協同体の生活組織の防護――は全く失はれ、都市は事実上にたゞ国家行政と同性質の事務が地方的に管掌されるといふに過ぎないものとなった。都市の統制（＊＝政治的支配）を支持する（＊特権的）階級は、同時に国家的統制を支持する（＊特権的）階級であり、従って国家の政治（＊的支配）

と都市自体の統制（＊＝的支配）とは同性質のものとなって、後者が前者を拒否した（＊中世の自治都市のような）本来の（＊対立）関係は最早そこには存在しないことになった。今日の都市行政は、その形式に於て伝来の自治の典型を襲ってゐるが、事実は全く事務管掌の区別に過ぎない」（六・四―一四頁）とされるのである。しかし、この差異の消失は、協同体としての都市（自治体）の消滅を意味するものではなく、前節で触れたように、その潜勢化を意味するといってよい。

かくして、（都市）自治体は、「協同体としての自治体」と「政治体としての自治体」という二つの性質を保有することになる（八・一―二三頁）が、「近代国家に於ては、所謂『自治』の名に於て地方的政治体（＊＝政治体としての自治体）の存在を国家組織の条件としてゐるが、産業的支配者（＊階級）の政治形態」においては、「中央、地方の区別は、根本的でなくなり、中央的政治体（＊＝国家）の社会的（＊＝階級的）背景は同時に地方的政治体（＊＝政治体としての自治体）の背景を為すものであり、中央（＊国家）政治と地方（＊自治体）政治といふやうな、天に二日あるが如き形態は、近代国家に於てはたゞ歴史の残物のやうなものとなった」とされる（八・一―二八頁）。

これをさらに敷衍すれば、こうである。「近代に於ては、産業的支配階級の政治体と化して、自治体そのものは、（＊生活）協同体としての社会形態から抽象された、所謂法的存在となってしまったのである。この抽象体としての自治体は、殊に近代都市に於て極度に発展」（八・一―三〇頁）したのであるが、このように抽象化され法制度化された「政治体としての自治体」を国家組織の構成要素にしているにすぎないことから、「法的概念として、自治は国家的支配の地域的に委任されたものであるといふような錯覚を産み出し」（六・四―一一頁）、「自治政治は国家政治の部分的委任であって、前者は本来後者の一部に過ぎないと観念される」（一五・四―三三九頁）に至るのである。ここで如是閑は、本巻の井上友一や大山郁夫、田沢義鋪のみならず、ほとんどの論者の自治概念がこの法学的なそれであることを暴露しているといえる。

しかしながら、「自治体を一つの生活協同体として見る時は、近代政治の超地方的統一形式の可能性が疑はれなければならない」。というのも、「地方自治体が、政治体としては近代国家的統一に支配されながら、協同体としては、なほその単位的存在を支持せねばならぬ具体的の生活要求をもってゐるからである」（八・一―二八〜二九頁）。

この観点から、国家政治と都市（自治体）政治が本質的区別されるとともに、後者における強制的な「政治体としての自治体」から生活「協同体としての自治体」の回復が志向されるのである。すなわち、近代の国家政治は、「階級的又は産業的或は職能的等の利害の対立を政治的（＊政党）対立の形で現はして、それらの勢力の優劣が、政治（＊国家政策）を決定するもので、討議（＊＝議会）の制度も、その優劣を争ふ過程なのである」。これに対し、「いかなる階級又は産業の利害が支配的であるに拘らず、都市はたゞ市民としての生活形態の完成を目的とする地域的（＊社会）集団である。都市（＊自治体）の政治は、階級又は産業による利害が各自の優位を争ふ過程ではなく、それらの全体が、市民として共同の生活形態を完全にせんとする過程である」。「されば国家の政治に於けるやうな、利害的勢力の競合を経て、そのうちのある（＊政治的）勢力の優位によって国策を決定するとか又は、それらの（＊政治的）勢力の全体的総合による政策を見出すとか、さういった、所謂政治過程のやうなものは、都市（＊自治体）の政治においてはあり得べからざる道理である」。「だから国家政治を社会の仕事に譬へるならば都市（＊自治体）の政治は家庭の仕事に喩へられるのである。これは両者の本質的な差点である」（二四・四一一～二頁、傍点は引用者）。このように、如是閑もまた、都市を生活協同体という観点から、それを「家庭」にアナロジー化し、国家政治と都市（自治体）政治を差異化していることが注目されると同時に、都市＝家庭（生活共同体）という捉え方がいかに強く識者に流布していたかをうかがわせる。

さて、都市は、本源的に市民の共同の生活形態の完成を目的とする地域的な社会集団であるゆえ、その作用は前節末尾で見たような社会性のノーマルな性質とアブノーマルな性質に相応する社会集団の協同的「生活機能の作用」と強制的な「政治的作用」とに区別される（この区別は、社会集団の統一＝統制という点では内在的で協同的な「有機的統制」と外在的で強制的な「機械的統制」に照応する）。そうして、この両作用は、それを「具有する人間によって異なる組織体（＊＝集団）を構成し……家族―家長政治に入り込まない―、都市、村落、組合その他は前者（＊＝生活機能の作用）に属し、家族―家長政治の―国家、寺院、政党その他は後者（＊＝政治的作用）に属する。（＊しかし、）生活機能による集団（＊＝組織）が政治化することは、（＊生活）機能による（＊有機的）統制が（＊外在的な）寄生的の組織――一方の生活（＊利益）の犠牲に於て他方の生活（＊利益）を完成する組織――に堕落することがあるから、その結果は必然的に社会生活の頽廃となる。されば（＊社会集団としての）すべての協同体は、その健康のために、（＊生活）機能的の組織を支持せねばならない。（＊生活）機能的の組織は、社会的生存を支持する生活行動の組織（＊＝集団）である。それは即ち、そこから一切の人間文化が産れる社会的協同の組織（＊＝集団）である。自治的協同体は、それ自体、この意味の協同体として発達したもので、その根本的性質は、古代より今日に至るまでの都市、村落等の自治的組織の根底をなしてゐる」のであるとされる（六・四―一七頁）。

しかるに、近代社会においては、特に「都市の政治化」と「国家の協同体化」によって両者の差異が消失し、中世の自治都市のような国家との健全な対立関係が失われたため、原理的には「政治体としての自治体」から「都市（＊自治体）がその（＊＝生活）協同体としての組織を回復するための第一条件は、資本主義の進化である。が、近代都市の発達は全く資本主義的組織の結果であるから、その組織の進化は当然に現在の形態に於ける都市の解体を招く」ものでなければならないとする（六・四―一七～一八頁）。あるいはまた、歴史的にみると「経済都市が都市形態としての基本的のものである。……然らば、経済都市の得失をもってあらゆる他の形式を蔽ってしまった近代都市こそ都市の最終形式である」（一一・四―四二頁）といえる。そこにおいて「資本主義組織の崩壊は、都市形態に対して恐らく根本的の変化を与ふる……階級的又は個人的独占の組織としての社会形態が今日までの都市形態の性質を決定したものであったとすれば、都市は……進化と共にその性質に根本的変化を来すものであるに相違ない。それは即ち都市形態の解消であり、従って都市中心の生活形態の変化である」（二一・四―四四頁）だろうとする。この都市の進化論においては、将来的な都市形態が明確に描かれていない――もっとも都市と農村の共存という田園都市像がうかがわれる――ものの、前節で述べた進化の原動力としての「合化と分解」（同化と異化）が、すなわち都市（自治体）の政治的組織の「建設」＝完成から「自壊」＝解体という進化法則が適用されていることは自明であるが、それについては改めて後述する。

以上は、如是閑の都市自治論ないしは自治体論のいわば原論ともいうべきものであるが、記述が晦渋であるためその論理体系を浮彫りにするには、あたかもパッチワークのように引用と括弧による引用者の補充（＊）を多用せざるをえなかった。次において、実態論ともいうべき近代国家における政党（政治）と都市自治との関係や、そこにおける制度運営上の問題点などの考察に入るが、やはり引用と引用者の補充（＊）を多用せざるをえないことを許していただきたい。

ところで、近代政党は、支配階級間における国家権力の争奪の手段として捉えられていた。だから、近代「政党は、元来階級的生活利害による機構（＊対立・抗争メカニズム）が国家的支配を掌握するための組織である。（＊そして、近代）政党（＊が支配する）の国家に於ては所謂自治体の（＊市民的）特権階級は、都市に閉ぢ籠って国家に対抗する必要はなく、従って、都市の政治から、中央政党を排除すべき必要もないのである」（六・四一一五頁）。このことは、また次のように言明される。「都市の自治といふことの歴史的意味は、市民中の特権階級が中央（＊専制国家）権力から解放されることであるから、自然、所謂『自治』それ自体、少数市民の専制政治に陥り易い。而して、市民の特権階級は、その勢力を利用して、或は中央権力を牽制し、又はこれと結託して、自己又はその階級の私利を計るに至ることは、中世以来諸国の都市にその例を見ないものはない。このことは、（＊近代）政党政治の時代に於ても、同様で」（六・一一二九～三〇頁）あると。つまり、近代国家の地方自治あるいは都市自治においては、実際には政党政治が不可避的であると捉えられているのである。だから、以下のようにも述べられるのである。

近代国家においては、前節で見たように国家の政治的支配と都市（自治体）の統制の差異が消失するとされていた。そして、社会は様々な「生活方向の生存競争の舞台」で、制度（集団・組織）は生活目的を具現化する手段であった。この目的・手段関係の逆転において、前者の差異の消失が生起するとして次のように述べる。「資本主義社会は、今日国家形態の客体であって、同時に自治体の客体となってゐるのである。今日に於ては、同一の階級、同一の社会層、同一の人間が、一方では国家形態の構成要素（＊＝国民）であり、他方では自治体の構成要素（＊＝市民）を為してゐる。一言でいえば、国家者は同時に自治者であり、自治者は同時に国家者であるといふのが、資本主義社会の特徴である」。そして、そうした「特徴のために、国家の政治と自治体の政治との混合は免れ難い現象となる。国家の政治の地方的勢力は同時に自治体の政治勢力であり、自治体の政治勢力は、そのまゝ国家政治の勢力となる。而して、それが政党の形で表現されてゐる」のである（一五・四―三三九〜三四〇頁）。あるいはまた、「都市の統制が国家の政治と同性質の支配組織に過ぎないものとなった結果、国家の政治的機構（＊＝メカニズム）が都市をも支配するに至るのは当然のことである。商人（＊＝資本主義）国家の政治機構は、（＊階級的）生活利害の自由競争に基づく、政治勢力の自由競争であって、その競争の機関はすなわち政党である」（六・四―一四頁）とされる。

そうして、階級的「生活利害の対立関係による支配的勢力の競争機関」である政党が、「一定の機構（＊＝メカニズム）によって支配的地位を占めた時には、現代の政治的機構の下に於ては、二重に都市の統制に影響する。即ち一方に於て、（＊中央）政党勢力による都市の統制権の専制的把握が起ると同時に、他方に於て都市の（＊市民的）特権階級の政党勢力による専制が起る。（＊しかも）商人（＊＝資本主義）国家の一つの特徴は、政治的支配が抽象的の権力欲の満足といふやうなものに基かずに、具体的の経済的利益を求める方法であるといふことである。政党が都市の政治を独占しやうとするのは……獲得欲の満足のためである。『利権』がその支配欲の具体的の目的である。而して、中央政党は地方自治体の政治的権力を握ることは、現代政治機構の下に於ては決して困難のことでないのみならず、中央政党の権力者は、同時に都市の政治の主権者たるその同じ特権的市民なのである。……（中略）……同時に、中央政党の勢力に関係のない一般市民も、それと結託することによって、都市の統制を商人的（＊＝資本家的）獲得欲の満足のために利用する」とされる。いずれにしろ、「近代国家に於ける中央政党の都市に対する関係も亦、都市の統制を利用して、そこから『利権』を得る組織に過ぎないので、それは政党の背景を為してゐる階級の生活利害であって、（＊生活）協同体としての都市の生活の統制とは何の交渉（＊＝関係）をもつものではない。従って政党的勢力が都市の統制に加はる場合は、必ず、政党の背景にある階級の利害が、都市の統制を支配せんとする」ことになるとする（六・四一一五〜一一六頁）。

こうした状態の下において、前節で留意したところのイギリスに典型的にみられた〈貴族のブルジョア化〉と〈ブルジョアの貴族化〉の進行が、既成政党の堕落、職業政治家の堕落――前記した国家、そして自治体の「商人化」である――を生み出したと捉えられる。長文になるが、引用しよう。「近代政治に於ける政党は、初めは階級的利害によったもので……政党は貴族、地主等の旧勢力の階級と新興勢力たる産業的支配者の階級との対立を表示したものであったが、後者の独占的勢力の成立した後は、不動産階級たる旧勢力（＊＝土地貴族）と動産階級たる新勢力（＊＝産業資本家）との合一のために、政党の保守、自由等の対立も意義を失ひ、所謂有産階級の政党は同一利害関係の下に持ち来され、その間の分野が甚だ判然しないものとなったのは、各国共通の事態である。さういふ事情の下に於ては、政党は全く、階級内部に於ける個人的利害の争奪のための道具となり、近代政治に於ける政党の初めの性質、即ち保守的勢力と自由主義的勢力との対立関係を表示する政党の性質は、たゞ合一的有産階級内に於ける個人的利害の争奪のために利用される看板に過ぎないこと、なり、やがてその看板の色分けさへも甚だ判明を欠くに至るほど、政党的（＊政策）分野はその実質上の意義を失ふこと、なったのである。政党がさういふ個人的勢力の闘争機関たるに至れば、その社会的背景による初期の政党の目的意識は失はれ……たゞ所謂『利権』のみが政党的勢力の膨張の動因となる」（八・一一二七〜一二八頁）のである。そうして、かかる意味で「無機能となった今日の政党が地方（＊自治体）政治の分野を争ふのは、決してその地方的利害なり、（＊生活）協同体としての自治体の利害を代表するためではなく、それによって内部的の個人的利益の争奪に、又中央（＊国家）政治に於ける、階級的内部争闘に、有利な条件を成立せしめんとするのである。最上の場合に於て、結局中央（＊国家）政治に集中される投票と利権とのために自治体を犠牲にするのである」（八・一一三一頁）。

このような既成政党の堕落は、必然的に職業政治家の堕落に至る。「現在の政党が、中央（＊国家）政治に於て意義を失った対立関係を、作為的に持続せしめる場合に、その作為的の対立関係に政治的表現を与へてゐるものは、やはり機能を失った職業政治家の集団である。政党政治の発生期に於ては一方には、封建的旧勢力を代表するそれと、他方には市民的新勢力を代表するそれと、それ〴〵相反する社会的背景を持って、この両勢力の意識目的を鮮明にし、それを行動過程に移すことが、その時代の職業政治家の専門的機能であったが、この新旧の勢力が溶合して産業的支配階級の旗幟の下に統制されること〻なっては、職業政治家の専門家的機能は、たゞ階級内部の個人的利害の争奪戦に於ける専門技術家としてのそれに転じ、社会的背景に政治的表現を与へることの代りに、個人的利益に政治的手段を供する専門家となってしまったのである。産業的支配階級内部の対立的利害の争いは、この職業政治家によって、政治的闘争の形で戦はれ、具体的の利権の争奪が、恰も、抽象的な政治権力の争奪であるかのやうな外観をもって争はれて居るのである。元来、中央も地方もない、大産業的支配階級の政治に於て、政党が自治体に於ける政治的分野を争ふのは、全く無機能になった職業政治家の職業的行動に外ならないのである」（八・一一三二頁）とされる。

かくして、「職業政治家の地方（＊自治体）政治に対する争奪戦の如きは、今日の政党の争ひと同じく、資本主義政治の大本からは決して重要なことではない。それは要するに無機能的対立政党の、又それに衣食する無機能的職業政治家の、生存競争である。自治体を腐敗せしめたものは、かくの如き職業政治家が、政治的勢力を争ふ外観に於て、実はその個人的生活を争ふためであるが、然し、これらの職業政治家の争奪の目的物は極めて貧弱なる物質的利益であって、その殆どすべてが、営造物関係の末梢的利益の配分に過ぎない。しかもかかる意味の利益配分は、中央（＊

国家）政治に於ても……行はれてゐることであって、職業政治家は、この一般に行はれてゐる非職業的収入を職業的収入としてゐる人種に外ならないのである。自治体の政治に於ける対立関係は、この収入の目的のために作為的に構成された組織（＊後述の政治ギルドとなるの）である」（八・一一―三二一〜三二三頁）とする。だから、如是閑は、この後に「政治家を正業として彼等に生活の安定を与へて彼等の不正を根絶せしめる唯一の方法」であるとして、皮肉っぽく「政治家登録法案」を提唱したのである（集二一―一五六〜一五九頁）。

しかも、日本の都市は、西欧のような自治都市の伝統を欠くゆえに、事態はもっと深刻である。すなわち、日本の「都市の（＊階級的な）特権市民は、昔からの伝統的の市民的支配の形式をもたないので、市政の有力者は始めから政治（＊勢力）的に発達して、普通の市民的特権階級に対しても職業政治家と同じ寄生的、変態的の特殊階級（＊の政治組織＝ギルド）を形作ってしまった。これは一つには、伝統的の特権階級（＊＝士族）の無能と凋落とに原因しているが、しかし市政に古来からの制度習慣といふものがないので、新しい政党政治の機構（＊＝メカニズム）に征服され易い」（六・一一―三二〇頁）がためでもある。また、自治都市的な伝統を欠如したまま「上から与へられた『自治』は、近代自由主義政治による（＊階級的）利害の対立の闘争を生ずる余地があり、且つそれが、市民の生活又は職能に拠ることなく、或は国家政党の勢力が介入し、又は市民自体の（＊職業政治家の）政治ギルドの活躍を自由ならしめる余地」（二〇・六―六頁）が大きいとする。そうして、如是閑は、都市（自治体）政治における自治都市の伝統の有無を対比しつつ、次のような結論を示した（二〇・六一八～九頁）。

(1)自治体の政治において、中世的（＊都市自治）の伝統がない場合、近代自由主義の欠陥（＊階級的利害の自由競争と対立）に基づく政治闘争の発生が必然である。(2)その政治闘争は、自治体の性質上（＊内部的な行政技術に関する対立が多いので）私的性質となり易く、（＊政治的立場の対立に基づく）政綱による民衆の政党を発生せしめるよりも、職業的政治家の（＊利害を防御する）ギルド的党徒を生み出し、従ってボス政治の危険があること。(3)自治体が一定の都市自治の伝統を有する場合は、近代自由主義の欠陥から生ずる無秩序な政治ギルドの発生は制約される。(4)しかし、その伝統は、新興勢力の発展を制圧し、政治ギルドやボス政治の闘争を抑えうるが、自ずと長老政治に傾き、保守に流れ、近代国家の全体的な発展過程から孤立することを憚らず、そのため発展的な都市の政治には妥当（＊＝適合）しない（ただし、我が国の場合には、かかる現象は僻遠の小自治体などにみられる）。(5)自治体の政治を独占する（＊職業的政治家の）政治ギルドは、近代都市の行政内容に対しては全く職能を持ち得ないものであるが、それが政治的権力を保有するために、政治ギルドからなる（＊特権的）市民の代表機関（＊＝自治体議会）は市行政を管理する機関ではなく、全くギルドの政治的権力の機関に化している。(6)ギルドの政治的権力は、市政内容には干与しないで、市行政の権力関係（＊市町村長・助役との与野党的関係）に干与するがゆえ、市行政の責任者は行政上の責任によらず権力闘争の関係によって更迭される。(7)ギルドが政治的権力関係の中心になっているため、行政技術者の人事も事務もギルドの政治的権力関係（＊与野党的関係）に左右され、専門的な科学的企画の自由を持ち得ない。(8)いわゆる疑獄や醜聞は、それ（＊＝政治的権力関係）が暴露された少部分に過ぎないのであって、（＊自治体）全体の組織が（＊職業政治家）のギルドの勢力下にあることこそ（＊根本的）問題なのである。

しかも、如是閑は、また都市自治の現状の根本的欠陥を次のように指摘する（二〇・六一一〜三頁）。近代的自由主義の政治と経済は、一方で政治ギルドやボス政治の闘争を惹起せしめながら、他方において都市自治体企業の社会化（公営化）を生み出している。そして、今や「都市の生活に密接の関係のある諸機関は、次第に自由競争主義から、所謂統制主義となり、企画的となって、理想としては、あらゆる都市生活の公けの機関の社会化が期待されてゐる」。だから、この社会化の情勢においては、これまでの「利害の対立による政治が、科学的企画による政治に変って行かねばならぬ」にもかかわらず、「自治体の政治の伝統的形式は（＊それへの対応に）全く機能的であり得ない」ことだ。

これをさらに敷衍していえば、こうである。「高級な専門的智識と方法とを必要とする市の行政機関と、これに君臨する（＊特権的）市民の代表者からなる評決の機関（＊＝議会）との関係は、アマチュアーの主人と専門家の使用人の関係のやうなものになって、後者の仕事が複雑高級になればなるほど、前者の（＊政治的）管理能力が稀薄になることを免れない。行政機関の政治能力と市会の政治能力とは、必然に反比例的である。村のやうな自治行政の比較的簡単な所では、村会といふ機関は相当機能的であり得るが、（＊都）市となれば、自治行政が高級化すると同時に、市会は低能化する。つまり仕事の専門化に従ってアマチュアー的管理能力が減退するわけである。（＊市会の）管理能力が減退しているにもか拘らず、政治的権力が与へられてゐるといふ所に根本的欠陥がある。国家の政治に於ける政党政治の欠陥もこにあるわけだが、自治体の場合には、その欠陥が国民の認識に上って来ないで、たゞ特定の（特権的）市民の間に局限されるために問題のまゝに留保され勝ちである。殊に近代都市は、地域的関心の薄い、移動的中産階級を中堅市民としてゐるので、肝腎の最も能力ある市民が、最も市政に無関心であるといふことになって、代議制度も全く形式化してしまってゐるのである。従って実際代表機関を構成する分子（＊＝議員）は、自治体の政治ブローカーの類で、有力な代表市民もそれらの分子の傀儡に過ぎないこと、なる」のであるとする。

以上のような原理的かつ現状の認識が、如是閑の本章冒頭における「自治体は本来管理行為によって管理（＊＝統制）さるべきもので、政治行為によって支配さるべきものではないから、市政は全く政党政治から超越するのが当然のことである」（八・二一一二頁）という言説をもたらしたといえよう。しかしながら、如是閑はまた、既述したように都市（自治体）政治から政党政治を排除する超然主義は不可能で、実際には政党政治が不可避的であることを認識しつつ、それが腐敗・堕落していることを指摘していた。そのことを再確認しよう。「今の国家は（*いわゆる）市民国家で、市政の背景を為す（*特権的）市民階級は、同時に国政の背景を為してゐるのだから、市政と国政との混交は已むを得ない。とすれば（*特権的）市民（*階級）内部の分裂的形態（*同じ穴の狢で、市民階級内部の政治的寄生虫の仲間割れ）に過ぎない（*既成の）市民政党は、国政に於ける権力均衡の必要上、市政に於ける勢力を争奪するのも亦已むを得ない。が（*既成の）市民政党は機能的に堕落腐敗を極めてゐるから、どの政党が市政の勢力を得ても市の腐敗は同一であること、（*既成の）市民政党の何れが政府をとっても、国政の腐敗は同じであるのと異らない」（八・一一—一二頁）とする。

あるいはまた、如是閑は、「国家政治を社会の仕事に譬へるならば、都市政治は家庭の仕事に譬へられる」として、両者の本質的な差異を示していた。これは、本来的に都市を生活協同体——しかも生活協同体それ自体は、本源的に有機的関係から構成される非政治的な存在である——として捉えることによっていた。「されば国家政治に於ける対立勢力たる政党（*政治）の分野が、都市の政治に入り込むことは、理論上不合理に相違ないが、然しこのことは近代政治に於ては必然で、全く避け難い現実である。近代国家に於ては、代議制の結果、国民全体は何等かの意味でどれかの政党を支持せねばならぬ立場にあるものであり、而して国家政治に於てさうである以上は、都市政治に於ても、政党的（＊政治）分野が市民の代表を選挙する主たる標準とならざるを得ないのである」。そうして、政党の候補者を選択せざるをえないことを「利用して、政党はその地方的地盤の獲得のために、都市政治に食ひ込むのは已むを得ない」とされるのである（二四・四一二〜三頁、傍点は引用者）。

　このように都市自治体が政治化し、そこに政党（政治）が入り込むことは、「理論上不合理」――排斥されるべきこと――であるが、近代国家では現実的に不可避的である。ところが、如是閑は、他方で「複成社会」（二元的階級社会）においても非政治的な生活協同体が存続しうる例として、既に注意を促したように、中国の村落共同体を指摘していた。それに関する論文「孔子と老子」において、まず「孔子教の政治的立場と老子教の非政治的立場」を対比し、「孔子教は、ステートを人類生活の理想的形態とし、老子教はコンミュニティー（協同社会）―特に村落共同体―を理想形態とした」とする。そして、中国「研究者の総ては、シナ《ママ》諸民族の社会形態は、その上層の国家形態とは没交渉に、数千年来、自治的生活形態を持ち耐《こた》えて来たと認めているのである。……国民自身の生活形態は、全く自治的のいわゆる村落自治体であり、それによって生産の一定の形態を固定的に保存せしめ、数千年間その形態に殆ど何の進化を見ないと言っていい位である代りに、その生存の強靱性《きょうじんせい》を失うこともなかったのである」。だから、老子教は、「シナ《ママ》的国家の背景をなす村落共同体を、大国家の政治の実現すべき、羈絆形態として示している」。これに対し、孔子教は「老子教と同じく村落自治体を見てはいるのだが、その原始形式を尊重するよりは、その上に君臨する文化的道徳的国家を尊重するというむしろ実際的の態度をとったのである」とする。(41)

そうだとすれば、村落共同体は非政治的〈存在《ザイン》〉であるがゆえに、それを基礎にする国家においても政党政治は排除されるべきと〈当為《ゾルレン》〉化した山県有朋は、孔子教徒であったといえる。これに対して、如是閑における生活協同体の非政治性は、もともと理論的に想定されていたものであった。それにもかかわらず、この中国の歴史的実態と思想とのかかわりにおいて、如是閑が老子教に与する限り、孔子教徒の山県が国家を理想化する〈当為《ゾルレン》〉のベクトルをとるのに対し、如是閑の〈当為《ゾルレン》〉のベクトルは国家（政治的支配）を否定する――「国家の社会化」（国家を生み出した社会へと還元）――することであるといえる。その意味で、如是閑は、国家の否定を可能にする後述の労働者（無産階級）像とは別の「徹底的に『非政治的』な民衆像」を想定していたとされることは至当である。(42)

しかしながら、都市（自治体）政治には、不可避的に政党政治が侵入してくる。そして、大きく二つの弊害をもたらすという。一つは、既述したところであるが、「都市政治の政党の勢力が、国家政治に於ける政党の勢力の競争の一分野となることである。……然もその場合、都市政治に於ける政党の勢力は直接国家政治の勢力となり得ないものであるから、それは主として政治家個人の勢力を培養する、力又は利益の領域となる。政治の力は、都市政治に於ては結局個人的利益に換算されるに至る」ことである。もう一つは、本来的に都市は生活協同体であることからして、「都市政治が生活形態の完備であるといふ性質上、近代都市の政治は、広義の都市施設及び社会施設の技術組織であらねばならぬので、可なり高級の経験知識を必要とし（＊てきたが）、（＊そこで）市会の議決及び決議、監督、調査その他の職能は、小町村に於けるやうに、（＊アマチュアーの）市民的常識のみに委ねられることは却って、都市形態の完備を妨げる結果となる。……而してさういふ非科学的の市会こそ、政党の国家政治に於ける勢力の地方的培養機関に墮する性能を最も多くもってゐるものである。その意味に於ては、今日のやうに、都市に関する経験も知識もない多数の議員をもつことは、無意義、不必要であるのみならず、都市政治を所謂『政治的』ならしむる根本の原因なのである」とされることだ（二四・四―三～四頁）。

それでは、このような都市（自治体）政治の弊害を克服する改革の方途はないのか。如是閑は、都市（自治体）の政治的統制は国家の政治的支配と同一の階級の手に帰していると捉えるがゆえに、必然的に「市政の矯正は国家の進化と同じ過程による外ない」ことになる。すなわち、「真の意味の対立政党の発達によらねばならぬといふのが国家（＊政治）に於ける現状であるが、市政の進化に於ても亦その過程を自治体に延長せしめる外はない。……今日は、（＊特権的）市民階級に対する無産階級の政治的進出が前者の独裁の温い夢を破って社会的統制を外づれた政治状態を牽制して軌道に引き戻す作用につとめてゐる。市政に於ても、当面の矯正法としてはこの対立状態を自治体に於て成立せしめるのが一番の捷径である」（八・二一二～三頁）。要するに、前節でみたように、無産政党の政党政治への参入、あるいは無機能化した既成政党の無産政党との連携という政党政治の「建設」＝完成、すなわち「自壊」＝解体作用という進化の道を自治体においてもたどるほかないというのである。これをさらに敷衍すれば、こうなる。

都市（自治体）政治の弊害・欠陥を根本的に克服するには、「自治体をその（＊＝生活）協同体としての性質に於ける組織たらしめる外はないのである」（八・一一一三頁）。しかし、「近代国家的形態のまゝで、自治体が中央（＊国家）政治的の権力均衡の、又無機能政党の政治的分野の舞台たることから脱れて、（＊生活協同体に対する）純然たる社会（＊的管理）統制の組織となることは、殆ど想像されない」が、一つだけ可能性がある。「それは即ち無産政党の台頭によって、既成政党の無機能的対立状態が漸次消滅の傾向をとりつゝあることに関連してゐるのである。無産政党の台頭は、中央（＊国家）政治に於ける政党の分野を一層階級的にして、社会的背景の判明しない、無機能なる政党と政治家に、初期のそれのやうに比較的判然たる階級的色彩を与へる結果となるのであるが、階級的立場の判明した政党関係の下に於ては、職業政治家の地位も自から、政治的態度の合理性に立脚することを要し、たゞ内部闘争の機会を捕へることを事業とするやうな職業政治家の失職となり、政党的規律は比較的厳正となる傾きをもつ。そこから地方（＊自治体）政治を中央（＊国家）政治の犠牲とするやうな無意味の政党（＊政治）的分野を争ふ必要も減退し、幾分自治体の生活（＊協同体）組織による政治状態も回復される訳である」（八・一―三四頁）。

いや、それだけでなく、地方（自治体）政治に対する「無産階級的勢力の侵入する速度は、却って中央（＊国家）政治に於けるよりも迅速で……地方（＊自治体）政治の実質に対する無産階級的要求は、現状の下に於ても、ある程度まで実現可能性をもつのである。而かも地方（＊自治体）政治に対する無産政党の参加は、中央（＊国家）政治に対するよりも、現在の政治の具体的施設（＊＝政策・施策）に与へ得る影響は、強く且速であり得る事情がある。蓋し、地方（＊自治体）政治に対する主張は、無産政党のそれでも、中央（＊国家）政治に対する如く、産業的支配階級の政治（＊的支配）形態そのものにふれる点は鮮いからである。（＊さらに）現在に於ては、大都市の組織は政治体としての性質を外にして、都市行政の専門技術的方面に於ては可なりに科学的傾向をとるに至ったが、無産階級の都市行政への侵入は、この傾向を促進せしめる二重の可能性を想像し得る。（＊第一には、）都市行政の寄生物たる政治体（＊＝職業政治家の政治ギルド）に対する牽制作用によって、第二には、無産階級的要求たる（＊社会的管理）統制の科学的組織を主張することによってゞある。自治体の腐敗は、この種の根本的変化による外、如何なる方法も、現在の（＊生活協同体からの）遊離的政治体としての自治体の厳存する限り、到底実効を見ることは不可能である」（八・一―三五頁）とする。

かくして、都市（自治体）の「政治体としての自治体」から「生活協同体としての自治体」への変革（再生）には、無産階級（政党）の都市自治体政治と行政への参入によって促進されるが、そこにおいて一方における政党政治の排除・否定すなわち政党の「自壊」＝解体と、他方における行政の専門技術化――この両者の交錯点に「生活協同体としての自治体」の非政治的な社会的統制＝管理的統制が成立すると想定されている――が求められる。だから、「理想をいへば、都市の行政は、純技術的の編制とし、市政の各部は、市民、専門家、技師、現業員の代表者より成る委員より構成され、各部の代表者が市政の中枢機関を構成すること〻し、市民からはこれが監督（＊＝管理統制）の機関たる監査委員を選出する等々の、全然非政治的の組織を可とする」（六・一一三〇～三一頁）とされるわけである。あるいはまた、「都市政治は、一つの企画集団として最も科学的に（＊行政）組織（＊化）され、それに対する市民の監督は、極めて少数の代表者の全く名誉職的義務たらしめるような（＊委員会）組織をもつことは、所謂政治機構から都市政治を解放せしめる第一歩と思はれる」（二四・四一四頁）とされるのである。このように、如是閑の進化論は、地方自治（自治政）における政党政治の否定＝止揚《アウフヘーベン》がその行政化に至るのである。

しかしながら、最後に、次の三点に留意したい。第一は、政治の排除・否定である。そもそも「単成社会」（一元的前国家的社会）は、有機的な関係からなる生活協同体であるがゆえに、政治が不在あるいは前政治的社会と考えられ、そうして進化による社会主義的な将来社会において具現・再生されるであろう生活協同体においても、国家すなわち政治的な支配が消滅し、社会的な管理統制がそれに代ると想定されていた。だが、この政治の否定の論理は、実は前節でみたように「互助」本能と「闘争」本能を専らノーマルな「社会性」とアブノーマルな「国家性」に振り分けたことに起因しているのである。だから、「『社会』の内部から発生してくるコンフリクトを調整しつつ、いかにして公共的ルールと秩序を作り出していくかという、もうひとつの『政治』を対象化する視点を欠落させることになった」とか、「『立憲政治』や『議会政治』（したがって『政党政治』も進化の必然における過渡的なものとして）それ自体にたいするポジティヴな位置づけが困難になっている」と評されることになるのである。[43]

第二は、政党政治の「建設」＝完成から「自壊」＝解体へという進化の原動力と考えられいる無産政党への期待の減退である。如是閑は、「日本の無産政党はまだその背景たる無産階級の組織化が充分でないために、無産政治家もやゝもすれば、（＊特権的）市民政治家と同じ性質の政治的寄生虫と化する危険を多分にもつてゐる」（八・二一―三頁）ことを危惧を示していた。そうして盧溝橋事件を契機に日中全面戦争への突入期頃になると、「都市の政治は、国家の政治に比べて、市民的に私的の性質をもつところから、政党的勢力としても都市政治のそれは国家政治のそれよりは、私的利害にその力が用ひられ易い。……（中略）……政党と都市政治とのかゝる関係は、たとへ政党（＊政治）的分野の内に、多少の無産政党の勢力や非政党の勢力が加つても、清算は困難である。いわゆる粛正選挙も此の事情を一掃することは不可能である。要するにこれは機構（＊＝メカニズム）から来た必然であって、同じ機構が存在する限り、道徳や方法の改善も根本的にそれを排除することは出来ない」（二四・四一三頁）という悲観論が滲み出す。この背景には、本書の第五巻第一章で考察した無産政党が離合集散を繰り返した後、一九三二（昭七）年には社会大衆党へ一本化されたものの戦時体制に加担し、ついには翼賛化へ走ることになったことや、如是閑自身のいわゆる〈転向〉があったように思える。(44)

第三は、分権化に対する消極的、いや否定的ともいえる姿勢、裏返せば自治体に対する国家的統制の必要性の強調である。如是閑は、その点についてこう述べる。「国家的統制をもって、市民の自治より優良とする原理に立つものではなく、抽象的にはその正反対の見地をとる」（二〇・六一一頁）とするが、具体的な自治体の実態からすると国家的統制が必要だというのである。そもそも都市自治体の政治的支配＝統制は、国家の政治的支配階級と同一の階級（それを基盤とする政党・職業政治家）に掌握されており、かつより個人的利害の実現に活用され易いと捉えられているゆえに、「今日自治体の独立性を主張するものは、多くは個人的利益のために、国家の監督を排斥する目的をもつものである」（一五・四一三四〇頁、傍点は引用者）とされるのである。

それだけでなく、例えば大都市化における自然環境の保全に関し、自治体は開発業者《デベロッパー》に対する統制力を有していないし、たとえ有しているとしてもそれを規制する設計能力が無いという。だから、「自然環境の統制に対して自治体は二重に無能力である」。「かくて都市人口に生活要素を供給する地方的（＊自然）環境の統制には、絶大な権限をもち、又最高の権威を有する機関を必要とするに至るのである。それはいふまでもなく、全国的統制の権限を有する国家機関でなければならない」として、官僚制的統制の必要性を強調する（一九・一一―六～一〇頁）。そうして「今日までの制度としては、自治体に対する国家の干渉は、非常の場合に限定されてゐるが、その非常といふ意味は、自治体自身が、政治的の又は経済的の自治能力の欠乏を示した場合である。されば能力の欠乏が、常住的の現象であるとすれば、当然自治体の政治により以上の国家の力が加はることは何の矛盾でもないのである」（二〇・六―一〇頁）とまでいうのである。

制度的に自治体の権限が狭く限定されていることや、市民の自治に対する関心と能力の低さという実情については、理解できないわけではない。しかし、それが分権化や市民の自治教育の必要性という論理をとらないで、国家（官僚制）的統制に期待を寄せるという論理になる背景には、如是閑の理論においては先に指摘した「立憲政治」や「政党政治」それ自体に対するポジティヴな位置づけが困難になっていることと同様に、理論的に歴史的な近代の自治体の政治に対するネガティヴな認識・位置づけがあるといえる。

（1）　大宅壮一「長谷川如是閑論」『大宅壮一全集・第六巻』蒼洋社、一九八一年、三一一頁。
（2）　如是閑における小説の成立とその特色については、飯田泰三『批判精神の航跡――近代日本精神史の

一稜線』筑摩書房、一九九七年、一〇五～一一四頁、を参照。

（3）田中浩『近代日本と自由主義』岩波書店、一九九三年（以下、田中、一九九三年）、二二七頁、田中浩『長谷川如是閑研究序説』未来社、一九八九年（以下、田中、一九八九年）、一二頁、三九頁。もっとも、同『田中浩集第六巻・日本リベラリズムの系譜』未来社、二〇一三年（以下、田中、二〇一三年）、一三〇頁、においては、このリストは若干変化し、本章にかかわる都市政策論も加えられている。

（4）長谷川如是閑著作目録編集委員会『人・時代・思想と著作目録』中央大学、一九八五年の「第三部　長谷川如是閑著作目録」を参照されたい。なお、同書には、前掲の大宅壮一「長谷川如是閑論」が収録されている。

（5）如是閑が『都市問題』誌上に発表した論文などは、以下のようであるが、それらからの引用は煩雑さを避けるために巻・号数（巻・号―引用頁）をもって本文中に略記する。「東京市政に関する批判と意見」、一九二八（昭三）年一月、第六巻第一号、「国家の政治と都市の統制」、一九二八（昭三）年四月、第六巻第四号、「近代政治の性質と自治体の堕落」一九二九（昭四）年一月、第八巻第一号、「東京新市会議員選挙に関する意見」、一九二九（昭四）年二月、第八巻第二号、「資本主義的都市形態の解消」一九三〇（昭五）年一〇月、第一一巻第四号、「資本主義社会に於ける大都市の特質」、一九三二（昭七）年一〇月、第一五巻第四号、「都市生活と自然環境」、一九三四（昭九）年七月、第一九巻第一号、「我国の自治体政治の不良性に就いて」、一九三五（昭一〇）年六月、第二〇巻第六号、「都市の政治機構からの解放」一九三七（昭一二）年四月、第二四巻第四号、「国土計画と都市文化」、一九四一（昭一六）年二月、第三二巻第二号。また、これら以外の著作・論文からの引用も、本文中に次のように略記する。『現代国家批判』と『現代社会批判』が全文収録されている大内兵衛・他編『長谷川如是閑選集』栗田出版会、一九六九～一九七〇年からの引用は（選集・巻数―引用頁）とし、それ以外からの引用は、『選集』との重複をできるだけ回避するように編集されとみれる三谷太一郎・他編『長谷川如是閑集』岩波書店、一九八九～一九九〇年は（集・巻数―引用頁）とする。

（6）以下は、『長谷川如是閑選集・第七巻』に収録されている年譜と「私の履歴書」および長谷川如是閑『長谷川如是閑・ある心の自叙伝』日本図書センター、一九九七年により、それらからの引用は、本文中に（履歴書―引用頁）、（自叙伝―引用頁）として略記する。

（7）拙著『日本地方自治の群像・第一巻』成文堂、二〇一〇年、九二～九三頁。

（8）文明批評家については、飯田泰三「長谷川如是閑における『文明批評家』の成立㈠」『法学志林』第七二巻第二号、一九七五年三月、二～八頁、を参照。

（9）田中、二〇一三年、一三五～一三七頁。

（10）大宅壮一は、如是閑が、第一にイギリス流のリベラリスト、第二に雪嶺流のナショナリスト、第三に深川生まれの江戸っ子、という三つの顔を持ち、マスコミ界では体制側の横綱である徳富蘇峰に対して反体制側の横綱であると評したという。大内兵衛「大きな翁がいなくなった―長谷川如是閑のこと」、長谷川如是閑著作目録編集委員会、前掲書、一八二頁。

（11）田中、一九九三年、第五章、田中、二〇一三年、第七章の他、丸山真男「陸羯南―人と思想」『丸山真男集・第三巻』岩波書店、一九九五年、を参照。

（12）田中、一九八九年、九頁。

（13）以下、田中、一九八九年、九～一一頁、補論、田中、一九九三年、二五九～二六九頁、田中、二〇一三年、一四一～一四五頁、による。

(14) 大朝と寺内内閣との対立の経過と白虹事件について、詳しくは、古川江里子『大衆社会化と知識人―長谷川如是閑とその時代』芙蓉書房出版、二〇〇四年、四六～五四頁、五九～六〇頁、および掛川トミ子「ジャーナリズムにおける批判精神―『白虹事件』とその後の如是閑」(集四―四一一～四一七頁)、を参照。

(15) 田中、一九八九年、一一一～一一二頁、田中、一九九三年、二七〇～二七一頁、田中、二〇一三年、一四五頁。

(16) 田中、一九八九年、一九七～二〇四頁、田中、一九九三年、二八六～二九〇頁、田中、二〇一三年、一五七～一六〇頁。

(17) A・E・バーシェイ、宮本盛太郎監訳『南原繁と長谷川如是閑―国家と知識人・丸山真男の二人の師』ミネルヴァ書房、一九九五年、二一〇～二一三頁。バーシェイがいう如是閑の「批判」時代とは、両著作が『日本』や大朝時代の「前期如是閑と後期如是閑とを繋ぐかけ橋」だったということである(同、二五〇頁)。これは、飯田、前掲論文、前掲誌、一二頁、の時期区分と相応する。

(18) 『我等』の運営、『社会思想』グループとの交流、『社会思想』の吸収・合併に関する詳しい経緯については、古川、前掲書、一一一～一六四頁、を参照。

(19) 田中、一九九三年、三〇二～三〇六頁。

(20) 飯田、前掲書、九八頁。

(21) あわせ、田中、一九八九年、七六～九五頁、田中、一九九九三年、三〇六～三二三頁、田中、二〇一三年、一六六～一七五頁。また、この『日本ファシズム批判』は、「迫りつつある巨大な危険に全力で取り組んでいる如是閑の姿がひしひしと伝わってくる著作」であり、「当時の日本主義がもつ『永久性』、社会的偏在性、空虚な概念……を暴露した最初の著作」であるとも評されている。A・E・バーシェイ、前掲訳書、二六三〜二六四頁。

(22) 如是閑の〈転向〉について論じる余裕がないので、それについては、山領健二「ある自由主義ジャーナリスト―長谷川如是閑」、思想の科学研究会編『共同研究転向2・戦前篇下』平凡社、二〇一二年（同論文は、一九五九年に発表され、その後、宮地宏編集・解説『近代日本思想体系15・長谷川如是閑集』筑摩書房、一九七六年にも収録された）の他に、A・E・バーシェイ、前掲訳書、二七二〜二九一頁も参照。なお、思想的には後退ないしは衰弱したが、必ずしも〈転向〉したとは捉えない見方もある。田中、一九八九年、九八〜一〇二頁、田中、一九九三年、三二五〜三二八頁、田中、二〇一三年、一七六〜一七八頁、飯田、前掲書、九八〜一〇〇頁。これらに見られる〈転向〉論や思想的後退・衰弱論の根拠に関する全面的な批判もある。古川、前掲書、一六五〜一七三頁。

(23) 小林勇『人はさびしき』文芸春秋社、一九七三年、七〜一四頁。

(24) 鶴見俊輔「後期新人会員―林房雄・大宅壮一」、思想の科学研究会編『共同研究転向1・戦前篇上』平凡社、二〇一二年、を参照されたい。

(25) 田中、一九八九年、一〇〇〜一〇一頁、田中、一九九三年、三三八〜三三九頁、田中、二〇一三年、一八〇〜一八三頁。

(26) 平石直昭「如是閑の『日本回帰』について」（集七の解説）。

(27) 長妻三佐雄『公共性のエートス』世界思想社、二〇〇二年、一六〇〜一八八頁。

(28) 古川、前掲書、二九八〜三二四頁。

(29) 大宅、前掲論文、前掲書、三一九〜三二〇頁。

(30) 松本三之介「政治と知識人」、橋川文三・松本三之介編『近代日本政治思想史Ⅱ』有斐閣、一九七〇年、一八三頁。
(31) 飯田、前掲書、二〇九頁。
(32) 『現代国家批判』(選集三)の第四編、並びに板垣哲夫『長谷川如是閑の思想』吉川弘文館、二〇〇〇年、三九~四五頁、を参照。
(33) 板垣、同前書、一四~二二頁。
(34) 如是閑はL・T・ホブハウスに多くを学んだとされるが、そのホブハウスについては、田中、一九八九年、六一~七一頁、を参照。
(35) 飯田、前掲書、七七~八三頁。
(36) より詳しくは、板垣、前掲書、四六~八六頁、を参照。
(37) かくして、如是閑が「国家の社会化」=「国家の否定」を語る時には、それを可能にする労働者(無産階級)像とは別のもう一つの像、ないしは「社会性」が前提にされていたとされる。それを示すのが、後述の論文「孔子と老子」の他に「権力の外にある世界」――ともに飯田泰三・山領健二編『長谷川如是閑評論集』岩波文庫、一九八九年に収録、後者は(集一)にも収録――であるという。飯田泰三「解説―『文明批評家』長谷川如是閑」、飯田・山領編、同上書、三七二~三七四頁、飯田、前掲書、九〇~九四頁。
(38) 桜井良樹『帝都東京の近代政治史―市政運営と地域政治』日本経済評論社、二〇〇三年、第五章。
(39) 拙著『日本地方自治の群像・第二巻』成文堂、二〇一一年、二〇二頁。
(40) このゼロ・サム概念とノン・ゼロ・サム概念は、周知のようにT・パーソンズが権力概念をめぐるC・

W・ミルズとの論争において造語したものであるが、それについては、さしあたり高城和義『パーソンズの理論体系』日本評論社、一九八六年、二三九～二四一頁、二七二～二七四頁、を参照。

(41) 長谷川如是閑「孔子と老子」、飯田・山領編、前掲書、一四九～一七〇頁。

(42) 飯田、前掲の「解説―『文明批評家』長谷川如是閑」、飯田・山領編、同前書、三七三頁。

(43) 飯田、前掲書、八一頁と二一一～二一二頁、括弧内は引用者の補充。

(44) 拙著『日本地方自治の群像・第五巻』成文堂、二〇一四年、図-1（七二）頁や九〇～九四頁。

終章　地方自治における政党政治の不可避・必然論

東京市では、台湾総督の伊沢多喜男が一九二六（大一五）年七月に市長へ就任することになった頃から、市政の政党化と市長のポストをめぐる中央政党の陰に陽の関与が顕著になり始めたとされる。その伊沢が健康不良のためにわずか三ヵ月で辞任し、同年一〇月に元警視総監の西久保弘道が憲政会系である革新会の支援を受けて市長に就任した。ところが、一年二ヵ月後、西久保市長が辞職に追い込まれる事件が発生した。これにも中央政党の影響がみられたとされるが[1]、その簡単な経過はこうであった。西久保市長は、市会にガス報償契約改定案を提出したが、それをめぐり市会が紛糾し、与党の革新会が分裂した。しかも一九二七（昭二）年四月、憲政会の若槻礼次郎内閣に代り政友会の田中義一内閣が成立するとさらに脱会者が相次ぎ、野党だった政友会系の正交会とともに一二月に市長不信任を決議したのである。それに不服な西久保市長は、内務大臣に市会解散の申請を行ったが認められず辞任を余儀なくされた。この頃、本書の第四巻で群像化した関一大阪市長は再選されて三期目に入っていたが、一九二八（昭三）年八月に京都市長に選出された京都帝大教授の市村光恵も人事異動をめぐり吏員の造反を招き、それを契機に市会から退任を迫られ、わずか四ヵ月で辞任する事件が生じていた。[2]

これらの事件を契機に、東京市政調査会は有識者三四名にアンケート調査を行い、その結果を「東京市政に関する批判と意見―都市行政の制度、運用乃至政治的関係等に関する諸問題」として雑誌『都市問題』に発表した。[3]この三四名の中には、本巻で群像化した人物――いうまでもなく故人の山県有朋と井上友一は含まれない――の多くが含まれている。すなわち、安部磯雄、大山郁夫、田沢義鋪、長谷川如是閑である。そこで彼らに再登場を願うが、吉野作造は東京帝大を辞職していたので、代りに弟子で助教授の蠟山政道[4]に意見などを求めたのではないかと思われる。また彼ら以外に関心をひく群像としては、地方自治においても政党政治が不可避・必然であると主張し、後述する元東京市助役の田川大吉郎と問答をすることになった早大教授の高橋清吾や現職内務官僚の狭間茂が見える。しかし、まずは以上の回答者以外――その多くが学者で、他は官僚やジャーナリストなどである――を瞥見してみよう。

「中央政治と地方自治制度とは性質上其の根本義を異にする」として市政（市会）の政党化を正面から否定するのは、内務省警察官僚で元知事の松井茂ぐらいで、東京商科大学教授の福田徳三の「市会の政党化は、真平御免なれども、これは、事実出来ない相談なる可し」というように、多くは実際上止むをえないとする。そうした中でも明大教授で行政裁判所評定官の島村他三郎は、「立憲政治の世の中で公共の事務に付て多少の経綸を行はんとする者は勢何れかの党派に属するの外はない……にも拘らず政党の関係を切離して自治政を考へ様とするのは所謂空論に過ぎない」と、政党政治の不要・排除論に批判的である。また、第四章でみた森戸事件後、東京帝大に復職して教授になっていた大内兵衛は、さらに徹底していた。すなわち、「制度の改革は大胆なる事実の承認の上に立たねばならぬ。自治の政党化を完全に承認し、市会の事実上の首領を以て市長にするやう制度を改めなければ自治体は機能的に亡びる。この制度の確立のために市政内部の所謂醜状は遠慮なく暴露せらるべきである。官憲による市会の解散ではなく、政争による市会の解散はくり返し行はれなければならない。あまり香ばしくない評判をもってゐるやうだが、それでも市会議員諸君の方が何も知らぬ官憲よりは市民の味方である」としていた。

しかしながら、市政（市会）の政党化は、現実的には不可避で止むをえないとしても、前記した市長を追い出すような市会（市会議員）を生み出した市民の市政に対する無関心や冷淡さが問題だとする意見が多い。ただ、その根底には、「東京市民は土着の者は漸く全体の四分の一位であって、他は経済的の単なる寄留者に過ぎないのであるから愛市心がある訳はない」とみなされていることや、だから早大教授の塩澤昌貞がいうように「東京市には『住民』はあっても『市民』がない」という認識があるといえる。しかし、だからといって、手をこまねいているわけには行かない。何とかして市民・住民を自覚・覚醒せしめ市政に関心を抱かせなければならない。そのためには、大きく二つの対処法が提唱される。一つは、いわずと知れた市民教育・政治教育の実施・徹底化であり、もう一つは、現行制度における市会による市長の選出ではなく市民の直接公選制や普通選挙制などを実施することなどである。

前者を提唱しているのは、早大教授の北澤新次郎、島村他三郎、友愛会を創設し日本労働総同盟会長職にあった鈴木文治、経済学者の野村兼太郎などであった。後者の提唱者は多く、明大教授の小林丑三郎、北澤新次郎、塩澤昌貞、経済評論家の高橋亀吉、野村兼太郎、福田徳三、労働農民党の細迫兼光などであった。そうした中で、元内務官僚で協調会理事長の添田敬一郎は、市民教育のために市民による常設の議員監視団を設けるべきとし、逓信省官僚の松本幹一郎や高橋亀吉は議員監督の手段としてレフェレンダム(市民・住民投票)制の導入・実施を提言しているのがユニークといえばユニークといえる。ただ、このレフェレンダム制については、例えば既に井上友一が市民の直接評決制度として紹介し、F・J・グッドナウを援用しながら理論に先走った矯激な制度で、「一部の都市に対する特殊の矯弊政策に活用するの他一般制度としては其根本の着想に於て已に誤れるもの」ものだとしていた。(5) しかし、松本や高橋のみならず、以下で見るように安部磯雄や田川大吉郎もレフェレンダム制の導入を提言していることからすると、井上時代のネガティブな評価からポジティブなそれに変化したようにも見受けられる。

それでは、再登場を願う群像に眼を転じよう。しかし、その前に、前章までの総括として次の点を確認しておこう。それは、超然主義者の山県有朋や井上友一を含めてといってよいが、(都市)

社会主義者の安部磯雄・片山潜、それに民本主義者から社会主義者へ転じた大山郁夫、さらには自由主義者の吉野作造や田沢義鋪、長谷川如是閑は、一方で（既成）政党・政治家の腐敗・堕落の現実状況を厳しく指摘・批判しつつ、他方で理論的には基本的に都市あるいは市町村を家族的な生活協同体として捉え、そこから都市（あるいは市町村）自治体を生活協同体の都市・生活インフラの完備を計るべき株式（事業）会社にアナロジー化し、さらに政党（政治）の不要・排除論を導出していたことである。それは、それぞれ思想的立場（主義）とは無関係であることを意味する。このことは、当時、識者の多くが理論（思想）的に欧米の都市自治論ないしは自治体論の影響を受け、かかる認識・理解を共有していたことを示すものであるといってよいであろう。この認識・理解に真正面から根本的かつ全面的批判を加え、地方自治（自治政）においても政党政治が不可避・必然であるという理論を展開したのが、以下でみる高橋清吾であった。

さて、社会民衆党の党首である安部は、対処策として党の方針・政策を離れ、イギリス流の市会万能主義の下で市長を市会議決の単なる執行機関と位置づけつつ、市長の直接公選制と市会の市長不信任決議に対するレフェレンダム制の導入を提唱する。田川も、別所で市会議員のリコール制や重要案件に対するレフェレンダム制を導入すべきとする。(6) しかし、労働農民党の中央執行委員長の大山郁夫は、思いつくままとしながら、制度改革に関しては基本的に党東京府支部連合会決定のスローガンを掲げるだけである。すなわち、一八歳以上の男女に公民権を付与する、市長の直接公選化と市民のリコール請求権、レフェレンダム制による議会の解散請求権という直接請求制度の導入を掲げる。ここには、大山の党規律に忠実な姿は見受けられるものの、学者・研究者としての面影が感じられない。

田沢義鋪は、事態収拾には国政と市政を区別し、非政党的（無所属）議員による非政党的（無所属）市長の選出という持論による市政の非政党化を望みつつ、根本的には東京府・市を廃止して都制を実施し、区を自治体化する制度改革が求められるとする。この都制化と区の自治体化については、協調会で関係の深かった添田も提唱していることを見ると、両者の日常的な改革論議がうかがわれる。そして、添田は、市民教育のために市民による議員監視団を創るべきだとしていたが、そうした市民教育論者に対して長谷川如是閑は冷水を浴びせるかのように、東京市会に見られるような「弊害の矯正を『市民の覚醒』といふやうなことに待つのは、猫の魚泥棒を猫の覚醒によって根絶せしめんとする如きのもの」であると批判する。そして、日本は都市自治の伝統を有していないので、逆説的に第四章の末尾で記述したところの都市行政を純技術的な行政組織に編制し、それを市民、専門家、技師、現業員の代表からなる監査委員会をもって監視するというような根本的な制度改革の可能性がむしろ大きいとしていた。

次に、再登場ではないが、吉野作造の代りともいえる蠟山政道である。彼の対処策は、極めて現実的かつ理論的である。第一に、市長の任命権であるが、都市自治における行政（執行機関）の役割が重要・拡大しているにもかかわらず、市会（議決機関）に市長の任命権が与えられていることが問題状況を生み出しているとする。そこで任命権を内務大臣に付与するか、市民の直接公選によらしめる対処策が考えられる。前者はいうまでもなく否定されるものの、後者も現状の曖昧な政党関係などにおいては一定の効用があるかもしれないが、一般論としては導入すべきでないとする。第二は、第一と密接に関連する市会の解散である。まず内務大臣の解散権の改革が求められる。そして、将来的には市民による議員のリコールと議会解散の直接請求権の導入も考えられるが、直接請求制度が日本人に適しているか否かにつき懐疑的で、反対するという。そうすると、「今日の如き曖昧なる政党関係を一歩進めて、明確なる政党組織を有する議員を選ぶこととなし、その責任の所在を明白にする以外に、差し当り改革案はありません」とする。

この上で、二つの提案を行う。一つは、自治体のみに適用する市会議員選挙への比例代表制を導入し、彼らの選挙母体の性質を明白にし、彼らをして責任ある行動をとらせることである。もう一つは、現行の参事会員に知識と経験がある有給委員を一定の割合で任命し、その任期を市会議員よりも長くして彼らの判断と行動が市会議員の策動を牽制することによって市長と市会の正面衝突をできる限り回避せしめることである。ここに、提案への賛否はともかく、政党政治の本性はその責任政治であることが明らかにされていることが重要である。というのも、少なくとも地方自治（自治政）から政党政治を排除するべきとする本巻の論者たちの考え方には、理論的に政党による責任政治の観念が欠如していたといえるからである。

また、現職の内務官僚である狭間茂の意見には、内務省の意向がうかがえる。その一つは、市長の直接公選制と市長の議会解散権を否定すること。二つには、地方自治に中央の政党が浸透することは「通　例《オーソドックス》」からして望ましくないが、自治も社会生活の一部である以上、それは最早「実在《ザイン》」の問題であって「当為《ゾルレン》」の原則をもって論議し統制するべきものではなく、したがって事態に対応するための公民の政治的訓練ないしは自治的確信の発揚が急務であること。三つに、大都市行政制度については、法制上の都市区域と事実上・経済上の都市区域を合致させることが必要であることと、議決・執行の二元機関制は保持されなければならないが、区を自治体化するよりも計画権能と執行権能を拡充することが今後の課題になるとする。

最後に、地方自治（自治政）においても政党政治は必然的であり、田川大吉郎との問答を通じてそれを論証する早大教授の高橋清吾の主張と、田川との問答に入ろう。高橋は、市政から政党を駆逐することは不可能であり、東京市政の刷新には市長の直接公選が望ましいと回答していた。しかし、この直後、彼は、都市を家族的な生活共同体とみなし、したがって中央国家政治と異なり、あたかも営利会社のように議員も理事者も市民全体の利益を規準として実務的な経営に従事すべきで、全体の利益の名目をもって自己利益の実現に走る政党政派を市政から排除すべしとする考えに対して、次のように理論的な反論を行った。(7)

なるほど「都市をその（公共）事業の方面から形式的且つ抽象的に見るならば、それは慥かに共同利益的乃至共同社会的性質を多分にもってゐる」といえよう。しかしながら、だから政党政治を駆逐すべしという「論理は実際の事実を物語ってはゐない」。そもそも都市は、学校や会社のような任意的な結合団体ではなく、「一定の地域内に定住する総ての人々を、その職業や思想や財産や社会的地位の如何に関せず、強制的に包容する地域団体である」。「従って都市の組織員は同類的ではなく多分に異類的である」。「それ故に（例えば）道路事業はその建設事業でも均しく市民等の共同利益に関してゐる。しかし、そのために道路事業に於ける市民等の利害が皆同一であると考へることは誤謬である」。しかも「現代社会生活の内包はきわめて複雑多岐にわたってゐる。殊に都市生活の内包は『相反する諸利益の複合』であると見做しても決して過言ではない。従って都市を単なる共同社会若しくは有機体であると解する人々は、従らに形式に拘泥してその内包を透視し得ないといふ批難を免れない」。

そうして、「相異れる利益の存するところは党派播種成育の土壌」である。各個人は自己利益の実現を求め（優越の心理）、それが不可なら相互の妥協を求める（自己保存・恐怖の心理）。だが、「市民等は個人的には無力に等しい。彼等が各自の利益を主張するためには『集団の力』をもたなければならない。茲に於て市民等の中で同一の利益または類似の利益を有する人々は相結んで中央の政党に加入するか、さうでなければ、地方的政派に加盟するのである」。こうして「かくの如き諸結合を背景として、都市の立法機関としての市会に幾つかの相対立する勢力が現はれる。即ち政党政派が出現するのである」。だから、「都市の経営は政治闘争を免れる事が出来ない。政治闘争は一種の力の闘争であり、その性質は利益の闘争である」から、都市の経営から政党政派を駆逐し、会社経営のように科学的経営たらしめようというのは、永久に実現することのない理想にすぎないのである。また「市政から政党政派を駆逐せよといふのは実は中央の政党政派を地方自治体から駆逐すべしといふことである。……しかしながら、現代デモクラシーに於ては多くの場合、中央的問題と地方的問題との間に明確なる区別はない」のであって、「この事実を認識した欧米の諸政党の多くは中央、地方を包括した政綱政策を掲げてゐる」のである。

しからば、市政刷新の方途はないのか。高橋の回答は、「『事実に於て市政から政党政派を駆逐し得ないとするならば、我等は勇敢に事実に直面して政党政派の存在を認むべきである』。我等は党派を認めて党派に都市経営の責任をとらしめることによって市政刷新の結果を挙げやうとするのである。政党間の闘争は善用もされ、ば悪用もされる」。ここに、蠟山が指摘した政党政治の本性としての責任政治が明示されているが、さらに高橋はこの政党責任政治の確立という観点からすれば、まさに市長の直接公選制、リコール制、レフェレンダム制などの「諸提案は第二義的なものである。我等は先ず第一に現代デモクラシーの市政に於ける政党の実在を科学的事実として且つ不可避なものとして認識しなければならない」とした。

ところで、西久保市長の後任には、元日銀総裁の市来乙彦が就任した。しかし、ガス料金の値上げ、京成電車の市内乗り入れ、青物市場の使用料、魚市場の築地移転に関する板舟権の補償などをめぐる疑獄事件が多発し、東京市会は内務大臣より解散を命じられ、市来市長も辞職を余儀なくされた。(8) この腐敗事件は、序章でみたように地方自治（自治政）における政党政治の不要・排除論者を拡大したといえる。そのためもあってか、東京市政調査会は、市政問題対策協議会に特別委員会を設け、識者にこの腐敗を矯正する方途の講究を求めた。委員長で東京市政調査会理事長の阪谷芳郎は議決権の一時停止を提案したりしたが、特別委員会としては議員などの推薦による市吏員の採用の根絶など五点の対策要領を提示した。(9) しかしながら、そうした対策案は、市会（議員）の腐敗・堕落の根源が地方自治（自治政）への政党政治の浸透にあるとみなしている。それゆえに結局、政党政治を地方自治（自治政）から駆逐しない限り根本的な解決は不可能であるという意味で弥縫策にならざるをえない。と同時に、現実的には政党政治を駆逐しえないという自家撞着に突き当たるのである。したがって、その隘路を乗り越えるには、政党政治を受容し、それを地方自治（自治政）に活かす道しかなかったといえる。

吉野作造は、結局、理論上正当な政党活動であるならば、それが必要に応じ自治政に関与することは自然なこととして地方自治における政党政治を受容するに至った。しかしながら、吉野は、国政においては政党の責任政治が求められることを指摘していたが、自治政の役割を〈実務（行政）〉の遂行と捉えていたがゆえに、この受容において地方自治（自治政）にも政党の責任政治が求められることを鮮明にしえなかったといえる。

地方自治（自治政）における政党政治の受容とそれに責任政治を求めることは、恐らく明治以来の東京市会の党派の歴史をたどった論者の結論とその含意の明確化においてなされたといえる。その論者は、まず長谷川如是閑が批判するような東京市会の党派の現状を、こう描く。各党派は、中央の自由・改進両党と続く政友会・憲政会（民政党）の系統に属しているが、両党派閥の「政策上の差別は之を立つるに由なく、従って党派の存在理由も亦認め難きに至る、然るに現に党派は存在し、その対立の動機は各首領者が異なれる中央政党に属し、或は選挙運動に費用の調達を受け、又或る個人の擁護者であること等に他ならず……各党派の議事に於ける態度も終始一貫するものでなくして、不安定にして無定見なる機会主義に堕するものすらある」。それゆえ、「市政より党派を排すべしとの主張は目下相当に有力であり、その主張の理由も亦多様に考へられ特に米国に於ては久しい伝統すら有するのであるけれども、現状を正視する時吾人は寧ろ党派の成立及びその軋轢を合理化せんことこそ当面の急務である」と結論づけた。[10]この〈合理化論〉の含意をさらに明確したのが、蠟山や高橋の政党責任政治論であったといえる。それを、田川との問答においてさらに展開したのが高橋であった。そこで、この問答をもって本巻を閉じることにするが、その前に高橋の略歴を記しておこう。[11]

高橋清吾は、一八九一（明二四）年に宮城県宮城郡利府村（現利府町）に生まれた。早稲田中学講義録と政治経済講義録によって独学し、一九一一（明四四）年に早稲田大学専門部政治経済科の第二学年へ入学した。苦学生だったようだ。一九一三（大二）年に卒業し、翌年に早稲田大学留学生としてアメリカのコロンビア大学に留学した。そして、後に東京市政調査会を設立した後藤新平の招聘により一九二二（大一一）年に来日することになったC・A・ビーアドの下で、政治学や自治政策を研究した。同大学で修士号、博士号を取得するが、一九一七（大六）年にビーアドがコロンビア大学を去り、ニューヨーク市政調査会の公務員研修所長に就任すると、高橋も同調査会において市政調査研究に当った。翌一九一八（大七）年に帰国し、早大政治経済学部講師に就任し、翌年には教授に昇格した。アメリカ政治学の導入に尽力し、原書研究のテキストとしては、アメリカ行政学の父F・J・グッドナウや政治学者で集団過程論者の祖であるA・F・ベントレイなどの著書を用いたという。一九二二（大一一）年には前記した東京市政調査会の設立に参画したが、一九三九（昭一四）年にわずか四八歳で亡くなった。

さて、田川との問答が始まったのは、高橋が講演論文で改めて地方自治（自治政）における政党政治の不可避性を次のように主張したことにあった[12]。高橋は、市政は行政技術的実務であって政治ではないとすることは、「根本的に誤謬である」とした。もし、市政が単なる実務ならば、手続はどうであっても「善政」、すなわち官僚政治や独裁政治であっても構わないことになる[13]。しかし、今日の地方自治は、「市民の、市民による、市民のための自治」であり、多数市民の意志は党派によって組織され表出される。そして、自治体としての都市は、既述したように異類的人口を強制的に包容する地域団体であり、そこには相反する利害が存在していることなど、七点の理由をあげて「市政から政党政派を除去することは絶対に不可能」であり、市政は本質的に党派的・政治的対立であることを免れえないと断じた。しかも、政治の本質は、「権力を擁して社会を支配・経営」することである。そうした権力の獲得・維持は、今日では政党政治を通じて行われるが、その政党は「先ず自己等の利益を第一にはかり、そして社会の利益はこれを第二位に置くところの利益集団である。それ故に、政党はその既成的たると無産的なるとを問はず、みなその本質に於いて偏頗不公平なものである」という科学的・客観的な事実から逃れられないとした。したがって、我々に残されているのは、この政党「政治の弊害を最小限度にする」ことだけであるとしたのである。

これに対して、田川は、自らは「自治体の事を説くごとに、家庭のことを説き、家庭には党派はない、意見の相違は時にあっても、党派として永久なる対立の関係は無い、その如く市会にも党派の対立状態は無かるべき筈のものである。其の心して臨まねばならないと常に説いて居るので」、高橋に次の二点に関して教示を願いたいとしたのである。「㈠自治政を中央政治から分離せよといふ希望は間違いであるか、㈡市政から党派を駆逐せよといふ希望は間違いであるか」、である。(14)

高橋は、この質問に対し四点にわたって回答した[15]。第一は、政治現象に対する「観方」に関してである。高橋は、現象を「物として、在るがまゝに、没価値的に」観る科学的方法と、現象を「価値として、即ち何等かの価値をもったものとして」観る哲学的方法とに分ける。その上で、前者による認識は「客観的、普遍的、唯一的」であるのに対し、後者のそれは「主観的、個別的、多様的」であり、かつ現実を「善」と観れば「現実主義」となり、「悪」と観れば「理想主義」になるとする。そうして自分は、地方自治（自治政）における政党化が不可避であると主張したのは、前者の科学的方法の観点からの言説であって、哲学的な方法による善悪を表明したものではないとした。だから、政治科学者は、「恰も気象台の技師のやうなもの」で、政治現象を在るがままに観測し、その結果を記述するのであるが、そうした科学的方法の規準は「正確か不正確か」であって、「事柄が正当か不正当か」ということではないともした。これは、M・ウエーバーの社会科学方法論における価値自由《ベルト・フライハイト》（没価値）論といってよいが、恩師のビーアドに学び[16]、既に展開していた方法論に関する持論[17]を表明したものであった。

第二は、かかる科学的方法から観ると、現代デモクラシーと地方自治（自治政）においては政党政治が不可避であるとしたことである。その理由は、既述したように、今日のごとく複雑化した社会における人々の利害は多様であると同時に、国家はいうまでもなく自治体も多くの相異なる利害を保有する人々を強制的に包容する権力的団体であるがゆえに、人々は自己利益の実現のために普通選挙制と言論・結社の自由の下で政党を結成し、他人の利益に優越しようとし、また他人に優越されまいとして権力の獲得・維持をめぐり相争うことになるからである。かくして、政党は、権力の獲得・維持を第一義的目的にする、すなわち自己および自己を直接的に代表するところの利益を第一とし、社会全体の利益を二義化する利益集団であることが繰り返される。

第三は、地方自治（自治政）を中央国家政治から分離することは不可能であるということだ。この点は、高橋独特の自治概念と分権概念の区別による。彼にとって、自治の本質は自己決定・自己責任であり、かかる自治概念にしたがう時、各自治体は「固有の自主的存在と権利」を保有し、相互に「対等」であるばかりでなく、中央政府との関係も「対等」な連邦主義を構成することになる。これに対して地方分権は、中央政府が自治体に「社会全体の事務としての地方的事務処理の責任」を委任することであるとする。したがって、地方分権は中央集権を前提にし、それに従属する。これは、「原則の問題」ではなく「便宜の問題」として扱われるのである。言いかえれば、中央政府と自治体との関係は、「本店・支店」の関係であり、自治体は中央政府の「一機関」としてのみ存在せしめられるのである。だからまた、法制上、地方自治の有無の唯一の規準は、「地方団体に固有の権利と固有の領域とが保有されてゐるかどうか」であって、中央政府が地方自治団体の生殺与奪権を握り、かつ「何が地方事務であるか」を決定しうる「法律上の優位」にある場合には、そこに地方分権はあり得ても「法制上の地方自治」あり得ないとされる。[18]明治国家は、いうまでもなく連邦国家ではなく――したがって高橋がいう自治はそもそも存在しない――単一主権国家であり、かつそこにおける自治権については憲法的保障なき国家伝来説が支配的であったがゆえに、高橋によれば自治体は国家の一機関に過ぎないわけである。それに加え、自治体は「中央政党の地盤でありますから、自治政を中央政治から明らかに分離することは、尚更、不可能」なのである。ただし、高橋は、逆説的に自治権に関する固有（権）説が存立しうることを示唆しているといえる。

第四は、個人的見解と対処策である。地方自治（自治政）を中央国家政治から分離し、市政から党派を駆逐することには、「個人的に賛成である。……また、私は政党政治を最高善だとも次善だとも思はない。私は個人としては出来るものなら、党派のない社会生活、強制の少ない社会生活を理想として懐抱してます。私は個人的には中央政治や自治政が愛を基調とした家庭経営のやうなものになることを、つねに祈りつ、ある一人であります」とする。しかしながら、「この理想は実現不可能ですから、もっと実際的な政治革新の処方箋として、政党の勢力を認めて、その弊害を政党の内外か匡政するが如き方法を講ずるべきではなかろうか」としたのである。

高橋のこの回答は、田川の理想主義を変え、高橋が示した哲学的方法から科学的方法への転換をもたらすことはなかった。田川は、高橋に謝意を表しながら、「会議といふは、仇敵同志の出会ではない。互に相談して善き智慧を絞り出すためのものである。それには、兄弟の様な、家族の様な、うるはしい心掛を以て相当るべきである。中央の政治もさうだが、地方の政治は別にしてさうだ。それ故に、成るべく所謂党派といふもの、悪気習、悪傾向に触れない様にして、地方議会の穏当なる活動を図るべきである。……現実は現実である。それも熟知して居ることは必要であるが、しかしながら、それに囚へられねばならないということは決してない。その過ちを改め、その足らざるを補ひ、改善し、向上せしむるは、人生の普通の目的である。理想論、浄化の運動は、こゝに起るのである[19]」と返答した。田川のこの返答は、高橋の回答が、一方で個人的感情としては田川の理想論を受入れつつ、他方で「もっと実際的な政治革新の処方箋」を示しえなかったためといえよう。

高橋は、既述した「党派を認めて党派に都市経営の責任をとらしめる」という政党責任政治の確立に向けた実際的な処方箋を提示すべきであった。ところが、彼は、政党が当選可能性を基準にして候補者を公認しているが、それを選挙浄化団体や新聞社などの力をもって人物重視に変えさせるべきだという吉野作造の人格第一主義的な改善論に留まっている[20]。そうではなく、地方自治（自治政）においても政党政治が不可避・必然であるとすることからすれば、本巻の第三章で美濃部達吉が指摘していたように（一六四〜一六五頁）、現行の選挙制度が各政党の候補者を主体にして政党それ自体を主体にしていないという根本問題にまで踏み込むべきなのである。そうすれば、比例代表制を吟味しなければならず、蠟山が提唱していたように、是非はともあれ、その導入という改革案を提示しえたのではなかろうか。高橋には、その意味で政党政治論はあっても選挙制度論が欠けていたのである。

（1）桜井良樹『帝都東京の近代政治史―市政運営と地域政治』日本経済評論社、二〇〇三年、二二三〜二二九頁。
（2）詳しくは、猪間驥一「三都市長問題経緯」『都市問題』第六巻第一号、一九二八（昭三）年一月、一七三〜一八九頁。
（3）「東京市政に関する批判と意見―都市行政の制度、運用乃至政治的関係等に関する諸問題」『都市問題』、同前巻・号。以下の本文中の引用は、引用頁は示さないが、すべて同前巻・号のアンケート結果による。
（4）蠟山の生涯と行政学については、今村都南雄『ガバナンスの探求―蠟山政道を読む』勁草書房、二〇〇九年、を参照されたい。
（5）井上友一『都市行政及法制・下』博文社、一九一一（明四四）年、一一四〜一二〇頁。
（6）「東京市会解散是非―市政問題対策協議委員会に於ける討議」『都市問題』第七巻第五号、一九二八（昭三）年一一月、九〜一〇頁。
（7）高橋清吾「市政と党派」『都市問題』第六巻第二号、一九二八（昭三）年二月、一頁、以下、引用（括弧内は引用者の補充）については、その頁数は示さないが、すべて同論文による。なお、同論文は若干補正され、後に高橋清吾『現代政治の諸問題』有斐閣、一九三七年（以下、高橋、一九三七年）、に収録された。

(8) 吉山眞棹「東京市の疑獄と市政浄化運動」『都市問題』第七巻第四号、一九二八(昭三)年一〇月、二五七～二六〇頁、大阪毎日新聞社社説「市政の公開、浄化の第一歩」『都市問題』第七巻第一号、一九二八(昭三)年七月、一〇八頁、東京市政調査会「市会解散に際し市民諸君に望む」『都市問題』第八巻第二号、一九二九(昭四)年一月、四八～四九頁。

(9) 注(6)の「東京市会解散是非」の討論や「対策要領」『都市問題』前掲巻・号を参照。なお、阪谷芳郎については、「故阪谷子爵追悼」と「年譜」『都市問題』第三三巻第六号、一九四一(昭一六)年一二月、を参照。

(10) 小田垣光之輔「東京市会に於ける党派の沿革」『都市問題』第六巻第一号、一九二八(昭三)年一月、一五九～一六〇頁。

(11) 内田満『アメリカ政治学への視座』三嶺書房、一九九二年、年譜抄(一四〇頁)による。なお、高橋が翻訳したC・A・ビーアド『政治学研究』大日本学術協会、一九一九(大八)年の裏表紙には、高橋の『自治政策論』(印刷中)の広告がなされているが、早稲田大学図書館の蔵書検索でもそれは見出せなかったので、結局、出版されなかったのであろう。

(12) 以下、高橋清吾「市政浄化の方法について」『都市問題』第八巻第三号、一九二九(昭四)年三月、一一～一五頁による。

(13) 高橋、一九三七年、四七～五〇頁。

(14) 田川大吉郎「理想選挙に就いて」『都市問題』第八巻第四号、一九二九(昭四)年四月、一九～二二頁。

(15) 以下、高橋清吾「自治政と党派」『都市問題』第九巻第一号、一九二九(昭四)年七月、五九～七四頁による。

(16) C・A・ビーアド、高橋訳、前掲書、三三～三五頁。
(17) 高橋清吾『現代政治の科学的観測』早稲田大学出版部、一九二六（大一五）年、一～二二頁と、同書を市民向けに平易化した高橋清吾「現代政治講話」、政治教育協会編『政治教育講座・第二巻』日本図書センター（復刻）、二〇〇四年、五九～六五頁、並びに高橋、一九三七年の「三　政治気象学」、を参照されたい。
(18) 高橋、一九三七年、四九九～五〇五頁。
(19) 田川大吉郎「市政刷新運動の原理」『都市問題』第九巻第三号、一九二九（昭四）年九月、七頁。
(20) 高橋、前掲論文「市政浄化の方法について」、前掲誌、二一～二二頁。

あとがき

これまでは一年に一巻を執筆し刊行する形で本書シリーズをいわば〈量産〉してきたが、同僚などからは、その〈生産力〉に驚かれたりしてきた。しかし、この〈量産〉を可能にしているのは、特別のことではなく、要は執筆条件が従来よりもはるかに改善されたことにある。

私は、ある一巻の草稿と完成稿の執筆やそのワープロ化を行いながら、次巻や次々巻のための群像を設定する方法をとってきた。それは、これまでの研究で興味・関心を抱いた群像を設定したり、執筆過程から本巻でも例示しているようにイモずる式に群像を設定することになった。そうした群像設定とともに、群像自身の論稿や著作など、それに群像に関する研究文献や資料などを収集することになるが、なによりもまずこの収集条件が従来よりも大幅に改善されている。従来は主として研究書の引用注記などを頼りながらイモずる方式に文献などをリストアップし収集してきた——もちろん今でもこの方式は重要だ——が、現在では大学図書館のＯＰＡＣ（Online Public Access Catalog）——東洋大学と淑徳大学のそれを活用してきた——と日本古書組合の「日本の古本屋」により群像名およびその関連事項をもって検索すると、いわば一瞬にして必要文献のほとんどをリストアップすることが出来るのである。

次に、この検索された文献などの収集であるが、新刊・近刊書および古書でもあまり高額にならないものは、個人研究費（公費）や個人私費で購入するが、多くは東洋大学と淑徳大学図書館の蔵書――それに現在ではOPACで他大学図書館などの蔵書も検索でき、かつ借り出すことも出来るのである――のコピーとなる。私が大学院生の頃にようやく複写機が登場し始めたが、複写料が高かったので、基本は写筆であった。いつ頃から現在のPPC複写機が普及し始めたのか定かではないが、文献などのコピーなくしては手元でそれを読み込むことは不可能である。ところが、今日では、複写機の普及によりそれがいとも簡単に可能になっている。そして、そのコピー量は膨大になるのだが、それを可能にしてくれた淑徳大学と、新刊・近刊書や古書の図書館費による購入、他大学図書館蔵書の借り出しなど、私の要望をほぼ二週間前後でかなえてくれた図書館（千葉キャンパス）に改めて謝意を表したい。

こうして収集した文献などを、ある一巻の草稿・完成稿の執筆やワープロ化の過程で次巻のために荒読みし、重要箇所に付箋を張ったり、要点・論点をメモしたり、問題機制《プロブレマティーク》や論文の構成などを考えたりする。そして、次巻の執筆に取り組み始めると精読する。だから、一人の群像に関する文献などは、二度読み以上をするわけである。これには、かなりの時間的余裕が必要である。この点でも、東洋大学を退職した後、本書をシリーズ化することになった以降の勤務先である淑徳大学コミュニティ政策学部にお礼を申し上げたい。というのも、ご厚意により新学部完成までの四年間にわたり学内の委員などを事実上免除してもらい、会議日は月一回の教授会のみであったので、週三〜四日はまる一日執筆や文献の読み込みに活用することができたからである。

それに、前巻の「あとがき」では、この群像シリーズを継続するには知力と気力と体力が必要だとしたが、現在、知力はともかく気力と体力はまだ充分ある。もっとも、本年には多少気がかりなことが生じた。六月中旬にヘルニアのために腸閉塞となり緊急入院・手術を行ったのだが、それがほぼ回復した頃に胃に前期ガンの発生が検査結果で判明し、八月初旬にやはり入院・手術したことである。現在、体力はほぼ回復しているが、これまで以上に健康には注意が必要なようだ。それに、愛犬のネモも五月の連休明けに心臓肥大症の悪化により、危険な状態になった。しかし、治療と投薬によって元気を回復し、かなり距離・時間は短くなったが、朝夕の散歩につき合ってくれてきたことは、これまでと同様に生活のリズム化と思索に貢献してくれてきた。ところが、なんとか九月一日に一六歳を迎えた彼は、本当に悔しいが、本巻の第二次校正に入った九月末に家族に看とられながら亡くなった。早稲田大学政治経済学部の教え子であるゼミ生（ネモの会）から贈呈された彼の画像を居間に飾り、毎日それを見ている。そのため、絆（関係性）の欠如に空虚感を覚えるようになっている。

それはともかく、これまで成文堂が、刊行を快く引受けてくれることも励みになってきた。成文堂、それに同社との関係を深めてくれた取締役で昨年お亡くなりになった土子三男氏、並びに第一巻以来本書の刊行を担当していただいてきた編集部の篠崎雄彦氏に、末尾ながら重ねて謝意を表したい。

二〇一五年十月初旬　このシリーズの執筆に欠きえなかった
愛犬ネモに本巻を献じる

佐藤俊一

著者紹介

佐藤俊一（さとうしゅんいち）

1943年山形県出身。 中央大学法学部卒業、同大学院法学研究科博士課程満期退学、中央大学非常勤講師、群馬大学助教授、中京大学教授を経て、東洋大学法学部教授、法学部長・副学長を歴任、2014年に淑徳大学を退職。法学博士（1997年、中央大学）

主要著書

『戦後期の地方自治』（緑風出版、1985年）
『現代都市政治理論』（三嶺書房、1988年）
『戦後日本の地域政治』（敬文堂、1997年）
『地方自治要論』（成文堂、2002年　第2版・2006年）
『政治行政学講義』（成文堂、2004年　第2版・2007年）
『日本広域行政の研究』（成文堂、2006年）
『日本地方自治の群像［第1巻］』（成文堂、2010年）
『日本地方自治の群像［第2巻］』（成文堂、2011年）
『日本地方自治の群像［第3巻］』（成文堂、2012年）
『日本地方自治の群像［第4巻］』（成文堂、2013年）
『日本地方自治の群像［第5巻］』（成文堂、2014年）
その他、共著、論文多数。

成文堂選書59

日本地方自治の群像［第6巻］

2015年12月1日　初版第1刷発行

著　者　佐　藤　俊　一

発行者　阿　部　成　一

〒162-0041　東京都新宿区早稲田鶴巻町514番地

発行所　株式会社　成　文　堂

電話 03(3203)9201(代)　Fax 03(3203)9206

http://www.seibundoh.co.jp

製版・印刷　三報社印刷　　製本　弘伸製本　　検印省略

☆乱丁・落丁本はおとりかえいたします☆

ISBN978-4-7923-3338-6　C3031

定価（本体3500円＋税）

成文堂選書

44	正義の感覚・理論・実現 (本体2300円)	元上智大学名誉教授	ホセ・ヨンパルト
45	犯罪論と法哲学 (本体2300円)	久留米大学教授	宗 岡 嗣 郎
46	学校と法 (本体2300円)	千葉大学教授	藤 井 俊 夫
47	夢の代価 (本体2500円)	明治大学講師	浜 田 泉
48	直視しようこの日本を (本体1600円)	元慶応義塾大学名誉教授	庭 田 範 秋
49	法哲学で学んだこと (本体2500円)	元上智大学名誉教授	ホセ・ヨンパルト
50	憲法と日本の再生 (本体2300円)	日本大学教授	百 地 章
51	法学と文学・歴史学との交錯 (本体2500円)	朝日大学教授	植 木 哲
52	日本地方自治の群像［第1巻］ (本体2600円)	元東洋大学教授	佐 藤 俊 一
53	日本地方自治の群像［第2巻］ (本体2600円)	元東洋大学教授	佐 藤 俊 一
54	共同不法行為法論 (本体2800円)	京都大学名誉教授 関西学院大学教授	前 田 達 明 原 田 剛
55	民法と成年後見法 (本体2800円)	千葉大学教授	小賀野晶一
56	日本地方自治の群像［第3巻］ (本体3700円)	元東洋大学教授	佐 藤 俊 一
57	日本地方自治の群像［第4巻］ (本体3200円)	元東洋大学教授	佐 藤 俊 一
58	日本地方自治の群像［第5巻］ (本体3900円)	元東洋大学教授	佐 藤 俊 一
59	日本地方自治の群像［第6巻］ (本体3500円)	元東洋大学教授	佐 藤 俊 一

成文堂選書

23	スポーツは役に立つのか (本体2300円)	中京大学教授	藤原健固
24	脳死移植立法のあり方 (本体2500円)	元京都大学名誉教授	中山研一
25	転換期の東アジア経済と日本 (本体2300円)	常磐大学教授	粕谷雄二
26	教会法とは何だろうか (本体2200円)	元上智大学名誉教授	ホセ・ヨンパルト
27	地球環境をリエンジニアリングする (本体2000円)	愛知学院大学教授	西嶋洋一
28	憲法改正論への招待 (本体1900円)	元駒沢大学教授	竹花光範
29	政教分離とは何か－争点の解明－ (本体3200円)	日本大学教授	百地章
30	法学・刑法学を学ぶ (本体2200円)	明治大学教授	川端博
31	環境・資源・健康共生都市を目指して (本体3200円)	元早稲田大学教授 元早稲田大学名誉教授	寄本勝美 田村貞雄(編)
32	日本人の論理と合理性 (本体2500円)	元上智大学名誉教授	ホセ・ヨンパルト
33	イスラームとの対話 (本体2200円)	麗沢大学教授	保坂俊司
34	イスラームと民主主義 (本体3000円)	文教大学教授 京都産業大学教授	宮原辰夫 大和隆介(訳)
35	未来にかける橋 (本体2800円)	元早稲田大学名誉教授	安藤彦太郎
36	中国漢代人物伝 (本体2300円)	国士舘大学教授	濱田英作
37	月を曳く船方 (本体2300円)		阪本英樹
38	学問と信仰の世界 (本体2300円)	元上智大学名誉教授	ホセ・ヨンパルト
39	著作権を確立した人々　第2版 (本体2200円)	久留米大学名誉教授	大家重夫
40	刑法の根底にあるもの　増補版 (本体2300円)	早稲田大学名誉教授	西原春夫
41	刑法の基本思想　増補版 (本体2500円)	元京都大学名誉教授	中山研一
42	靖国と憲法 (本体2500円)	日本大学教授	百地章
43	道徳的・法的責任の三つの条件 (本体2300円)	元上智大学名誉教授	ホセ・ヨンパルト